KB021000

**세월호를
기록하다**

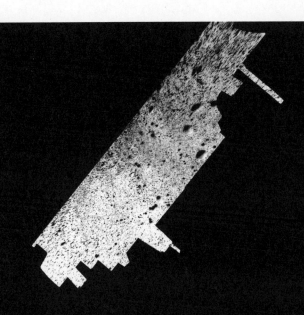

세월호를 기록하다

침몰 · 구조 · 출항 · 선원, 150일간의 세월호 재판 기록

오준호 지음

| 5장 | **선원**

저자는 광주와 안산을 오가며 6개월 동안 진행된 세월호 참사 1심 형사 재판을 치밀하게 모니터했다. 이 책을 읽으면 세월호 참사의 안타까운 전후 과정이 손에 잡힌다. 이후 진실 규명은 치밀하게 정리되고 재구성된 이 기념비적인 기록에서 출발할 수밖에 없다. 저자의 남다른 성실성과 열정이 일구어낸 성과에 뜨거운 박수를 보낸다.

— 박래군 (세월호 참사 국민대책회의 공동운영위원장. 인권중심 '사람' 소장)

304명의 목숨이 지는 가운데 대통령을 비롯해 누구도 책임을 지지 않았던 참사. 세월호 선원·청해진 1심 재판을 기록한 작가는 참사의 배경이 '촘촘하게 결합된' 비겁하고 이기적이며 무책임한 행동들이라 본다. 이 재판 기록은 아직 제대로 시작도 못 한 진실 규명의 출발점이다. 여기에 많은 독자들이 발을 디디고 진실에 대한 질문을 이어가길 소망한다.

— 박현정 (『한겨레21』 기자)

세월호 참사의 상황이 입체적으로 생생하게 그려져 마치 눈앞에서 전개되는 듯하다. 거짓과 불의와 무능력이 어떻게 결합하여 많은 생명을 앗아갔는지 가슴 저리도록 섬세하게 드러난다. 이 작품을 출발로 현실을 면밀히 추적하여 쓴 르포가 더 나오길 바란다. 현실에는 여러 틈이 있고 그 틈 사이로 또 다른 진실들이 드러날 수 있으므로.

— 김순천 (『금요일엔 돌아오렴』 공동 저자. 416 세월호 참사 시민기록위원회 작가기록단 단장)

진실은 어쩌면 거악(巨惡)에 의해서 감춰져 있는 것이 아니라 파편으로 나뉘져 보이지 않는 것일지도 모른다. 이 책은 그 파편들 중 상당 부분을 성실하게 모아 우리에게 진실의 한 단면을 보여준다.

— 최윤수 (변호사. 대한변호사협회 세월호 특별위원회 형사재판지원팀)

사실에 근거한 가장 객관적인 글

수현이 아빠 **박종대** (전 416가족협의회 진상규명분과 분과장)

세월호 참사가 발생한 지 벌써 1년이 다 되어 간다.

사랑하는 아들 수현이를 잃은 후 숨도 쉴 수 없고 물도 마실 수 없어 금방 죽을 것 같았는데, 아들에게는 미안하게도 진상 규명은 못 했으면서 아직 염치없이 살아 숨쉬고 있다.

눈을 감으니 악몽 같은 잔상들이 슬라이드처럼 뇌리를 스친다. '전원 구조'라는 있을 수 없는 오보를 접한 뒤 실낱같은 희망을 품고 아들을 데려오기 위해 죽음의 질주를 하던 기억, '골든타임'에 아들이 살아 있기를 기도하면서 발을 동동 구르며 사나흘간 생수로만 연명했던 기억, 이별한 지 7일 만에 팽목항 시신안치소에서 '엄마 젖을 충분히 먹고 목욕하고 씨익 웃으면서 자는 모습'의 아들을 만난 기억, 차갑게 식어 가는 아이의 유골함을 안고 수원 연화장에서 하늘공원 납골당으로 갈 때의 참담함, 아이가 죽기 몇 분 전에 찍은 동영상을 보던 기억, 유품이 돌아오던 날 온 집안을 뒤흔들던 야릇한 바다 냄새, 만지고 싶고 안고 싶지만 사진과 영상으로 볼 수밖에 없는 부모의 심정……

그런데 이러한 기억과 아픔을 생생하게 상기시켜 주는 책이 나왔다. 세월호 사건과 관련된 책을 많이 읽어 보았지만, 오준호 작가의 이 책은 법정 기록을 토대로 사실에 근거하여 아마 가장 객관적인 입장에서 쓰인 책일 것이다. 대한민국이 정상적인 시스템이 확립된 나라였다면 세월호 유가족들은 절대로 이 책을 읽을 필요가 없다. 국가 기관의 엄정한 수사 결과를 믿고, 법원의 객관적인 판단을 믿으면서, 먼저 간 아이를 추억하고 명복을 빌며, 힘들겠지만 일상으로 돌아가서 건강한 삶을 살려고 노력하면 되었을 것이다. 하지만 대한민국은 나로 하여금 이 책의 추천사를 쓰게 했다.

우리 유가족들의 바람은 아주 소박한 것이다. 304명이 왜 죽었는지, 이준석 선장 등은 왜 퇴선 명령은 내리지 않고 '가만히 있으라'는 방송만 하다가 해경이 도착하자마자 기다렸다는 듯이 퇴선을 해 버렸는지, 왜 해경은 도착 즉시 정확히 선원들만 구조했는지. 도대체 왜!

이 책에는 재판정에서 유가족들의 간절한 바람이 깨져 가는 과정이 한 편의 영화처럼 그려져 있다. 이상한 구조를 했는데 범죄는 아니며, 부실한 업무를 진행했는데 책임은 없고, 퇴선 명령을 하긴 했는데 들은 사람은 없고, 분명 304명이 사망한 살인 사건인데 살인자는 없다고 한다. 이런 상황에 대해, 작가는 3만여 쪽 법정 기록을 간결하게 압축하여 '침몰, 구조, 출항, 선원'의 순서로 정리했다. 마치

아이들이 선내에 살아 있어서 그때로 돌아가 직접 구조하고 싶은 대목도 있고, 지난 여름 법정에 다시 앉아 있는 것 같은 느낌도 들었다.

그동안 진상 규명을 위해 법정과 국회 국정 조사 등 많이 뛰어다녔고 많은 서적과 기록을 접했다. 하지만 항상 부족했다. 세월호 사고는 304명이 사망한 살인 사건이고, 그 핵심에는 검찰의 수사 기록이 있어야 하는데, 지금까지의 책에는 이 부분이 빠져 있었던 것이다. 이 책은 오준호 작가가 광주지법 201호 법정과 안산지법 중계 법정에서 선원 재판과 청해진해운 관계자 재판을 일일이 방청하고 법정 기록을 모아 검토한 후 썼으므로 당시 상황을 잘 묘사할 수 있었다. 어려운 선박 용어 및 법률 용어에 대해서는 친절히 설명하였으므로 누구에게든 일독을 권하기에 충분하다.

빨리 출간되어 세월호 참사의 진상을 조사하고자 힘쓰는 특별조사위원회 17분의 위원께 한 권씩 선물하고 싶은 생각이 굴뚝같다.

일러두기
———
1. 생존 학생의 이름은 모두 가명으로 처리했다.
2. 이 책의 4쇄에서부터는 항소심 결과를 각주로 추가 반영하였다.

매미만 한가로이 우는 여름, 세월호 사고 합동분향소와 가까운 경기도 미술관의 카페에서 단원고 고 이수빈 학생의 어머니 박순미 씨를 만났다.

박순미 씨는 2014년 4월 15일 오후, 수학여행 떠나는 수빈이를 학교에서 직접 배웅했다. 세월호가 인천항의 안개로 인해 출항이 연기되었다가 밤 9시에 출항하자, 수빈이는 전화로 "엄마 배가 출발해." 하고 알렸고 박순미 씨는 "그래 잘 다녀와. 친구들과 재밌게 놀고. 선생님하고 떨어지지 말고 같이 다녀."라고 다정하게 인사했다. 그로부터 16일이 지나 수빈이는 싸늘하게 식은 몸으로 엄마에게 돌아왔다. 수빈이의 반인 2학년 7반은 33명의 학생 가운데 한 명만 생환했다. 담임인 이지혜 교사도 희생되었다. 박순미 씨는 자신이 마지막 인사를 왜 그렇게 했는지 너무나 후회된다고 했다.

진도 팽목항 시신 안치소에서 수빈이 아빠가 시신을 확인했다. 박순미 씨도 시신을 보겠다고 했지만 주변에서 만류해서 보지 못한 채 장례를 치르러 안산으로 왔다.

"와서 못 보면 한이 될 거 같았어. 내가 엄만데 왜 안 보여 주냐, 난 엄마라고, 우리 애기 눈 없고 코 없고 입 없어도 아무렇지도 않다고. 그랬더니 (영안실에) 엄마 아빠 두 사람만 들어오라고 해요. 아이를 하얀 천으로 덮어 놨더라고요. 입은 솜으로 막아 놨고. 아이 눈을 보니까 너무 울어서 퉁퉁 불었더라고요. 그때부터 엄마가 너무 미안하다 우는데, 갑자기 애가 피를 확 토하는 거야. 솜으로 입을 막아 놨는데. 피가 정말 빨갰어요. 아빠랑 내가 놀라서, 이게 무슨 상황이냐, 왜 피가 나오냐? 장의사 말이, 폐 안에 고인 피가 나올 수도 있다는 거야. 우리는 모르잖아. 피가 너무 빨갰어. 수빈이 손을 잡으려 했더니 장의사가 내 손을 치는 거야. 안 된다. 왜 안 되냐. 아이 상하는 거 싫죠? 지금 만지면 아이 상합니다. 나는 수빈이 얼굴도 못 만졌는데 너무 속상했어요. 지금 후회하는 게 왜 천을 확 벗기지 못했을까. 아이 상한다는 말에 만질 수가 없는 거야. 이 피를 토하는 모습을 보고 나올 수밖에 없는 모습에 내가 너무 비참했어요."

이 인터뷰의 여운은 며칠이 지나도록 내 머릿속에서 사라지지 않았다. 의학적인 해명도 궁금했지만 그 이유 때문만은 아니었다. 얼마나 억울하면 죽어서까지 피를 토했을까. 수빈이가 죽어서조차 말하려던 것이 무엇일까. 어떤 진실을 밝히고 싶었을까. 우리는 그 소

세월호를 기록하다

년에게 어떤 대답을 들려주어야 하나. 물론 그 무엇으로도 수빈이가 가족에게 돌아가게끔 해 줄 수는 없다. 산 사람의 숙제는 희생자들이 왜 그런 안타까운 죽음을 맞았는지 밝히고, 잘못이 있는 사람들에게 응분의 책임을 지우며, 다시는 이런 일이 없도록 우리의 생각과 문화와 사회 전반을 바꾸는 것이다. 어떤 대단한 결심을 했기 때문이 아니라 어찌 보면 운명처럼, 나는 수빈이와 모든 세월호 희생자 및 피해자들이 남긴 숙제를 해결하는 일에 동참하게 되었다. '세월호 참사 시민기록위원회 작가기록단'에 참가한 것이다.

304명이 사망하고 그중 9명은 여전히 실종 상태인 세월호 사고. "그날 그 배에서 무슨 일이 일어났는가?" 나는 그 대답을 찾아 재구성하기로 했다. 그 작업을 위해 나는 세월호와 관련한 언론 기사와 여러 자료들을 수집하고 희생자 가족들을 만났다. 내가 가장 힘을 쏟은 일은 세월호 재판을 방청하고 기록하는 일이었다.

광주지법 형사11부(재판장 임정엽)의 심리로 진행된 세월호 선원 재판은 2014년 6월 10일에 첫 공판 준비 기일이 열려 5개월간 매주 2~3회씩 총 33차 공판이 진행되었고 2014년 11월 11일에 판결이 내려졌다. 선박 전문가들을 포함한 증인만 75명, 증거 기록이 2만 쪽에 공판 기록이 1만 쪽에 달했으며, 재판부가 단원고 생존 학생의 증언을 청취하기 위해 7월 28일과 29일 수원지법 안산지원에서 특별 법정을 열었고, 8월 19일부터는 광주의 재판을 안산지원 법정에 원격 생중계하였다. 2014년 6월 20일에는 청해진해운 및 관계자(하역업체 우련통운, 인천항 운항 관리자 등) 재판도 시작되어 11월 20일에 판결이 내려졌다. 두 재판을 담당한 광주지법에서는 재판이 후반부로 접어들자 일주일 내내 공판이 열렸다.

공판 횟수, 증인 수, 증거 기록 및 공판 기록의 양, 매회 이어진 유가족들의 방청과 그들의 질문 및 발언, 여러 면에서 세월호 재판은 역사적인 재판이었다. 나는 선원 재판을 중심으로 대부분의 공판을 찾아가 기록했다. 재판 기간의 절반 정도는 새벽 5시에 유가족들과 함께 안산에서 버스를 타고 광주로 내려갔고, 후반부 절반은 안산의 '중계법정'에서 실시간으로 방청했다.

왜 세월호 재판인가

어떤 분들은 왜 재판이냐고 내게 묻는다. 진실은 법정에서 드러나지 않는다고 말하기도 한다. 나도 법정이 진실을 궁금해하는 사람에게 '친절하게' 그것을 보여 주지 않는다는 것을 안다. 그럼에도 왜 재판을 방청하고 그 기록을 책으로 남기려 했는가.

4.16 세월호 사고는 우리의 상식을 뒤흔드는 참사였다. 하기에 사고 초기부터 온갖 의혹들이 꼬리를 물고 제기되었다. 이 의혹들은 사고 수습 과정에서 정부와 유관 기관들이 적절한 능력도 책임감도 보여 주지 못하면서 더욱 증폭되었다. 고의 침몰, 국정원 개입, 핵물질 수송, 잠수함 충돌, 지그재그 운항 등 의혹들은 다양하였고, 쉽게 받아들이기 힘들었으나 의혹들 각각은 나름대로의 근거를 갖고 있었다. 이러한 의혹들이 인터넷으로 확산되면서 세월호 사고의 실체적 진실은 더 오리무중에 빠졌다.

나는 어떤 가설이 확연히 허위라는 게 드러나기 전까지 함부로

세월호를 기록하다

'음모론'이란 낙인을 찍는 것은 옳지 않다고 생각한다. 그렇더라도 내가 이 사건의 진실에 접근하는 방법론적 원칙을 세워야 했다. 나의 원칙적 태도는 '오컴의 면도날'이었다. 14세기 영국 수도사이자 철학자인 윌리엄 오컴은 "단순한 설명이 가능할 때는 복잡한 가정을 해선 안 된다."라며 불필요하게 복잡한 가정은 '사유의 면도날'로 잘라 낼 것을 주장했다. 세월호가 통상적으로 오가던 항로에 갑자기 정체불명의 잠수함이 나타났다는 설명보다, 평범하고 이기적이며 부주의한 사람들의 과실이 누적되어 사고가 터졌다는 설명이 보다 단순한 설명이다. 진실이 반드시 그러하다는 것이 아니라, 우선 여기서 출발하여 사태를 설명해 보고, 그래도 안 될 때 다른 가설을 찾아야 한다고 생각했다.

법정은 그 어느 곳보다 많은 증거와 증언이 모이는 곳이다. 이 증거와 증언 모두가 사실은 아니다. 자기에게 유리하도록, 심하면 거짓을 증언하거나 혹은 실체와 관련된 중요한 증거를 숨기고 엉뚱한 증거만 내놓을 수도 있다. 하지만 검사, 피고인, 피고인 변호인, 재판부, 증인 모두가 한통속이 아닌 다음에야 상대의 주장을 순순히 받아들이지는 않는다. 상대의 주장을 집요하게 물고 늘어지며 공격하고 방어하는 과정에서 진실의 실마리가 드러날 수 있다. 나는 재판을 보면서, 또 돌아와 나의 기록을 살펴보고 다른 사람의 기록과 비교해 보면서 석연치 않은 점들에 의문부호를 쳤다. 어떤 의문은 며칠이 가도 풀리지 않아 머리를 싸맸는데, 이후 공판에서 다른 증언을 듣다가 의문이 풀려 무릎을 치기도 했다. 그런 식으로 세월호 사고의 퍼즐을 맞춰 갔고, 의혹의 상당수에 대해서는 합리적인 설명을 찾았다. 그렇게 나는 세월호 사고를 이해해 나갔다. 이 책은 세월호 재판의 법정 기록이며, 법정 기록을 바탕으로 세월호 사고를 재구성한 결과물이다. 나의 재구성은 증언과 증거를 토대로 받아들일 만한 사실들에 바탕을 둔다. 여전히 풀리지 않는 의문과, 검찰과 증인의 주장 그리고 판결에서 납득하기 어려운 지점은 솔직하게 물음표로 남겨두었다.

다만 이 책에서, 각 피고인에게 내려진 형이 적절한지는 평가하지 않았다. 그것은 사실관계를 확인하는 것 외에도 현행법 체계와 관련된 문제이기 때문이다. 재판부가 어떤 사실관계를 인정하더라도 '얼마 이상, 얼마 이하'의 양형 기준이 법으로 정해져 있는 이상 거기서 벗어나는 판결을 하기란 쉽지 않다. 법체계를 개선하고 양형 기준을 바꾸기 위해선 별도의 논의가 필요할 것이다. 이 책에서 내가 법리적 다툼이나 형량에 대해 언급을 하더라도, 그 자체가 글을 쓴 주목적은 아니다. 나의 일차적 관심은 어디까지나 사실의 재구성이다.

세월호 재판의 쟁점들

세월호 선원 재판(1심)의 판결은 아래와 같다.

광주지방법원 형사11부 판결. 사건 2014고합180. 재판장 임정엽 판사.

주문.

피고인 이준석(선장)을 징역 36년에 처한다.

피고인 강원식(1등 항해사)을 징역 20년에 처한다.

피고인 김영호(2등 항해사)를 징역 15년에 처한다.

피고인 박한결(3등 항해사), 조준기(조타수)를 각 징역 10년에 처한다.

피고인 신정훈(1등 항해사, 수습)을 징역 7년에 처한다.

피고인 박경남(조타수), 오용석(조타수), 손지태(1등 기관사), 이수진(3등 기관사), 전영준(조기장), 이영재(조기수), 박성용(조기수), 김규찬(조기수)을 각 징역 5년에 처한다.

피고인 박기호(기관장)를 징역 30년에 처한다.

피고인 주식회사 청해진해운을 벌금 1,000만 원에 처한다.*

세월호 선원들에 대한 판결이 위와 같이 내려졌을 때 희생자 가족들의 절규, 한탄, 흐느낌이 법정을 채웠다는 것을 이야기해야겠다. 형량이 검찰이 구형한 수준에 비해서 낮았고, 특히 검찰이 선장 등에 적용한 '살인죄'에 대해서 유죄가 인정되지 않았던 것이다. 선원들이 법정에 들어올 때마다 "살인자!"라고 외쳤던, 자식 또는 부모나 형제를 잃은 유가족들의 정서에서 이 판결은 수용하기 어려웠다.

---

* 벌금은 해양환경관리법 위반에 따른 것으로, 기름 유출에 대해 청해진해운이 이 사건에 병합되어 재판을 받았다. 청해진해운 김한식 사장은 세월호 사고 책임과 관련해서는 별도의 재판을 받았다.

재판부는 세월호 사고의 원인을 다음과 같이 판단했다. 첫째 세월호는 증개축으로 복원성이 약해진 선박이었고, 둘째 해운사가 화물 최대 적재량 기준을 어기고 과적하여 복원성을 더 악화시켰으며, 셋째 화물을 제대로 고박하지 않은 상태로 출항했고, 넷째 이런 세월호를 주의하여 운항해야 할 당직 항해사와 조타수가 4월 16일 전남 진도군 병풍도 앞바다에서 우현으로 대(大)각도 조타를 하는 운항 과실을 범하여 8시 48분경부터 배가 우현으로 급선회하며 원심력으로 좌현으로 기울었으며, 다섯째 과적된 채 부실하게 고박된 화물이 좌현으로 쏠리면서 복원력이 상실되어 배가 30도 이상 전도되었다. 이후 침수가 시작되어 점점 크게 기울어지다가 10시 17분경 전복되었고, 10시 30분경 완전히 침몰했다.

재판부가 인정한 바에 의하면, 그리고 이미 사실로 확인된 바에 따르면 세월호의 갑판부 선원들(선장, 항해사, 조타수)과 기관부 선원들(기관장, 기관사, 조기장, 조기수)은 각각 조타실과 기관부 선실 통로에 모여, 승객의 안전한 퇴선을 위한 조치를 수행하지 않고 있다가 먼저 퇴선하여 해경에 구조되었다. 승객들과 남은 선원들은 갑판부와 기관부 선원들이 탈출한 후 뒤늦게 탈출을 시도하였으나 배가 기울고 물이 차올라 172명(갑판부, 기관부 선원을 빼면 157명)만이 탈출에 성공하고 304명은 목숨을 잃었다.

재판부는 선장 이준석, 1등 항해사이며 화물 담당인 강원식, 사고 당시 당직 사관이었던 3등 항해사 박한결과 조타수 조준기에 대해 '업무상 과실 선박매몰' 혐의를 인정했다. 그들의 과실로 배가 전복, 침몰했다는 것이다. 특히 선장 이준석은 선박이 위험할 때 인명

세월호를 기록하다

과 화물의 구조에 필요한 조치를 해야 하는 선원법상 의무를 위반했음을, 또한 기관장 박기호는 대기할 때 같은 구역에 있던 다친 조리실 승무원들을 버려두고 퇴선하여 그들을 사망하게 했다고 보아 '살인'을 저질렀음을 인정했다. 피고인 전부에 대해, 그들이 승객에 대한 '유기치사, 유기치상'의 죄를 범했다고 판결했으며 양형 수준이 가장 높은 '아동에 대한 유기치사(2008년생 권혁규 어린이)'를 적용하여 형을 결정했다.

그러나 재판부는 검찰이 선장, 1등 항해사, 2등 항해사, 기관장에 적용한 '승객에 대한 미필적 고의에 의한 살인 및 살인미수' 혐의에 대해서는 무죄로 판결했다. 재판부는 "미필적 고의가 인정되려면 사망이나 상해가 발생할 수 있음을 예견해야 하며 나아가 사망이나 상해가 발생할 위험을 용인하는 내심(內心)의 의사(意思)가 있어야 한다."며, 이에 대해 법관이 확신을 가지도록 할 입증 책임은 검사에게 있다고 했다. 즉 피고인이 '내가 조치를 취하지 않으면 저 사람이 죽을 수 있는데, 정말로 죽더라도 상관없다.'고 마음먹었음을 검사는 확실한 증거로 증명해야 하며, 그와 같은 증거가 없다면 설령 유죄의 의심이 가더라도 피고인에게 유리하게 판단할 수밖에 없다는 것이다.

내심의 의사를 입증하는 데 중요한 문제인 피고인들의 '퇴선 명령' 여부에 대해, 재판부는 피고인들이 방송을 담당한 여객부에 "퇴선 방송을 하라."고 지시한 사실이 있다고 인정했다. 물론 퇴선 방송이 실제로 나온 적은 없으며, 이는 확인된 사실이다. 그러나 재판부는 피고인들에게 '내가 살려면 승객이 죽어도 상관없다.' 또는 '승객을 죽여서라도 내가 살겠다.'는 의도가 있었다고 보기는 어렵다고 여겼다. 하지만 설령 퇴선 지시를 했다고 하더라도, 어느 시점이 지날 때까지 퇴선을 위한 아무런 실질적인 조치를 취하지 않은 이상, 유기치사의 죄를 저질렀다는 사실은 변치 않는다. 5장 '선원'에서 이 부분과 관련한 선원들의 행동을 재구성해 볼 것이다.

다음은 청해진해운 및 관계자 재판의 판결이다. 재판부는 다르며 재판장은 선원 재판과 동일한 임정엽 판사다.

광주지방법원 형사13부 판결. 사건 2014고합197 (209병합, 211병합, 447병합.)

주문.

피고인 김한식(청해진해운 대표이사)을 징역 10년 및 벌금 2백만 원에 처한다.

피고인 김영붕(청해진해운 상무)을 금고* 5년 및 벌금 2백만 원에 처한다.

피고인 안기현(청해진해운 해무팀 이사)을 징역 6년 및 벌금 2백만 원에 처한다.

피고인 남호만(청해진해운 물류팀장)을 금고 4년 및 벌금 2백만 원에 처한다.

피고인 김정수(청해진해운 물류팀 차장)를 금고 3년 및 벌금 2백만 원에 처한다.

피고인 박희석(청해진해운 해무팀장)을 금고 2년 6월 및 벌금 2백만 원에 처한다.

피고인 신보식(청해진해운 세월호 선장**)을 금고 2년에 처한다.

피고인 문기한(하역업체 우련통운 본부장)을 금고 2년에 처한다.

피고인 이준수(우련통운 현장팀장)를 금고 2년에 처한다.

피고인 전정윤(한국해운조합 인천지부 운항 관리자)을 징역 3년에 처한다.

피고인 박희석에 대하여는 4년간, 피고인 신보식에 대하여는 3년간 위 금고형의 집행을 유예한다.

피고인 김주성(한국해운조합 인천지부 운항 관리실장)은 무죄.

한 명을 제외하고 모두 국선 변호인을 선임한 세월호 선원 피고인들에 비해, 청해진해운 관계자 재판의 피고인들은 모두 쟁쟁한 법률사무소의 사선 변호인들을 선임했고 특히 김한식의 변호인은 세 명, 우련통운 문기한, 이준수의 변호인은 네 명이나 되었다. 공판은 피고인 및 변호인석이 빽빽할 정도로 꽉 찬 상태에서 진행되었다.

재판부는 이 재판에서 검찰의 주요 공소 사실과 혐의를 거의 다 인정했다. 업무상 과실치사와 과실치상, 업무상 과실 선박매몰, 선

---

* 징역은 구금 시설에서 노동에 종사해야 하고 금고는 노동이 선택 사항이라는 점이 다르다.
** 신보식은 정규직 선장, 이준석은 퇴직 후 계약직으로 고용된 선장이라는 차이가 있다. 신보식과 이준석은 서로 자신은 견습 선장이고 상대가 정식 선장이라고 주장했다. 과거 이준석이 세월호 선장일 때 신보식이 견습 선장이었고 이준석이 계약직으로 고용된 후에는 신보식이 정식 선장이긴 하나, 이준석이 나이나 경력에서 '견습'이라 할 수 없고 급여가 줄어든 것 외엔 정식 선장과 같은 지위였다.

박안전법 위반 등의 법률 적용에서 재판부는 피고인 변호인의 주장을 받아들이지 않았고 주요하게는 김한식 외 청해진해운 주요 간부·직원들에게, 이차적으로는 우련통운 관계자와 운항 관리자에게도 "세월호 사고에 책임이 있다."는 점을 분명히 했다. 다만 업무상 과실치사의 법정 최고형이 징역 5년밖에 되지 않아 재판부가 선택할 수 있는 양형의 폭이 좁았다. 대표이사 김한식에게 10년 형, 이사 안기현에게 6년 형이 내려진 데는 업무상 횡령과 배임이라는 별도의 죄가 적용되었기 때문이다.

어찌 됐든 이 재판을 지켜보는 희생자 가족들은 또 한 번 몹시 실망했다. 304명이 수장되고 살아남은 사람도 육체적 정신적 트라우마에 시달리는데 선원, 해운사 할 것 없이 솜방망이 처벌을 받았다며 가족들은 분노했다.

이 재판에서 피고인 변호인들은 크게 다음의 주장을 제기했다. 첫째 세월호 사고는 선원들의 운항 과실과 승객 구조 책임의 외면에서 비롯된 것이며, 피고인들은 그런 상황을 예견할 수도 방지할 수도 없었다. 둘째 피고인들은 선박의 복원성이 나쁘다는 사실을 몰랐고, 화물이 과적이란 사실도 몰랐다. 셋째 업무상 상급자 또는 계약상 갑의 지시에 따랐을 뿐, 다른 행동을 선택할 수 없었다.(우련통운은 청해진해운이 실으란 대로, 고박하란 대로 화물을 싣고 고박할 수밖에 없었다고 주장하고, 청해진해운 직원은 우련통운에서 알아서 한 일이다 혹은 상사가 시키는 대로 했다고 주장했다. 대표이사 김한식은 회사의 소유주이자 이미 사망한 유병언 세모그룹 회장의 지시에 따랐다고 주장했다.)

그러나 재판부는 피고인들이 선박의 복원성이 나쁘다는 점이나

세월호를 기록하다

화물이 과적되고 있다는 사실을 인식했으면서도 안전 규정에 따르지 않았으며, 해운사가 평소 선원들에게 비상 상황 대비 훈련을 제대로 시키지 않은 것도 사태를 악화시킨 요인이라고 판단했다. 요컨대 모든 관련자들이 '이렇게 하면 배와 승객이 위험해질 수 있다.'는 것을 알면서도 각자의 이해관계 때문에 상황을 바로잡지 않았다는 것이다. 이런 정황이 실제로 어떻게 나타났는지 4장 '출항'에서 살펴볼 것이다.

선원 재판과 청해진해운 재판은 판결문만 각각 150쪽이 넘는다. 일반적인 독자가 딱딱한 판결문을 이해하기는 어렵기 때문에 내 나름의 방법으로 이 사고를 재구성했다. 크게 '침몰', '구조', '출항', '선원'으로 나누어, '침몰'에서는 세월호의 침몰 및 승객들의 탈출 과정에 대하여, '구조'에서는 이번 사고를 악화시키는 데 일조한 해경의 구조 작업에 대하여, '출항'에서는 세월호가 복원성이 부실한 상태로 떠나게 되기까지의 상황에 대하여, '선원'에서는 조타실과 기관실에서 벌어진 일 그리고 승객을 두고 그들만 탈출한 과정을 살펴볼 것이다. 법정 진술을 많이 인용할 텐데, 실제 법정에서 증인(또는 피고인)과 검사, 증인(또는 피고인)과 변호인 사이의 문답은 짧은 대화가 반복되는 경우가 많아서 독자들이 읽기 쉽도록 압축하고 재구성했다. 이때 증언의 핵심 내용과 어조를 잃지 않게끔 신경을 썼다. 청소년인 단원고 생존 학생들을 제외한 모든 증언자와 진술자의 이름은 실명으로 표기했다. 이 책에 나오는 자료의 주된 출처는 검찰 공소장, 판결문, 공판 조서 등으로 사실관계의 다툼이 없는 내용은 그대로, 논쟁이 된 부분은 따로 그런 맥락을 서술했다. 이 경우 독자의 가독성을 위해 일일이 각주를 달지는 않았으며 기타 꼭 필요한 경우나 재판 외에서 얻은 자료에 대해서는 출처를 각주로 표기했다.

이 책의 설명만으로 세월호의 실체적 진실에 접근하는 일은 여전히 미진하리라고 생각한다. 세월호의 완전한 '진실 규명'에는 긴 시간이 필요할 것이다. 하지만 역사적인 세월호 재판을 그 출발점으로 삼는다면 다음 단계에서는 더 멀리 나아갈 수 있을 것이다. 이 책에는 그런 희망이 담겨 있다.*

---

* 세월호 선원들과 청해진해운 관계자들, 검찰 모두 1심 판결에 항소하였다. 선원 항소심은 2015년 1월 20일에 시작하여 4월 29일에 판결이 내려졌다. 선장 이준석에 대해 항소심 재판부는 살인의 미필적 고의를 인정하여 무기징역을 선고했다. 또한 선원 전부가 수난구호법을 위반했다고 보았다. 하지만 선장에게 무거운 죄를 물으면서 상대적으로 여타 선원들의 형량은 줄어들었다. 강원식(20년→12년), 김영호(15년→7년), 박한결·조준기(10년→5년), 신정훈(7년→1년6개월), 박경남·오용석(5년→2년), 손지태·이수진·이영재·박성용·김규찬(5년→3년), 전영준(5년→1년6개월), 박기호(30년→10년). 박기호의 살인죄에 대해 1심과 달리 무죄가 선고되었다.
청해진해운 관계자 항소심은 2015년 2월 3일에 시작하여 5월 12일에 판결이 내려졌다. 변경된 형량은 다음과 같다. 김한식(10년→7년), 김영봉(5년→3년), 이준수(2년→징역 2년에 집행유예 3년), 전정윤(3년→2년). 문기한은 무죄가 선고되었다. 청해진 사장 김한식의 형량이 줄어든 이유는, 그와 유사한 정도의 업무상 횡령·배임죄를 저지른 계열회사 임원들에게 집행유예가 선고되었음을 감안했기 때문이다.

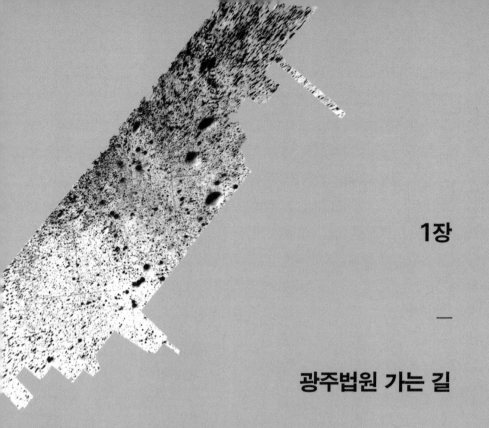

1장

—

광주법원 가는 길

—

제발 진실을 말해 주세요

2014년 6월 10일, 광주광역시 동구 지산동 광주지방법원 201호 법정.

세월호 선원 재판의 첫 공판 준비 기일*이 오후 2시부터 열릴 예정이었다. 방청석에는 안산에서 내려온 백여 명의 세월호 사고 유가족과, 진도에서 올라온 실종자 가족들이 빽빽이 앉았고 미처 못 앉은 사람은 별도로 마련된 보조 법정에서 화면으로 재판을 지켜봤다. 판사석은 방청석에서 바라본 정면, 즉 법정에서 가장 높은 곳에 위치했고 판사석 뒷벽에는 오각형 무궁화 가운데에 '법원'이라고 쓴

---

* 본격적인 재판 절차에 들어가기 전, 검찰의 공소 요지와 변호인의 변론 요지를 확인하고 제출된 증거에 대해 채택 여부를 결정하는 등 준비 절차를 진행하는 공판을 말한다.

상징 마크가 붙어 있었다. 판사석 앞은 판사석보다 조금 낮은데 재판 진행을 돕는 주임석이다. 방청석에서 볼 때 오른편에 피고인석과 변호인석이, 왼편에 검사석이 있다. 변호인석에 일곱 명의 변호인들, 검사석에 다섯 명의 검사들이 굳은 표정으로 앉아 있었다.* 변호인들은 각자 한 명에서 세 명까지 피고인을 담당했다. 판사석, 변호인석, 검사석 각각에는 모니터가 하얀 화면을 빛냈다. 이 화면은 재판이 시작되면 실시간으로 공판 속기록을 보여 줄 예정이었다.

판사석의 정면에는 증인석이 설치되어 있다. 방청석에서 보면 증인의 등이 보인다. 과거에는 피고인석이 증인석 뒤에 있어 피고인이 앞뒤로 재판장과 방청객 모두에게 감시받는 위치에 앉았다. 그러던 것이 2008년부터 피고인의 인권 보호 차원에서 변호인 옆자리로 옮겼다. 증인석과 방청석 사이에는 펜스가 가로지르는데, 방청인이 판사석이나 피고인을 향해 뛰어드는 만약의 사태를 막기 위해서다.

실제로 이날 법정은 긴장감이 팽팽했다. 유가족들이 법정에 들어오기 전에도 한바탕 소란이 있었다. "진실 규명", "살인자 처벌" 등의 피켓을 들고 입정하려는 유가족을 법원 직원이 제지하자 유가족들이 흥분했고, 검색대가 넘어지고 고성이 난무했다.

　"우리가 앉아서 재판 구경하러 온 줄 알아? 그 살인자들 가만두지

---

* 선장 이준석과 3등 항해사 박한결, 두 피고인에게 1인의 국선 변호인이 배정되었으나 두 피고인이 사실관계를 놓고 다툴 것이 예상되면서 각 피고인에게 1인씩의 국선 변호인이 배정되는 것으로 변경되었다. 그래서 본 공판 기일이 시작된 후부터는 피고인 변호인은 여덟 명이었다.

　　　　　　　　　　　　　세월호를 기록하다

않을 거라고!"

불의의 사고로 사랑하는 가족을 잃고, 정부의 구조 약속을 믿다가 배신당하고, 사고 수습 과정에서도 무능하고 무책임한 관료들에 의해 두 번 세 번 상처를 입었기에 유가족들의 분노는 당연해 보였다. 유가족들은 이 재판이 형식적으로 진행되어 진실을 밝히지 못하고 책임자도 처벌하지 못할까 봐 신경이 곤두서 있었다.

2시 정각, 판사들이 들어왔다. 임정엽 재판장은 자신과 배석 판사(장재용, 권노을 판사)를 소개하고 1차 공판 준비 기일의 시작을 알렸다. 재판장은 "이 사건에 대한 국민적 관심을 배려하여" 첫날에 한해 언론이 법정 내부를 촬영할 수 있게 허용했다. 법정에 플래시가 터졌다. 재판장이 이후에는 촬영이나 녹음을 제한한다고 말하자 방청석에서 "왜 녹음을 못 하게 합니까?"라는 성난 목소리가 나왔다. 재판장은 선원 재판 외에도 해운사, 해경 재판도 이어질 예정이므로 재판 내용이 가감 없이 유출되면 다른 재판에 영향을 줄 수 있다고 양해를 구했다. 재판장은 미리 준비한 글을 읽었다. 재판부가 어떤 마음으로 재판에 임하는가, 그리고 피해자 가족을 비롯한 방청객들이 지켜야 할 사항에 관한 내용이었다.

"저희 재판부는 막중한 책임감을 갖고 공정하면서도 신속한 재판으로 이 사건의 실체 진실을 밝혀내고 그에 따라 법과 정의에 부합하는 결론을 내리도록 최선의 노력을 다하겠습니다. (…) 피해자 가족들의 마음을 이해하지만 뒤에서 큰소리를 내면 재판을 진행할 수가 없습니다. 조금 있다가 피고인들이 들어올 텐데 큰소리로 분노를 표출하진 말아 주십시오."

"그건 안 됩니다!"

유가족들이 소리를 질렀다. 재판장은 그중 한 명에게 일어서서 앞의 증인석에 나와 말을 해 보시라고 했다. 그 유가족은 피고인들이 진실을 말하지 않으면 계속 소리를 치겠다고 했다. 유가족의 분노에 공감하는 한편 나는 재판이 정상적으로 운영될 수 있을까 걱정되었다. 재판장이 말했다.

"형사소송법상 구속 기간이 6개월로 제한되어 있습니다. 몇십 명의 증인이 나와야 할지 모르는데 이렇게 재판이 자꾸 중단된다면 6개월을 다 써버려 진실을 규명하기 전에 피고인들을 풀어 주어야 합니다. 법이 그래요. 그걸 원하는 건 아니시지 않습니까."

"하지만 피고인들이 자꾸 거짓말을 하면 어떻게 참습니까?"

"이해합니다. 피고인들의 주장은 가족들이 보면 화가 날 수 있습니다. 하지만 저희 재판부가 피고인들의 말을 백 퍼센트 받아들이겠습니까? 피고인이 하는 말, 검사가 하는 말 모두 증거 조사를 거쳐서 저희들이 인정하는 것입니다. 염려하지 않으셔도 됩니다."

6개월 안에 재판이 끝나지 않으면 피고인들을 풀어 줘야 한다는 말은 흥분한 유가족들을 잠시 진정시켰다. 그러나 곧이어 피고인들이 입정하자 다시 법정은 서늘한 증오와 격한 목소리로 가득 찼다.

　　　　　　　　　　　　　세월호를 기록하다

"살인자야!" "내 새끼 살려 내!"

언론에서 지탄받는 '세월호의 악마들'이 참 초라해 보인다고 나는
생각했다. 선장 이준석은 일흔을 바라보는 노인이었고 15명의 선원
피고인 가운데 절반이 머리가 희끗희끗하고 어깨가 구부정한 초로
의 나이였다. 한편 피고인 중 가장 젊은 사람은 3등 항해사와 3등 기
관사로 둘 다 26세의 여성이었다. 피고인 전체의 평균 연령을 계산
해 보니 50세였다. 갑판부 선원 중에서는 조타수들이 그리고 기관부
선원 중에서는 조기수들이 대체로 나이가 많았다.

세월호 선원들의 근무 부서는 크게 갑판부, 기관부, 여객부로 나
뉜다. 갑판부는 선장(선장은 기관부도 통솔한다.), 항해사(1등, 2등, 3
등), 조타수를 가리키며 주로 조타실에서 항해 전반을 맡는다. 항해
사별로 주요 업무를 보면, 1등 항해사는 화물 적재와 고박을 감독하
며, 2등 항해사는 각종 운항 장비를 관리하고, 3등 항해사는 선장을
보좌하면서 각종 문서 업무를 맡는다. 항해할 때는 항해사와 조타수
가 짝이 되는데, 항해사가 침로의 방위나 방향타의 각도 등을 지시
하면 조타수는 그 지시대로 조타기 핸들을 돌려 배를 움직인다. 흔
히 비유적인 표현으로 국가의 지도자를 '나라의 조타수'라고 부르지
만 선박에서 조타수는 항해사보다 하위 직급이다.

기관부는 엔진, 발전기 등 배의 기관을 작동하고 점검하는 역할을
맡는데, 기관장, 기관사(1등, 2등, 3등), 조기장, 조기수를 가리킨다.*

---

* 2014년 4월 16일 당시 세월호는 2등 기관사가 공석이었다.

쉽게 말해 갑판부는 배의 꼭대기, 기관부는 배의 지하실을 맡는다. 항해사나 기관사는 '사관'이고 자격 요건이 있지만 조타수나 조기수는 별다른 자격 요건이 없다. 한편 여객부(사무부라고 부르기도 한다.)는 안내 데스크를 중심으로 승객들의 편의를 돌보고, 승객 안전 교육을 하고, 선내 방송을 담당한다. 조리부도 여객부에 포함된다.

검찰은 선장 및 갑판부, 기관부 선원 전원을 구속 기소했다. 이들은 세월호에서 먼저 탈출했고 모두 생존했다. 반면 여객부 선원들은 사고로 희생되었거나 다른 승객들과 함께 탈출했다.

미리 약속된 대로, 피해자 대표에게 증인석에서 진술할 기회가 주어졌다. 세월호 참사 가족대책위 김병권 대표가 나섰다. 그는 단원고 2학년인 고 김빛나라 학생의 아버지다. 딸이 지금이라도 문을 열고 들어와 "엄마 아빠, 나 왔어. 밥 줘." 할 것 같다며 그는 울먹였다. 덩치 큰 남자가 어깨를 들썩이자 유가족들도 같이 울기 시작했다. 세월호 사고로 희생된 것은 승객만이 아니라 그 가족들의 영혼이기도 하다. 그는 재판부에 철저한 진상 규명과 엄중한 처벌을 호소했고, 피고인석을 향해서도 호소했다.

"제발, 제발 진실을 말해 주세요."

유가족들은 이처럼 거대한 참사에 단지 선원들만 책임이 있다고 생각하지 않았다. 참사 두 달째인 그때까지 침몰의 원인이나 승객을 구조하지 못한 이유는 여전히 세월호 출항 전날의 안개처럼 희뿌연 무엇에 가려져 있었다. 수많은 의혹이 하루가 멀다 하고 계속 제기

세월호를 기록하다

세월호는 어떤 배였나

세월호는 길이 146미터, 폭 22미터, 높이 24미터, 총톤수 6,825톤의 여객선이다. 승선 인원은 최대 921명, 차량을 포함한 화물의 최대 적재량은 1,077톤이다.

1994년 건조된 일본 선박 '나미노우에호'를 2012년 10월경 청해진해운이 한국에 수입하여 '세월호'로 명칭을 바꿨다. 청해진해운은 2012년 11월경부터 2013년 1월경까지 전남 영암의 CC조선소에서 세월호 증개축 공사를 했다. 공사의 주요 내용은 첫째 선박 4층 여객실을 선미 쪽으로 연장하고 그 위에 새로 생긴 5층 공간에 유병언 회장의 사진을 전시할 목적의 전시실을 설치한 것, 둘째 선수 갑판에 컨테이너를 추가로 싣기 위해 선수 우현 카램프(차량이 출입 가능한 경사로를 뜻하며 운항 시에는 접고 다닌다.)를 철거하고 철판으로 막는 것이었다.

이 공사로 세월호의 총톤수는 230톤, 승선 인원이 116명 늘어났다. 그러나 무게중심이 51센티미터 올라가 복원성이 약해졌으므로 세월호가 안전 운항을 하려면 재화 중량(화물, 차량, 평형수, 연료 등 선박에 싣는 모든 짐의 최대 무게)이 3,794톤을 넘겨서는 안 되었다. 또한 40톤 상당의 우현 카램프를 철거하고 10톤의 철판으로 막으면서 30톤 정도 좌현이 무거워지는 불균형이 생겼다. 세월호는 '완성 복원성 계산서'의 기준대로 화물을 적재하기로 하여 한국선급(선박의 건조 및 수리가 법적 설계 기준에 적합한지 심의하는 정부 위탁 기관)으로부터 증개축을 승인받았다.

세월호가 안전 운항을 하려면 평형수(선박의 복원성을 유지하기 위해 선박 하단에 싣는 물로, 해양에서는 바닷물을 사용한다.)를 1,694.8톤, 연료유를 560.9

톤, 청수(淸水) 290.9톤을 채워 무게중심을 낮춰야 했고, 그만큼을 재화 중량에서 빼고 난 화물 적재량은 최대 1,077톤이었다. 그러나 2014년 4월 15일 세월호는 화물 최대 적재량의 두 배인 2,142톤 상당을 적재하고, 초과한 적재량만큼 평형수, 연료유, 청수를 적게 실었다. 세월호는 평형수를 761.2톤(933.6톤 감축), 연료유를 150.6톤(410.3톤 감축), 청수를 259톤(31.9톤 감축)만 싣고 복원성이 매우 약한 상태로 출항했다.

되었다. 선원들이 재판을 받는 동안 그늘에 숨은 이들이 있다면 그들도 끌어내어 책임을 물어야 했다. 선원들의 입은 진실 규명의 열쇠이기도 했다.

진실은 어디에 있을까

광주지검 박재억 부장검사가 공소장을 낭독했다. 박 검사는 검찰 수사의 진행 상황과 구속 기소 현황에 대해 설명했다. 4월 18일 선장 이준석과 1등 항해사, 2등 항해사, 기관장을 구속한 것을 시작으로 갑판부, 기관부 선원 15명 전원을 구속 기소했고, 과적과 부실한 고박을 지시한 청해진해운 임직원, 화물 적재와 고박을 담당한 하역업체 관계자, 세월호의 구명벌(팽창식 공기 뗏목)을 부실 점검한 업체 직원, 세월호의 운항 관리를 제대로 하지 않은 운항 관리실 직원도 구속 기소했다. 이에 더해 세월호의 운항 면허를 발급하는 과정에서 금품을 받은 공무원도 구속하는 등 6월 10일까지 총 37명을 입건하여 31명을 구속 기소했다.*

박 검사는 이어 검찰이 파악한 세월호 사고의 원인, 선원들에 대한 공소 사실 요지, 죄명, 적용 법조 등을 밝혔다. 적용한 혐의는 살인, 유기치사·유기치상, 업무상 과실 선박매몰, 수난구호법 위반 등이었다. 낭독을 마치고 검사는 이렇게 말했다.

"한 학생이 촬영한 동영상 속의 어떤 학생은 이렇게 말합니다. '난 무슨 죄인가', '나 그러고 보니까 나쁜 짓을 거의 안 했는데' 그렇습니다. 아무런 잘못도 없는, 그저 착하게도 피고인들의 선내 대기 지시만을 따랐던 우리 어린 학생들은 '엄마, 아빠, 사랑해요.'란 말을 남기면서 탈출 시도 한번 제대로 못 해 본 채 세월호와 함께 바닷속에 갇히고 말았습니다."

박 검사는 울컥하여 잠시 말을 멈췄고, 피고인들 각자의 죄에 상응하는 엄중한 형이 선고되도록, 그리하여 희생자 및 그 가족들이 국가와 사회에 대한 신뢰를 조금이라도 되찾을 수 있도록 노력하겠다고 끝맺었다.

검찰이 구형한 다른 법조에 관해서는 재판부가 어떤 판단을 했는지 이미 앞에서 이야기했으므로 '수난구호법 위반'에 대해서만 살펴보자. 수난구호법이란 물에서 난 사고에 대처하는 데 필요한 여러

---

* 2014년 10월 6일 검찰 수사 최종 발표에 의하면 총 399명을 입건하여 그중 154명을 구속했다. 기소된 이들에는 해경 123정 정장, 진도VTS(해상교통관제센터) 직원, 기타 공무원을 비롯한 해운업계 비리 연루자 등이 포함되었다.

조건을 규정한 법이다. 수난구호법 18조 1항은 다음과 같다. "조난 현장의 부근에 있는 선박은 조난된 선박이나 구조기관으로부터 구조 요청을 받으면 최대한 응해야 한다." 검찰은 18조 1항의 단서 조항 "조난사고의 원인을 제공한 선박의 승무원은 별도의 요청이 없더라도 구조조치를 해야 한다."를 선원들에게 적용했다. 자기들이 사고를 냈으니 책임지고 승객을 구조해야 하는데 먼저 퇴선해 버렸다는 것이다.

이어 변호인들이 차례로 변론 요지를 밝혔다. 유가족들의 입장에서 피고인을 편드는 변호인이 곱게 보일 리가 없다. 실제로 변호인들이 차례로 변론 요지를 밝히다가 방청석의 항의로 중단되기도 했다. 고 전찬호 학생의 아버지 전명선 씨는 "아무리 변호인이라도 철저히 조사를 하고 말을 해야 되는 것 아닙니까?"라고 화를 냈다. 이미 언론 보도 등을 통해 피고인의 명백한 잘못으로 밝혀진 일을 왜 변명하느냐는 뜻이다. 재판장은 형사소송법상 피고인은 변호인을 대동하고 재판을 받아야 하며 변호인은 피고인의 말을 그대로 옮겨야 한다는 점을 설명했다. 유가족들이 물론 그 상식을 모르지는 않을 것이다.

재판장은 변호인들의 말이 듣기 싫더라도 상호 간의 공방 속에서 새로운 진실이 나올 수 있으므로 귀담아들어 달라고 강조했다. 나는 변호인들이 성실하고 현명한 이들이기를 바랐다. 무능한 변론으로 피고인들이 회사나 여러 관계자들의 잘못까지 뒤집어씀으로써 이 사고의 또 다른 책임들이 묻혀 버려서는 안 되었기 때문이다. 나는 이후로도 복잡한 심경으로 재판을 방청했다. 한편으로 유가족들의 고통에 공감했고, 다른 한편으로 변호인들의 선전을 바랐기 때문이다.

변호인마다 변론 요지가 달랐지만 간략히 요약하면 이렇다. 첫째, 세월호의 침몰 원인은 무리한 증개축과 그에 따른 복원성 악화, 과적, 고박 불량 등이고 이는 일개 직원인 피고인들이 통제할 수 없는 요소들이었다. 둘째, 피고인들은 살인이나 유기치사의 의도가 없었다. 선장은 승객들에게 구명동의 착용을 지시했고 구조대가 오자 퇴선 지시를 내렸다. 일부 선원들은 해경과 함께 선실 창을 깨고 승객의 탈출을 도왔다. 셋째, 피고인들은 사고 직후 부상과 정신적 공황으로 구조 조치를 할 현실적인 능력이 되지 못했다. 넷째, 해경이 도착한 이후부터 실질적인 구조 활동은 능력과 장비를 갖춘 해경의 책임으로 넘어가는 것이 맞다. 다섯째, 수난구호법에 따른 구조 조치 의무는, 선박들이 충돌했을 때 '가해 선박'의 선장과 승무원에게 강제되는 의무이다. 이 사고처럼 자체적으로 조난된 선박에 적용하는 것은 무리다. 여섯째, 검찰은 선원들이 먼저 탈출하여 수백 명의 희생자가 발생했다고 말하지만 당시 배의 상태 등으로 보아 선원들이 구조 조치를 취했다 하더라도 반드시 전원을 살릴 수 있었을지 확신할 수 없다.

검사가 물었다.

"지금 변호인은, 선원들의 행위와 무관하게 희생이 날 수밖에 없었으므로 인과관계가 없다는 뜻으로 한 말입니까?"

변호인이 대답했다. "예, 그렇습니다."

'진실'의 이미지는 종종 고고히 등불을 들고 걸어가는 성자의 모습으로 여겨지곤 한다. 하지만 진실은 그처럼 외따로 떨어져 있는, 가만히 두어도 언젠가 발견되며 누구든 보기만 하면 주저 없이 받아들이는 선명한 불빛이 아니다. 진실은 주관적인 해석에서 자유롭지 못하며 사회적 관계와 동떨어져 존재하는 것도 아니다. 결국 진실은 여러 사람이 합리적 이성에 기대어 주장하고 경청하며, 입증하고 반박하며, 대화하고 논쟁하는 과정에서만 살짝 두건을 걷고 얼굴을 드러낸다. 헨리 데이비드 소로는 이렇게 말했다. "진실을 말하는 데는 두 사람이 필요하다. 한 사람은 말하는 사람이오, 또 한 사람은 듣는 사람이다." 그리하여 진실은 그것이 밝혀지려는 순간에도 언제나 반박될 위험에 처하고, 밝혀진다 하더라도 무척 불쾌하고 불편할 수도 있지만, 진실은 그런 긴장감 위에서만 존재할 수 있다. 우리가 세월호 재판을 통해 실체에 접근하려면 그런 긴장감을 있는 그대로 받아들여야만 한다.

반면 세월호 재판이 진실 규명에 있어 가지는 한계도 분명하다. 비단 세월호 재판만이 아닌 모든 재판은 위법 여부만을 따진다. 검사는 법적 책임에 국한하여 공소 사실을 작성하고, 재판장은 검사가 제기한 공소 사실에 국한하여 법적 판단을 내린다. 어떤 결과에 영향을 주는 무수한 요인 가운데, 재판은 현행법에 위배되는 지점까지만 울타리를 친다. 다른 중요한 사회적, 구조적, 정치적 요인이 있더라도 법률적으로 위법하지 않으면 재판의 대상은커녕 관심사조차 되지 못한다. 재판부가 "이 사고의 원인은 A, B, C다."라고 말할 때 그 말은 "D, E, F는 원인이 아니다."라는 뜻이 아니다. 단지 A, B, C 이외에

세월호를 기록하다

는 현행법으로 책임을 묻지 못한다는 것이다. 세월호 사고처럼 다양한 사회적 요인이 복잡하게 얽힌 경우 재판의 한계는 뚜렷하다.

결국 다시 '왜 재판인가?'라는 문제로 돌아오는데, 아무리 한계가 있다 해도 이곳이 진실 규명의 출발점이 되기 때문이다. 그냥 되지는 않을 것이다. 합리적 이성을 바탕으로 한 끊임없는 질문, 개인의 법적 책임과 사회의 구조적 책임을 연결하여 볼 줄 아는 '사회적 상상력', 그리고 결코 주어진 자리에서 주어진 대답에 만족하지 않는, "가만히 있지 않겠다."는 태도가 필요하다.

재판장은 오후 6시경 피고인들의 변론 요지 낭독을 중단하고 다음 주 준비 기일에 나머지 변론 요지를 듣겠다고 했다. 방청석에서 "그냥 합시다!"라는 불만 섞인 소리가 나왔다. 재판장은 저녁이 되면 집중력이 흐트러져서 잘 들을 수가 없다고 양해를 구했다. 유가족이 "우리는 멀리 안산에서 왔는데, 이렇게 피고인들이 계속 부인하는 것을 다음에도 또 들으려니 괴롭다."고 하자 재판장은 실체적 진실을 밝히려면 맑은 정신에 해야 한다는 점을 강조했다. 재판장은 "뒤에서 소리를 지르시면 제가 놀랍니다. 그러면 재판 진행에 어려움이 있습니다."며 협조를 부탁했다. 재판장은 권위를 내세워 유가족들을 자극하지 않으면서 유가족들의 이성에 호소했다. 유가족들은 앞으로 오후 2시가 아니라 오전 10시부터 재판을 시작하는 게 어떻겠냐고 재판장에게 제안했다. 원래 안산에서 오는 유가족의 편의 때문에 2시로 맞춘 것이므로 재판장은 이 제안을 반갑게 받아들였다. 이날까지 검찰은 1,900여 개, 쪽수로 1만 쪽 이상의 증거를 재판부에 제출했다.

유가족들은 법정을 나왔으나 그대로 안산행 버스를 타지 않았다. 누가 말을 꺼냈는지, "피고들의 얼굴이라도 보고 한마디만 해야겠다."며 유가족들은 법원 마당에 진을 치고 앉았다.

법원은 대개 평범한 시민들을 위축시키는 공간이다. '우리가 어련히 알아서 잘 하지 않겠니. 너희는 가만히 있어라.'고 내리누르는 듯한 느낌은 건물 곳곳에 스며들어 있다. 유가족들은 가만히 있지 않았다. 스스로 진실을 조사하고, 진상 규명 특별법 서명 운동을 하고, 법원에서 질문하고 발언했다. 진실이 논쟁 속에서 발견된다면, 비단 그 논쟁이 검사와 변호사만의 전유물일 필요가 있을까. 유가족들이 자기 목소리를 내는 것도 진실을 찾는 과정이다. 재판이 진행된 5개월간 내가 방청하는 법정에는 늘 유가족들이 펜과 수첩을 들고 앉아 있었다. 'CCTV 고의 차단' 등 세간의 의혹에 관해 재판부를 통해 피고인과 증인에게 질문한 이들도 유가족들이다. 그들이 질문하지 않는 한 법정은 한정된 공소 사실 외의 대중의 관심사에 관해서는 언급하지 않는다.

경찰들과 한 시간가량 실랑이를 했을까, 돌아가서 남은 아이를 챙겨야 하는 엄마들이 그만 출발하자고 하여 자연스럽게 마무리 집회가 열렸다. 기자들이 마이크를 갖다 대고 고 유예은 학생 어머니 박은희 씨가 조용히 입을 열었다.

"공황장애 때문에 어찌할 줄 몰랐다고요? 그 시간에 저희 아이들은 부모에게 살려 달라고 전화했습니다. 그 아이들이 느낀 극도의 공포를 공황장애에 비교할 수 있을까요? 그 사람들은 어른이잖아요. 수십 년을 더 산 어른들이 열일곱 살 아이들을 지켜 주지 못하고 어떻게 그런 더러운 거짓말을 하나요?"

박은희 씨는 끝내 울먹이고 말았다.

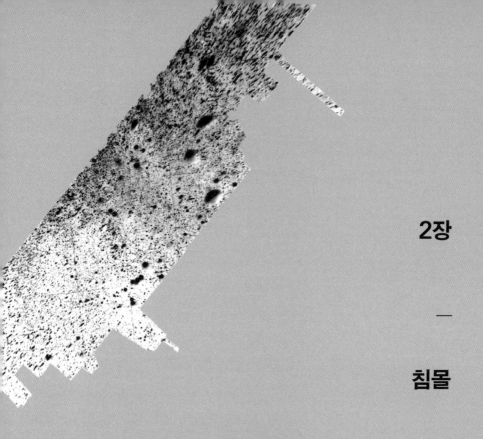

2장

—

침몰

—

안개가 걷히고 배가 떠나다

안개는 힘 빠진 육식동물처럼 서서히 물러났다. 물러나며 뱃속에 삼켰던 불빛과 건물을 하나씩 토해 냈다. 안개가 걷혀 가는 인천항 연안여객터미널 부두에는 6,800톤급 여객선 세월호의 흰 몸뚱어리가 조용히 떠 있었다.

청해진해운의 인천-제주 왕복 여객선 세월호는 화요일, 목요일, 토요일 인천에서 정기 출항했다. 4월 15일 화요일에도 예정대로 18시 30분경 출항하려 했으나 안개로 인한 시정주의보가 내려짐에 따라 출항이 연기되었다. 인천항만청VTS(Vessel Traffic Service. 해상교통관제센터)는 인천항 내의 가시거리가 5백 미터 이내일 때 시정주의보를 발령한다. 청해진해운의 자체 규정인 세월호 운항 관리 규정에서도 출항은 시정 1킬로미터 이상일 때 가능하다. 단원고 수학여행단(학생 325명, 교사 14명)과 일반인, 화물 기사 등 승객 447명은 여객터미널 대합실에서 출항 여부가 결정되길 기다렸다. 승선을 취소하고 가는 사람들도 있었다. 그런 손님을 최대한 붙잡기 위해 회사는 "일단 저녁 식사부터 하라."며 승객들을 배에 태웠다. 승객들은 부두에서 갱웨이(gangway. 배나 비행기에 타고 내릴 때 이용하는 이동식 계단)를 이용해 세월호 3층으로 들어갔다. 단원고 학생들은 배정된 4층 선실에 짐을 풀고 3층 식당에 내려가 식사를 했다. 밥값은 7천 원이었다. 학생들은 식사 후 갑판과 중앙 로비를 돌아다녔고 3층 선실에 배정된 일반 승객들도 선실에서 텔레비전을 보거나 로비의 소파에서 무료하게 출항을 기다렸다.

20시 30분경 안개가 걷힌 것을 확인한 인천해경에서 인천항 운항 관리실로 전화하여 시정이 양호해졌음을 통보했다. 인천항 운항 관리실 담당자의 눈에도 인천항 방파제 끝의 홍등(紅燈)이 보였다. 홍등이 보이면 시정이 500미터 이상이란 뜻이다. 운항 관리실 담당자는 세월호 조타실로 연락해 출항을 허락했다. 밤 9시, 세월호는 바우 스러스터(선수 측면 프로펠러)를 가동하여 육중한 몸을 부두에서 떼어 냈다. 출항의 뱃고동 소리에 학생들이 환호했다. 세월호는 생애 처음 크루즈 여행을 떠나는 학생, 초등학교 동창생들과 환갑 기념 제주도 관광을 가는 노인, 주기적으로 왕복하는 화물 트럭 기사, 새로운 터전을 찾아 이사하는 가족, 2박 3일간 세월호 식당에서 일하고 11만 7천 원을 받기로 한 아르바이트 대학생을 태우고 인천 앞바다로 나아갔다. 여행의 기대, 새 삶의 희망, 생계의 무게가 함께 그 배에 실렸다.

세월호의 구조

• 세월호는 '로로선', '카페리', '화객선' 등으로 불리는 선박이다. 카페리는 자동차를 싣는 여객선을, 화객선은 화물을 함께 싣는 여객선을 가리킨다. 로로선은 카램프로 차량과 화물이 드나들어 편리하지만 카램프가 밀폐되지 않으면 침수가 되기 쉽고, 내부 격벽이 없어 물이 한번 들어오면 침몰 위험이 커진다.(1987년 영국의 로로선 '헤럴드 오브 프리 엔터프라이즈'호는 실수로 선수 카램프를 연 채 출항했다가 물이 들어와 겨우 2분 만에 침몰했고, 승객 193명이 사망하였다.)

• 세월호의 구조
지하에서 지상 2층까지는 기관실과 화물창이며 3~5층은 여객실과 조타실이다.

지하(E데크): 세월호의 가장 아래 공간이다. 엔진 및 주요 기관이 있는 기관실, 기관부원들이 근무하는 컨트롤룸, 화물창, 평형수 탱크, 연료유 탱크, 청수 탱크, 스테빌라이저 공간 등이 있다.

1층(D데크), 2층(C데크): 카램프로 들어온 차량과 화물이 내부 경사로를 통해 1층, 2층에 적재된다. 1층에서 리프트로 지하층에 화물을 내릴 수 있다. 2층 선미 공간은 다시 아래위로 나누어 2.5층(트윈데크)을 만들어 여기에 차량을 적재한다. 2층 선수 갑판(온데크)에는 컨테이너, 철근을 적재한다.

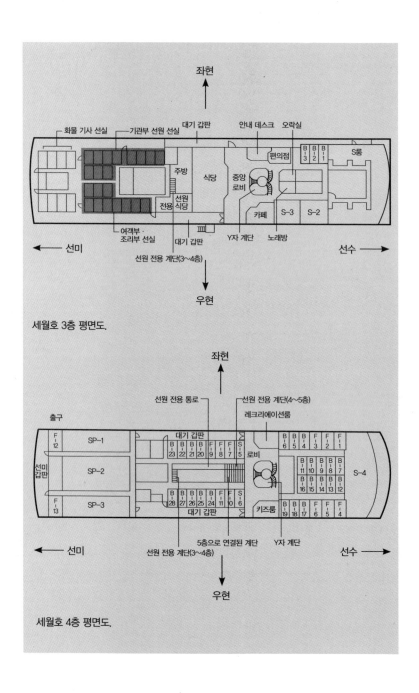

좌현

화물 기사 선실 ┆ 기관부 선원 선실 ┆ 대기 갑판 ┆ 안내 데스크 ┆ 오락실

편의점

B-3 B-1 B-2

S룸

주방

식당

중앙 로비

선원 전용 식당

카페 S-3 S-2

여객부·조리부 선실 ┆ 대기 갑판 ┆ Y자 계단 ┆ 노래방

선원 전용 계단(3〜4층)

선미 ←　　　　　→ 선수

우현

세월호 3층 평면도.

좌현

선원 전용 통로 ┆ 선원 전용 계단(4〜5층)

레크리에이션룸

출구

F-12

SP-1

선미 갑판

SP-2

F-13

SP-3

대기 갑판

B-23 B-22 B-21 B-20 F-9 F-8 F-7 S-5

B-28 B-27 B-26 B-25 B-24 F-10 S-6

로비

대기 갑판

키즈룸

B-6 B-5 F-3 F-2 F-1

B-11 B-10 B-9 B-8 B-7

B-16 B-15 B-14 B-13 B-12

S-4

B-19 B-18 F-6 F-5 F-4

5층으로 연결된 계단 ┆ Y자 계단

선원 전용 계단(3〜4층)

선미 ←　　　　　→ 선수

우현

세월호 4층 평면도.

세월호를 기록하다

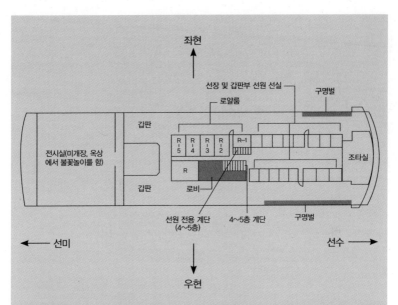

세월호 5층 평면도.

여객실 명칭: S=다인실(스탠다드룸). SP=고급 다인실(스탠다드 프리미엄룸).
B=8인용 침대실(베드룸). F=6인용 가족실(패밀리룸). R=1~2인용 귀빈실(로얄룸).

3층(B데크): 중앙부는 로비이고, 선수 방향으로 일반 승객용 선실이며, 선미 방향으로 승무원 선실(여객부, 기관부)과 더 뒤쪽으로 화물 기사용 선실이 있다. 로비의 Y자 계단(층계참이 원 모양이라 라운드 계단이라고도 함.)을 거쳐 4층으로 오르내릴 수 있다.

선수 S룸은 세월호에서 가장 큰 선실이다. S룸엔 두 개의 출구가 있는데 출구를 잇는 'ㄷ'자형 복도에 신발을 벗어 놓고 안쪽 생활 공간으로 들어가게 되어 있다. 따로 칸막이는 없다. S룸과 중앙 로비 사이에는 좌현에 B 룸, 우현에 작은 S룸이 있다. 선미 화물 기사 선실과 승무원 선실 사이의 통로는 평소에 문을 잠가 놓는다. 화물 기사들이 로비나 식당에 가려면 갑판으로 일단 나가야 한다.

중앙 로비 주변에는 여객 편의 시설들이 배치되어 있다. 좌현에는 편의점과 안내 데스크가, 우현에는 카페가 있고 Y자 계단 뒤에는 오락실, 노래방이 있다. 계단 맞은편에는 식당이, 식당 뒤에 주방과 선원용 식당이 있다.

4층(A데크) : 주로 단원고 수학여행단이 머물렀다. Y자 계단 주위는 3층처럼 로비 공간이지만 3층보다 좁다. 로비의 좌현에는 레크레이션룸, 우현에는 키즈룸이다. 별도의 공간이긴 하지만 낮은 칸막이로 구분해 놓았을 뿐이다. 키즈룸에는 자판기가 설치되어 있다.

로비에서 선수 방향으로는 여러 개의 B룸(4~19)과 F룸(1~6)이 있다. 4층 선수의 다인실 S-4룸은 3층보다 적은 인원을 수용한다. 남학생들은 S-4, B룸들, F-1, F-4룸에 배정되었다. 남자 교사들은 F-2, F-3룸에 묵었다.

여학생들은 로비에서 선미 방향으로 B룸(20, 21, 22, 23, 28)과 선미 다인실인 SP룸(1~3)에 배정되었다. SP룸 내부는 나무 캐비닛으로 나뉘어 있다. 캐비닛에는 개인 담요, 베개, 구명조끼가 들어 있다. SP룸은 같은 다인실이라도 S룸보다 조금 더 모둠별 여행에 적합하다. 여교사 두 명은 SP룸 뒤의 F-13룸에 묵었다.

5층(브리지 데크) : 선수에는 조타실이 있고, 그 뒤로 선장실을 비롯한 갑판부 승무원 선실이며, 필리핀 가수 부부 선실도 같은 통로에 배정되었다. 고급 선실인 로얄룸 중 하나(R-5)를 단원고 교감이 썼고 다섯 명의 여교사들이 나머지 방 세 개(R-1~3)에 나누어 묵었다. 선실 뒤로는 유병언 세모그룹 회장이 자신의 사진을 전시할 목적으로 만들 것을 지시한 전시실이고, 전시실 옥상 갑판은 불꽃놀이를 하는 공간이다.

선원들은 승객들과 부딪치지 않고 선원 전용 통로로 층 사이를 이동할 수 있었다. 조타실에서 선미 방향으로 25미터쯤 가 선원 전용 계단을 내려가서(4층) 다시 선미 방향으로 이동하면 3층과 기관실로 내려가는 계단이 있다.

• 비상시 탈출 경로

비상시에 대기할 수 있는 공간으로는 3층 좌현에 있는 비상 대기 갑판, 4층 좌우현의 갑판, 5층 좌우현의 갑판이 있다. 3층 비상 대기 갑판은 폭 2미터 길이 40미터가량으로 세월호 사고 당시 승선 인원 460여 명을 모두 수용하긴 힘들지만, 4층과 5층까지 사용하면 넉넉하다. 4층의 한쪽 갑판에는 밀집해 서면 250여 명이 대기할 수 있다.

5층 조타실 좌우 윙브리지(선장이 지휘하는 곳의 측면 공간) 뒤로 구명벌이 설치되어 있다. 구명벌은 좌현 14개, 우현 28개이다.

3층, 4층 모두 로비 좌우현에 출구가 있고, 로비에서 선미 방향으로 조금 가면 또 좌우현에 출구가 있다. 3층 선수 S룸에도 좌현에 출구가 있다. 선미 갑판으로 나가는 출구도 각 층에 두 개씩이다. 5층에는 조타실 좌우현 출구와, 라운지 좌현, 승무원 선실 통로 좌우현으로 나가는 출구가 있다. 비상시에 여러 출구를 통해 비상 갑판으로 나가면 되므로, 위치만 안다면 한 개의 출구로 몰려 사고가 나는 일은 일어나기 어렵다.

1층, 2층 화물창에도 부두에서 직접 드나들 수 있는 현문(옆문)이 있다.

세월호는 평소보다 출항이 2시간 30분가량 지연되었으므로 항로
상의 각 지점을 그만큼 늦게 통과했다. 밤 21시 50분경 인천 팔미
도를, 자정 무렵엔 태안반도 인근을 지났고, 새벽 3시경 군산을 통
과했으며, 새벽 6시 30분경 목포를 지났다. 진도VTS의 관제 수역에
진입한 시각은 4월 16일 7시 8분경이었다.

승객 안전 교육은 없었다

4월 15일 밤, 배가 출항하자 학생들은 편한 옷으로 갈아입었다. 오
전까지 수업을 하다가 온 터라 교복을 입고 온 학생들이 많았다. 갑
판에서 바라보는 바다는 매혹적이었다. 뒤로는 인천항의 불빛이 아
득하게 멀어졌고, 앞으로는 어둠 속에 배가 물살을 가르는 소리가
들렸다. 학생들은 여기저기 다니며 사진을 찍고 전송하느라 바빴다.
21시에는 중앙 로비에서 림보 게임이 벌어졌다. 세월호의 이벤트 업
체에서 준비한 유흥이었다. 학생들은 친구들의 어설픈 몸놀림을 보
며 한참 깔깔댔고, 이어 크루즈 여행의 하이라이트, 불꽃놀이를 보
러 5층 옥상 갑판으로 올라갔다. 22시, 섬광이 밤하늘에 꽃을 수놓
았고 승객들의 즐거운 소리가 유성처럼 흘렀다.
    자정 무렵, 4월 16일 생일인 단원고 김초원 교사(26세, 화학)의 생
일잔치가 열렸다. 제자들은 케이크에 불을 붙이고 "선생님 사랑해
요!"를 외쳤다. 밤이 깊어가자 단원고 학생들은 그만 숙소로 들어가
라는 선내 방송이 나왔고, 학생들이 하나둘씩 잠들자 배는 언제 그
랬냐는 듯 평온해졌다. 선내 CCTV에는 늦은 시각까지 식당에서 맥

주잔을 기울이는 일반 승객들의 모습이 촬영되었다. 단원고 교사들도 맥주를 마시며 오랜만에 스트레스를 풀었다.

　이날, 반드시 했어야 하는 어떤 일들은 진행되지 않았다. 평소보다 훨씬 많은 승객이 승선했음에도 안전 교육이 제대로 이루어지지 않은 것이다. 구명조끼 위치, 비상 대기 장소, 비상시 행동 요령 등을 승객들은 전혀 듣지 못했다. 세월호 여객부 직원 강혜성은 법정에 증인으로 나와 평소와 다름없이 안전 교육을 했다고 증언했다. 안전 교육은 객실과 로비에 비치된 텔레비전을 통해 이루어졌다고 한다.

〔여객부 직원 강혜성〕

강혜성 : 여객영업부는 사무장, 외주 이벤트 업무 담당 직원을 포함해서 총 다섯 명이고, 승객들 불편 사항이나 객실 내 시설물 관리 등의 업무를 합니다. 사무장은 양대홍이고, 직원은 저, 박지영, 정현선, 안현영(이벤트 담당 직원)입니다. 출항 전에 구명조끼 착용법, 비상 대피 장소, 화재 시 소화기 사용 방법을 디브이디로 시청하게 하면서 안내 방송을 합니다.

검사 : 2014년 4월 15일 출항 시에도 그와 같은 방송을 했나요.

강혜성 : 예, 그렇습니다. (세월호 선원 재판 5차 공판,* 증인 신문, 2014.7.23.)

---

* 2014고합180 살인 등. 이 책에 인용하는 공판 기록은 모두 1심 재판이다. 이하 '선원 재판 5차' 또는 '청해진해운 재판 7차'와 같이 축약한다.

그러나 생존 학생들은 이러한 교육 영상을 본 적 없다고 말한다.

[단원고 오현정 학생]

검사 : 비행기를 타면 구명동의 착용법에 관해서 교육을 하는데, 세월호에 탔을 때에도 그러한 교육을 받았나요?

오현정 : 아예 없었습니다.

검사 : 청해진해운 측에서는 방송을 틀어 주어서 교육한다던데 그런 적 없었나요?

오현정 : 아니오. 타자마자 바로 밥 먹고 휴식 시간이었어요. 그런 것(교육)은 전혀 없었습니다. 방송을 틀었다면 식당 텔레비전에 나왔을 테고 저희도 봤을 텐데 전혀 그런 것은 없었어요. 다른 친구 얘기를 들어 보아도 아예 없었어요. (선원 재판, 법정 외 증인 신문, 2014.7.28.)

여행에 들뜬 학생들이 흥분해 몰려다니느라 지나쳤을 수도 있지만, 설령 안전 교육을 했다 해도 매우 형식적으로 진행된 듯하다. 승선한 시각과 출항한 시각의 차이가 컸던 것도 안전 교육이 제대로 진행되기 어려웠던 이유일지도 모른다. 회사와 선원들이 무사안일하게 안전 교육을 넘기는 동안 학교 당국도 별다른 조치가 없었다. 교사들 역시 만에 하나 일어날 수 있는 해상 사고에 주의를 하거나, 선사에 그런 교육을 제대로 해 달라고 요구한 정황이 보이지 않는다. '이 큰 배에 무슨 일이 있겠어.'라는 마음들이었을까. 불꽃놀이를 즐기는 일보다 훨씬 중요한 일이 이렇게 유야무야 지나갔다.

그날 밤, 선내 CCTV로 확인되는 한에서는 배는 특별한 이상이 없었다. 세월호는 19노트에서 20노트*를 유지하며 남쪽으로 항해했다. 하지만 무언가 이상 징후가 있었다는 증언도 있다. 음식물 쓰레기로 재생 비료를 만드는 기계를 싣고 내려가던 화물 기사 서희근은 2014년 5월 9일 CBS 라디오 《김현정의 뉴스쇼》와의 인터뷰에서 이렇게 증언했다. "배가 저기 인천대교 지나자마자 불꽃놀이를 했어요. 그리고 다시 선실로 들어왔어요. 배 안에 들어와서 누워서 MP3로 음악 듣고 텔레비전 보고. 그런데 갑자기 배가 좌측으로 15도 각도로 확 넘어갔다가 바로 서더라고요. 의자에 누워 있으니까 사람이 15도로 확 틀리면서 쓰레기통하고 캔, 커피 이런 통은 저쪽으로 다 가서 나뒹굴었어요."

그의 말에 따르면, 세월호가 15도 정도 기울었다 일어서자 놀라서 안내 데스크로 갔고, 데스크 텔레비전 화면에 변산반도하고 군산 앞바다 사이를 지나는 것으로 표시되었다고 한다. '배에 이상이 있는 모양이다.'라고 생각했는데 안내 데스크에서 아무런 말이 없어서 더 불안했다고 한다. 그의 인터뷰 직후 여러 언론에서 "세월호가 밤 10시~11시 무렵 이미 이상이 있었던 것 같다."는 의혹을 제기했다. 그런데 4월 15일에 세월호는 늦게 출항해 변산-군산을 지난 시각은 새벽 2시~3시 무렵이다. 서희근은 밤 10시에 불꽃놀이를 보고 얼마 지나지 않은 시각인 것처럼 증언하고 있어 앞뒤가 잘 맞지

---

* 노트는 배의 속도를 측정하는 단위다. 20노트는 시속 37킬로미터로, 초속 10.28미터이다.

세월호의 항적과 AIS

• AIS 신호

자국이 남지 않는 바다에 배가 지나간 길을 어떻게 확인하는 것일까?
선박에서 발신하는 위치 정보를 수집하여 연결하면, 그 선이 선박의 항적
이 된다. 위치 정보를 발송하는 장치가 AIS(Auto Identification System. 선박
자동 식별 장치)이다.

AIS에서 발송하는 신호는 선박의 명칭, GPS 위치(위도·경도), 속도, 선수
방위(heading. 헤딩), 대지 침로(course over the ground. COG 코스) 등이다.
AIS 신호는 주변의 선박으로도 보내지고, 기지국을 통해 통합센터로도 수
집된다. 안개가 심하게 낀 날도 AIS 신호를 보면서 서로 주의하여 항해할
수 있다.

한국은 해양수산부와 해양경찰이 별도의 기지국을 통해 AIS 신호를 수집
한다.(세월호 사고 시점의 AIS 신호를 해양수산부는 목포VTS와 관할 기지국을 통
해, 해양경찰은 진도VTS와 관할 기지국을 통해 수집했다.) 그런데 가까운 지역
에 여러 배들이 AIS 신호를 동시에 보내면 수신 지연 현상이 생기기도 한
다. 기계 성능, 기지국의 위치에 의해서도 수신 지연이 생기는데, 사고 초
기 세월호의 항적을 구성하는 데 있어 이런 문제가 드러났다.

해수부가 사고 당일에 발표한 세월호 항적은 3분 36초간 AIS 신호가 비어
있었다. 선박은 일단 항해에 들어가면, 정상적인 상태라면 적어도 10초에
한 번, 빠르면 1~2초에 한 번 AIS 신호를 보낸다. 고속으로 항해 중일수
록, 변침하는 중일수록 신호를 빈번하게 쏜다. 안전 운항을 위한 시스템이
니 당연한 설정이다. 그런데 4분 가까이 신호가 비었으니 시스템에 심각한

결함이 있거나 누군가 편집, 조작한 것 아니냐는 지적이 나왔다.

이후 해수부는 2차, 3차에 걸쳐 새로운 항적도를 내놓는다. 이 과정이 열흘이나 걸렸다. 해수부가 새로 발견한 AIS 신호를 추가하여 만든 항적도가 'J자 선회' 항적도이다. 해수부에 따르면, AIS 신호가 수집되면 자동으로 지정 폴더로 들어가는데, 일부 신호가 엉뚱한 폴더에 들어갔고 그것을 나중에 찾아냈다는 것이다. 검경 합동수사본부 자문단장 허용범은 법정에 나와 AIS 신호가 20~30초 정도 비는 일은 "단지 시스템상 문제일 뿐이며 자주 있는 일"이라고 증언했다. 실제로 세월호의 전체 AIS 신호 자료를 봐도 사고 시점 외에 여러 군데에 20초 이상 신호가 빈 구간이 있다.

그리하여 해수부가 최종 제시한 항적도는 4월 16일 8시 48분 44초에서 8시 49분 13초까지 29초간의 AIS 신호가 빈 항적도다. 세월호는 이 29초 직후 '급격한 변침' 혹은 '대각도 변침'을 하며 선회한다.

• 선수 방위와 대지 침로

AIS 신호에 나타나는 선수 방위, 대지 침로에 대해 간단히 살펴보자. 일부 언론에서는 세월호의 선수 방위, 대지 침로 값이 좌우로 동요하는 것을 바탕으로 '고의적인 지그재그 운항' 의혹을 제기했다.

표지판이 없는 물 위에서 선박은 360도 방위를 기준으로 항해한다.(정북 방향이 0도이자 360도다.) 세월호의 항로는 인천 출항 후 거의 정서(正西)에 가까운 260도를 향하다가 금세 남쪽으로 선수를 틀고, 몇 차례 변침을 하다가 진도군 병풍도 근처에 오면 135도에서 145도로 변침하여 제주도로 향한다.

그러나 실제 배는 해도 위의 항로처럼 일직선으로 항해하지 않는다. 배는 조류나 바람 등 외부의 힘에 의해, 그리고 조타에 의해 삐뚤삐뚤 가는 게

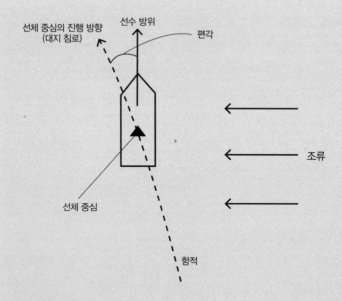

선체 중심의 진행 방향
(대지 침로)

선수 방위

편각

조류

선체 중심

항적

조류의 영향을 받을 때

정상이다. 정해진 항로를 기준으로 말이다.

항해 중의 특정한 시점에 배의 선수가 가리키는 방향이 선수 방위다. 변침을 하려는 조타수는 조타기 핸들을 돌려 선미 아래에 있는 방향타를 움직인다. 조타기가 발신한 전기 신호가 선미의 유압 펌프를 작동시켜 남대문 문짝만 한 방향타를 돌리는 것이다. 조타기를 우현으로 돌리면 방향타도 우현으로 꺾이고 선수도 우현으로 돈다. 방향타만으로 배를 움직이는 것은 아니고, 방향타로 인해 배가 약간 틀면 물살을 받는 선체 면이 넓어지면서 수압으로 서서히 선수의 방향이 바뀌게 된다. 조타수는 이런 식으로 원하는 선수 방위를 맞춘다. 한편 대지 침로는 그 배의 무게중심이 실제로 움직인 궤적, 즉 항적이다. 선수 방위와 대지 침로는 대체로 수렴되지만

세월호를 기록하다

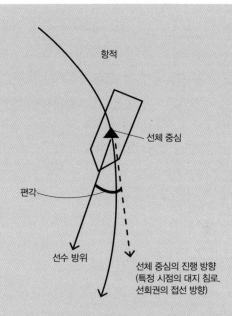

항적

선체 중심

편각

선수 방위

선체 중심의 진행 방향
(특정 시점의 대지 침로.
선회권의 접선 방향)

선회할 때

같지는 않다.

한강 남단에서 북단으로 작은 보트를 저어간다고 가정하고, 강물은 동에서 서로 흐른다고 하자. 보트 뱃머리가 가리키는 쪽이 선수 방위다. 또 보트가 가벼워 내 몸이 보트의 무게중심이라고 하자. 그러면 내 몸이 움직인 궤적이 대지 침로가 된다. 뱃머리를 정북방에 맞춰(0도 또는 360도) 가면, 도착했을 때 원래 목적지에서 서쪽으로 얼마간 떨어진 지점에 닿을 것이다. 내 몸이 움직인 궤적을 죽 이으면 350도나 355도로 향하는 대각선이 된다. 반대로 내가 강물의 흐름을 고려하여 애초 선수 방위를 약간 동쪽으로(가령 5도로) 맞추고 가면, 실제 내 몸이 지나온 항적인 대지 침로는 0도를 향한 선으로 나타날 것이다.

세월호 AIS 신호를 보면 선수 방위가 140도로 고정되지 않고 139도, 140도, 141도를 왔다 갔다 한다. 조류가 선수를 밀면 조타수는 방향타를 움직여 선수 방위를 조류 반대 방향으로 맞춘다. 선수가 충분히 돌았다 싶으면 조타수는 타를 중립에 두거나 반대로 꺾는다. 일부 언론에서 AIS상 선수 방위의 변화를 두고 "배를 일부러 지그재그로 틀어, 원심력을 높여 배를 쓰러뜨린 것"의 증거라고 하였다. 하지만 선수 방위의 좌우 동요(yawing. 요잉)*는 자연스러운 것이며, 선수가 왼쪽, 오른쪽으로 조금씩 변한다 해서 배도 꼭 그대로 지그재그 곡선을 그리는 것은 아니다. AIS상으로 보면 세월호의 대지 침로는 선수 방위 변화에 비해 상대적으로 조금만 움직인다. 선수는 흔들려도 배의 진행 자체는 안정되어 있었다는 의미다. 특정한 시점에 대지 침로와 선수 방위의 편차를 '편각'이라고 하는데, 특히 타를 크게 돌려서 선회할 때는 선수가 실제 항적에 비해 선회 곡선 안으로 꺾이고, 편각도 크다.

그렇다면 세월호가 급선회하기 직전 AIS 신호가 29초간 빈 틈에 지그재그 운항을 했던 것은 아닐까? 마찰력이 땅보다 약한 물 위를 가는 배는 차와 달리 방향타를 돌려도 금방 회전하지 않는다. 세월호가 일본에서 건조되었을 당시 시운전 결과를 보면, 전속 운항 중에 우현으로 방향타를 끝까지 (35도) 돌렸을 때 약 200미터를 전진한 후에야 선수 방위가 5도가량 돌아가는 것을 알 수 있다. 사고 당시 세월호의 속력인 17노트로 29초간 운항

---

* 물 위에 뜬 배는 여섯 가지 운동을 한다. 그중 세 가지는 직선 운동이고 세 가지는 회전 운동이다. 직선 운동은 히빙(heaving. 전후 직선 운동), 서징(surging. 상하 직선 운동), 스웨잉(swaying. 좌우 직선 운동)이고 회전 운동은 롤링(rolling. 좌우현 회전 운동), 요잉(yawing. 선수 회전 운동), 피칭(pitching. 전후 회전 운동)이다.

세월호를 기록하다

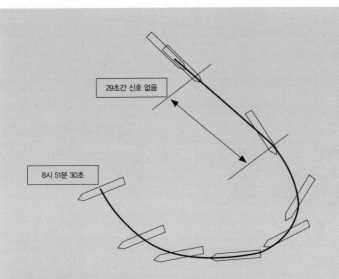

세월호의 항적과 AIS 신호를 요약한 그림.

했다고 하면 그 거리는 약 260미터이고, 이는 세월호 전체 길이인 146미터의 두 배가 채 안 되는 거리다. 29초 후부터 선수 방위가 급히 돌아갔으므로, 그 사이에 대각도 조타가 있었다고 재판부는 추정한다. 세월호의 길이나 운항 거리, 선체 운동의 특징을 고려할 때 그 사이에 좌우로 지그재그 운항을 했다고 보기는 힘들다.

• 세월호의 항적

요약하면, 세월호는 사고 지점에 이르기까지 AIS상으로 눈에 띌 만한 이상 항적을 나타내고 있지 않다. 29초의 공백 전 세월호는 선수 방위 135도(8시 45분)에서 천천히 140도로 변침했으며(8시 46분) 그 방위를 한동안 유지했다.

140도(8시 48분 13초)-140도(8시 48분 18초)-139도(8시 48분 22초)-139도(8시 48분 31초)-140도(8시 48분 38초)-140도(8시 48분 44초)-(…).*
그러던 세월호는 29초 후 150도(8시 49분 13초)로 10도를 변침한다. 이어 155도(8시 49분 19초)-161도(8시 49분 25초)-162도(8시 49분 26초)-166도(8시 49분 30초)-178도(8시 49분 36초)-180도(8시 49분 37초)-184도(8시 49분 39초)-199도(8시 49분 40초)-213도(8시 49분 41초)-191도(8시 49분 43초)-229도(8시 49분 48초)-234도(8시 49분 51초)-(…)-259도(8시 50분 57초)-(…)로 빠르게 선회하다가 쓰러지고 만다.

---

* 검경 합동수사본부 전문가 자문단이 제시한 AIS 자료에는 8시 48분 44초의 신호가 빠져 있다. 29초가 빈 최종 AIS 자료 이전의 항적 자료인 것이다. 이 자료는 급변침 직전에 비는 구간이 35초이다. '8시 48분 44초'의 신호는 해수부가 최종 제시한 항적도의 신호를 저자가 추가한 것이다.

않는다. 밤 10시~11시나 새벽 2시~3시에 배가 기울었다고 증언한 사람은 서희근 외에는 없다. 사람들이 자느라 느끼지 못한 것일 수도 있으므로, 이 부분은 일단 물음표로 남는다.

8시 49분 : 배가 갑자기 기울다

4월 16일 동이 텄고 바다는 호수처럼 잔잔했다. 단원고 학생들이 7시 30분부터 단체로 밥을 먹기로 하여 일찍 일어난 일반 승객부터 그전에 식사를 했다. 식판을 들고 지나가면 조리부 직원들이 배식을 하는 방식이었다. 메뉴로는 미역국과 탕수육, 후식으로 바나나가 나왔다.

학생들이 몰려오자 둥근 테이블들이 꽉 찼다. 박선균 학생은 밥 먹은 후 물을 마시느라 식당 정수기 위에 설치된 CCTV를 흘끗 보았다.(배에서 인양된 CCTV가 복원되어, 박선균 학생의 부모는 사고 넉 달 후에 아들의 얼굴을 다시 보게 된다.)

8시 30분에서 8시 37분 사이 세월호는 물살이 대한민국에서 두 번째로 세다는 맹골수도를 통과했고, 8시 48분경 병풍도 북동쪽 2.8 킬로미터 해상을 지나고 있었다. 섬이 좁고 남북으로 길어 병풍처럼 생겼다 하여 병풍도였다. 갑판에서 일반 승객들이 휴대폰 카메라로 섬의 풍광을 촬영했다.

학생들은 여기저기서 친구들과 수다를 떨고, 밥 먹고 금세 출출해져 편의점에서 간식도 사 먹고, 갑판에서 주변 풍경을 촬영하고, 오락실에서 게임 삼매경에 빠지고, 선실에 누워 밀린 잠을 청했다. 매일 잠이 덜 깬 채 바삐 등교하던 학생들에게 아무도 간섭하지 않는 느긋한 아침 시간은 꿀맛이었다.

초등학교 동창들과 환갑 기념 여행을 가던 김정근은 갑판에서 담배 한 대를 느긋하게 피우고 들어와 자기 객실인 3층 선수 우현 다인실(S-3)에서 쉬고 있었다. 마침 친구가 생일이어서 그의 아내가 준비해 온 음식을 나눠 먹었고 맥주 한잔씩 드는 중이었다. 화물 기사 한승석은 식당 밥이 입맛에 당기지 않아 동료 기사인 윤길옥, 최재영과 더불어 3층 로비 편의점에서 컵라면에 온수를 붓고 익기를 기다리고 있었다. 또 다른 화물 기사 김동수는 3층 기사 선실 텔레비전으로 류현진이 출전한 야구 중계방송을 보았고, 일반 승객 최승필은 식당 앞 소파에 앉아 핸드폰을 충전했으며 최승필의 아내는 3층 B룸 침대에서 책을 읽는 중이었다. 식사가 끝나감에 따라 조리원 김종임과 아르바이트 직원 송지철은 뒷정리를 하느라 바쁘게 움직였다.

8시 49분, 배가 왼편으로 약간, 그러다가 갑자기 크게 기울었다.*

바닥이 푹 꺼졌고, 사람들이 동력 잃은 로봇처럼 쓰러졌다. 콰다당하는 소리가 배 밖인지 배 안인지 어디선가 들려왔다. 3층 로비에서 중년 남성이 기울어진 좌현 출구로 굴러 떨어졌다. 그는 출구를 지나 갑판 난간에 부딪치고 바다에 빠졌다.

최승필도 난간에 세게 부딪쳤으나 물에 빠지지 않으려고 안간힘을 다해 난간을 잡았다. 넘어진 여학생 쪽으로 소파가 미끄러져 여학생의 얼굴을 때렸다. 로비 기둥에 머리를 찧은 남자가 신음했다. 편의점 안에선 학생들이 쓰러진 냉장고에 깔렸다. 화물 기사 최재영은 편의점 온수 통이 기우뚱하자 학생들이 다칠까 봐 본능적으로 붙잡았는데, 온수 통 뚜껑이 열리면서 뜨거운 물이 최재영의 팔과 다리로 쏟아졌다. 안내 데스크에 있던 강혜성은 데스크를 붙잡고 가까

---

* 이때 미세한 쾅음 또는 덜덜덜 배가 떨리는 것을 느꼈다는 사람도 있다.

　세월호를 기록하다

스로 몸을 가누었다. 데스크의 노트북 컴퓨터가 바닥에 뒹굴었다. 비명, 신음, 누군가를 찾는 소리……. 로비는 아수라장이었다.

[화물 기사 최재영]

배가 갑자기·오른쪽으로 선수가 틀어지면서 왼쪽으로 기울었는데, 그러면서 진열되어 있던 과자나 이런 것들이 한 개, 두 개 떨어졌습니다. 그 안(편의점)에 학생들이 열 명 정도 있었고 아는 동생인 한승석은 물을 받다가 밖으로 나가 있었습니다. 그때 제가 온수 통 앞에 있었는데 온수 통을 잡지 않으면 학생들이 데니까 온수 통이 넘어올 때 저와 윤길옥이 같이 온수 통을 잡았습니다. 그래서 학생들이 어느 정도 피했고, 한 10초, 15초 지났을 때 갑자기 콰콰콰쾅 하는 소리가 연속으로 났습니다. 저희가 배를 자주 타서 박지영을 잘 아는데, 배가 기울기 전에 박지영에게 "왜 그러느냐?"고 물어봤더니 박지영이 "글쎄, 모른다."고 하였습니다. 학생들이 피하고 나서 콰콰콰쾅 소리가 난 다음에 갑자기 배가 50도 정도로 기울었고 저와 윤길옥이 온수 통을 뒤집어썼습니다. (선원 재판, 법정 외 증인 신문, 2014.7.28.)

[화물 기사 한승석]

3층 매점에 동료들과 라면을 먹으려고 레인지를 돌리고 물을 받고 있었는데, 순식간에 기울어졌습니다. 여학생들이 저희 있는 매점 쪽으로 미끄러져 내려왔습니다. 기울어진 다음에 조금 있으니까 우당탕탕 하는 소리가 들렸는데, 그때 제가 안내 데스크 직원에게 "무슨 소리냐?"고 하니까 "화물 넘어가는 소리다, 컨테이너 넘어가는 소리다."라고 했습니다. 저는 매점 쪽에서 나와 데스크에 있던 박지영에게 "무슨 상황이냐, 무전을 한번 쳐 봐라."고 하였는데 무전을 해도 계속 대답이 없었습니다. 구명조끼도 물어 보았는데 구명조끼도 로비에는 없다고 하였습니다. 그래서 제가 직원 강혜성에게 화를 내면서 "무슨 배 로비에 구명조끼도 없냐? 어디에 제일 많냐?"고 했더니 "배 선수 쪽 제일 큰 방에 270개가 있다."라고 하였습니다. 그런데 그때는 구명조끼를 가지러 갈 상황이 아니었습니다. (선원 재판 4차, 증인 신문, 2014.7.22.)

[일반 승객 김정근]

저희는 7시에 밥을 먹었고 숙소에 들어갈 사람은 들어가고, 바깥에 나가 담배를 피울 사람은 담배를 피우고 또 사진 찍을 사람은 사진을 찍었습니다. 저도 바다를 바라보면서 담배를 피우고 안으로 들어와서 드러누워 있었습니다. 드러누워 있는데, 갑자기 배가 두어 번 휘청거렸습니다. 바다가 잔잔해서 배가 잔잔하게 잘 가고 있는 것을 보고 들어와서 드러누웠는데 조금 있다가 배가 넘어가기 시작했습니다. 배가 기우뚱하면서 처음에는 살짝 넘어지더니 별안간 무슨 일이 있나 보다 하고 일어나는데 완전히 쏠려버렸습니다. (선원 재판 6차, 증인 신문, 2014.7.24.)

AIS 항적에 따르면, 세월호는 8시 49분에서 8시 50분까지 1분 사이에 우현으로 약 100도를 회전한다. 낚시 바늘의 모양과 같은 급격

세월호를 기록하다

한 선회다. AIS 신호만 보면 선수의 회전 속도가 빠를 땐 1초에 최고 15도까지 도는데, 이는 세월호급 여객선으로는 불가능한 속도다.

세월호는 우현으로 돌면서 원심력에 의해 좌현이 크게 기울었다. 생존자들 가운데 세월호가 짧은 간격을 두고 두 번 연속으로 기울었다고 증언한 사람들이 많다. 사고 직후 한 번 또는 두 번 기울어졌을 때, 그 각도를 검찰은 약 30도로 추정한다.*

4층 선실에서도 짐과 사람이 왼쪽으로 굴렀다. 캐리어가 날아가 합판으로 된 선실 벽에 쾅 부딪쳤고 벽에 금이 갔다. SP룸 바닥은 부드러운 양탄자 재질인 데다 대부분 앉거나 누워 있었기에 크게 다친 사람은 없었다. 그러나 한 여학생은 열린 선실 출구 밖으로 미끄러져 맞은편 선실을 관통하여 벽에 부딪쳤다. 선수 다인실(S-4)에 있던 남학생들이 한꺼번에 넘어졌고 좌현 창문 벽으로 굴러 이불처럼 포개졌다. 침대실(B)에 있던 학생들은 발이나 머리 쪽으로 기울어진 덕분에 굴러 떨어지진 않았지만 기겁하긴 마찬가지였다.

[단원고 손지연 학생]

저는 휴게실(세월호 4층 우현 키즈룸)에서 친구들이랑 놀고 있었어요. 휴게실에 자판기가 있었는데 자판기가 소파 쪽으로 기울면서 그 아래 세 명이 끼었습니다. 저도 끼어 있었어요. 거기서 나오

---

* 30도로 추정하는 근거는 첫째 사고 초기 조타수가 경사계를 보았더니 약 30도였다는 진술, 둘째 승객이 8시 50분 33초경 촬영한 선실 창문 커튼이 기울어진 각도, 셋째 기관부 선원들이 기관실에서 탈출할 때 계단이 수직에 가까웠다는 점이다. 설계 도면상 계단의 각도는 62도이다.

면 자판기가 3층으로 떨어질 것 같아서 계속 그렇게 있었습니다. 사고 이후에 안내 방송이 나왔는데 그냥 침착하게 가만히 있으라는 내용입니다. 그러다가 오른쪽 복도에 있는 아이들이 구명조끼를 건네주어서 입었습니다. 구명조끼를 입으라는 안내 방송이 나와서 구명조끼를 입은 것은 아니고 그냥 건네주어서 입었습니다. (선원 재판, 법정 외 증인 신문, 2014.7.29.)

〔단원고 양주은 학생〕

아침 식사 하고 나서 계속 SP-3에 있었어요. 배가 기울어졌을 때 SP-3 문으로 미끄러져 건너편의 SP-2 문을 통과해서 날아가서 SP-2 벽에 부딪쳤어요. 제가 SP-2로 떨어졌는데 배가 기울어져서 SP-3에 있던 애들의 캐리어나 신발이 저희 쪽으로 계속 떨어졌어요. 무거운 컨테이너 같은 것이 철벽에 부딪치는 소리 같은 것이 들렸어요. 쾅 하고 부딪히는 소리. 배 밑에서 들렸어요. 이후에 안내 방송이 나왔어요. 침착하고, 움직이지 말고, 그 자리에서 대기하라고 나왔어요. 그래서 SP-2 선실에서 계속 대기하고 있었습니다. 경사가 너무 가파른 상태여서 위로 올라갈 수가 없었어요. (선원 재판, 법정 외 증인 신문, 2014.7.29.)

세월호에서 가장 큰 방인 3층 선수 다인실(S룸)도 마찬가지로 혼란의 도가니였다. 위에서 떨어진 짐과 사람이 가속도가 붙어 아래에 있던 사람에게 세게 부딪쳤다.

[용접 기사 김종서]

우측에 있던 사람들이 모두 좌측으로 쏟아지면서 서로 부딪쳤고 저도 다리에 금이 갔습니다. 피 흘린 사람들도 있었습니다. 그 방에서는 20~30명 정도가 있었던 것 같습니다. 사고 발생 이후 대기하라는 방송만 들었습니다. 대기해야 안전하다고 하는 소리만 들었습니다. 신발 벗는 통로(복도)까지 모포를 던져서, 한 사람을 목마를 태워 올려 보내고 나머지 일행은 먼저 올라간 사람이 던져 준 모포를 잡고 올라갔습니다. (선원 재판 5차, 증인 신문, 2014.7.23.)

큰 선실이니 기울어지면 아예 못 나올 것 같지만, 다행히 방 안에 신발을 벗어두는 ㄷ자 모양 통로가 나 있었다. 통로 바닥은 생활 공간보다 10센티미터 이상 낮았으므로, 배가 기운 초기에는 우선 ㄷ자형 통로까지만 올라가면 발을 디디고 출구로 나갈 수 있었다. 승객들은 서로 목마를 태워 한 사람씩 ㄷ자형 통로에 올려 보냈고, 올라간 사람이 모포나 구명조끼를 늘어뜨려 다른 사람을 끌어 올렸다. 하지만 "가만히 대기하라."는 선내 방송이 나왔으므로 그들은 행동을 멈추고 대기하였다.

AIS상에서 세월호는 8시 51분부터는 선회를 멈추고 천천히 북방으로 이동한다. 엔진은 이미 꺼졌으므로 세월호는 더 이상 자체 동력을 갖고 있지 않았다. 조류가 바뀌는 시점이었다. 세월호는 조류의 힘으로 북쪽으로 밀려갔다.

세월호, 충돌 혹은 좌초인가

법정에서 많은 증언자들은 배가 기울 때 쾅 소리를 들었다고 말했다.

"기울어진 다음에 조금 있으니까 우당탕탕 하는 소리가 들렸다."
(화물 기사 한승석)
"배 지하에서 자동차가 지지지직하고 끌려가는 듯한 소리, 쾅쾅 대포 소리를 들었다."(일반 승객 최승필)
"배 기울고 콰콰콰쾅 소리가 밑에서 났다."(화물 기사 최재영)
"쾅 끼이익 하며 바닥에 뭔가 닿는 소리를 들었다."(일반 승객 김도영)

4층에 있던 단원고 학생들 중에도 김도희 학생은 쾅, 끼이익 소리를 들었으며 김석영 학생은 기울고 나서 쿵 소리를 배 안팎에서 들었다고 한다. 배가 기운 다음 소리가 났다는 증언이 많지만, 먼저 충격음이 들린 후에 배가 기울었다는 증언도 있다. 용접 기사 김종서는 "쾅 하는 소리를 들었고 그 후 배가 좌측으로 기울어졌습니다."라고 말했다.

일부 네티즌들이 제기한 것처럼, 세월호는 암초나 잠수함 등 외부 물체에 충돌한 것은 아닐까? 전문가의 분석과 생존자의 증언을 종합할 때, 그럴 가능성은 희박해 보인다.

우선 선원과 승객 누구의 진술에도 세월호가 외부의 그 무엇과 들이받는 충격을 느꼈다는 내용은 없다. 무언가와 충돌했다면 배가 한쪽으로 기울기 이전에 좌우 전후로 크게 요동쳤어야 하는데, 그런 충격을 느꼈다는 사람이 없다. 공통적인 증언은 "갑자기 배가 기울었다."는 것이다. 물론 6천 톤급인 세월호보다 훨씬 가벼운 물체가 충돌했다면 승객들이 충격을 못 느낄 수도 있겠지만, 그런 가벼운 물체에 부딪쳐 배가 단시간에 급선회하고 전복된다고 보기는 어렵다. 또한 세월호가 완전히 전복된 시점에 헬기와 해경 초계기가 촬영한 사진에도, 하늘로 드러난 배 밑바닥에 구멍이 뚫렸거나 움푹 파인 흔적은 보이지 않는다.

세월호의 항적으로 보면, 이 배는 '조타'라는 내부적 요인에 의한 선회 중에 기울어지다 쓰러졌다. 검경 합수부 전문가 자문단장 허용범은 "사고 초기의 세월호 AIS 항적은 세월호가 일본에서 건조돼 시운전할 때, '35도 조타(배의 방향타는 좌나 우 35도가 최대이다 — 저자.)'로 선회한 궤적과 거의 흡사하다."고 법정에서 진술했다.(선원 재판 15차, 증인 신문, 2014.9.16.) 자동차는 핸들을 돌리면 바로 선회하지만 배는 방향타를 틀어도 한참 그대로 가다가 돌기 시작하는데, 세월호가 일단 돌기 시작한 후 그렸던 선회 곡선이 세월호가 건조 직후 시운전 시 타각을 최대 각도로 하여 선회한 궤적과 비슷하다는 것이다. 시운전 시 세월호는 선회 속도가 점점 증가하여 최대 초당 1.81도에 이르렀다가 다시 감소하는데, 이 사고에서 세월호의 선회 속도는 최대 초당 2도까지 갔다가 감소하는 경향을 보여 시운전 시의 양상과 유사하다.

AIS 신호만 보면 세월호의 선회 속도는 8시 49분 19초에 초당

0.83도, 8시 49분 26초에 1도, 8시 49분 36초에 2도로 증가하여 그 상태로 잠깐 유지된다. 그런데 8시 49분 40초에 불현듯 15도, 8시 49분 41초에 14도로 '고공 점프'한다. 그러더니 8시 49분 43초에는 돌던 방향의 반대 방향으로 초당 11도 속도로 꺾는다. 신호만으로 보면, 빙글빙글 돌던 팽이가 갑자기 몇 배 속도로 빨라졌다가 다음 순간 반대로 돌았다는 이야기다. 이후로 세월호는 다시 돌던 방향으로 선회하고, 그 속도가 줄어들다가 멈춘다.

문제는 갑자기 선회 속도가 미친 듯이 튀는 구간인데, 허용범 단장에 의하면 "이는 본선의 자체 능력으로는 불가능한 것"이다. 그렇다면 역시 외부의 어떤 힘이 있었는가. 허용범은 세월호의 사고 초기 항적은 '대각도 조타에 의한 항적'과 유사하고, 외관상 배에 충돌의 흔적이 없으며, 세월호의 대지 침로는 선수 방위처럼 점프하고 있지 않으므로, 이 구간의 이상 현상은 AIS 신호 시스템상의 에러일 것이라고 추정했다. 더 구체적으로 말하면 AIS에 선수 방위 정보를 보내는 조타기의 '자이로 컴퍼스(선수 방위를 나타내는 장치)'가 기계적 오류를 일으켰다는 것이다.*

종합하면, 세월호가 직선으로 운항하던 어느 시점에서 '대각도에

---

* 허용범이 단장으로 있는 전문가 자문단은 이를 '자이로 컴퍼스의 세차 운동에 의한 오류'라고 한다. 세차 운동은 회전하는 물체에 어떤 힘이 가해져 회전축 자체가 도는 운동을 말한다. 한편 진도VTS 관제 시스템의 유지 보수를 맡은 업체 GCSC의 대표 이상길은 세월호에서 발신된 복수의 'GPS 신호'가 '짬뽕'된 오류에 의한 것으로 본다. 세월호엔 AIS용 GPS 기계와 구형 GPS 기계가 별도로 설치되어 있고 안테나 위치도 다른데, 배가 급선회, 급경사하자 AIS가 오류를 일으켜 구형 GPS의 위치 정보를 포함한 신호를 보냈다는 것이다.(세월호 가족대책위 주최 '세월호 항적 설명회', 2014.10.22.)

세월호를 기록하다

상당하는 조타'가 있었고 그로 인해 항적에서 확인되는 급선회가 일어났다. 만약 조타가 아닌 다른 외부적 요인, 예를 들어 잠수함과 충돌했다면 세월호는 항적상의 매끄러운 곡선 운동을 보이기 힘들었을 것이다. 직선으로 가던 배가 옆으로 충격을 받았다면 배는 두 힘의 벡터 방향으로 진행했을 가능성이 크다. 가령 6시 방향으로 가던 배에 3시 방향에서 무언가가 튀어나와 받았다면, 배는 7시나 8시 방향으로 휘적휘적 나아갈 것이다.

외부 물체와 충돌하지 않았다면 쾅 소리를 낸 원인은 컨테이너, 차량, 화물이 왼편으로 쏠리면서 벽에 부딪치거나 화물끼리 부딪치는 소리뿐이다. 그렇다면 소리가 먼저 나고 기울기 시작했다는 일부 승객의 진술은 경황이 없어서 선후를 착각했을 가능성이 크다. 실제로 증언자 대다수는 배가 기운 것과 소리가 들린 시간의 순서를 정확히 기억하지 못했다.

기관장 박기호는 선수 갑판의 컨테이너가 무너지는 것을 목격했으며, 많은 증언자가 배 옆으로 컨테이너, PVC 파이프 등이 바다에 떠서 흘러가는 장면을 목격했다. 일부 컨테이너는 바다에 떨어졌다가 배의 선미를 쾅 치고 뒤로 멀어지기도 했다.

진도VTS에 저장되어 있던 세월호 레이더 영상이 공개됐을 때, 세월호의 항적 뒤로 남겨진 주황색 물체의 정체가 무엇이냐는 의혹이 일었다. 주황색 물체는 세월호 뒤로 남겨진 후 세월호와 같은 방향으로 이동하다가 사라진다. 전문가들은 이 물체를 세월호에서 떨어진 컨테이너들일 것이라 설명했는데, 일각에선 "컨테이너라 하기에는 물체의 크기가 너무 크다."면서 '잠수함 충돌설'을 제기하기도 했다. 이에 대해 진도VTS 관제 시스템 유지 보수 업체 GCSC의 이상길 대표는, 레이더의 분해능(가까이 있는 물체를 분리해 인식하는 능력)이 30미터 정도이므로, "컨테이너 박스들이 한 곳에서 떨어졌다면 하나의 큰 덩어리로 레이더에서 감지했을 것"이라고 한다.* 레이더 영상에서 주황색 물체는 세월호가 흘러가는 방향을 따라가다가 사라진다. 조류에 잠시 밀려가다 가라앉은 듯하다. 법정에서도, 사고 직후 해경 경비정이 오기 전까지 유조선 둘라에이스호를 제외하고 세월호 주변에 다른 선박을 보았다는 증언은 없다.

사고 직후 : 단원고 학생들

단원고 학생들은 사고 직후 어떤 상태였을까. 고 박수현 학생이 남긴 동영상이 그 순간을 우리에게 증언하는 가슴 아픈 자료로 남았다. 사고 당시 박수현 학생은 4층 선수 쪽 우현 B-19 객실의 2층 침대에서 쉬는 중이었다. 선실이 기울어진 반대 방향이었으므로 그는 위에서 아래를 향해 영상을 촬영했다. 영상은 8시 52분부터 약 15분간 이어진다.

"아 기울어졌어."
"말도 안 돼."

---

* JTBC, "세월호 레이더 영상 속 주황색 물체, 이것의 정체는?", 2014.6.26.

"내리고 싶어, 진심이야."

(선내 방송. "현 위치에서 움직이지 마시고 안전하게 대기하여 주시기 바랍니다. 움직이면 위험하오니 움직이지 마시고 잡을 수 있는 봉을 잡고 대기하여 주시기 바랍니다.")

"더 기울어져."
"웃을 상황이 아냐! 실제라고!"
"구명조끼 꺼내야 될 것 같아."
"우리 뒤지기 싫다고."
"수학여행 클라스!(Class. '급'이 다르다는 10대들의 은어— 저자.)"
"구명조끼 꺼냈다."

(선실 문을 통해 복도가 보인다. 학생들이 복도 벽에 기대서거나 앉아 있다.)
(선내 방송. "당황하지 마시고 잡을 수 있는 봉을 잡고…….")

"으아 죽기 싫어."
"물 들어오면 존나 재밌겠다."
"물 들어오면 나가야 해."

(선내 방송. "절대 움직이지 마시기 바랍니다.")

"그래도 난 빠져나가야겠다고. 하하하하."
"구명조끼 나도 입어야겠다. 너도 입어."

(학생들은 구명조끼를 꺼내 자신도 입고 서로 던져 준다. 구명조끼 등판
에 '세월', '인천'이라 써 있다.)

"아 무서워."
"셀카 찍어야지."
"진짜 침몰해?"
"아직 못 본 애니가 많다고."

(2층 침대에 달려 있는 커튼이 눈짐작으로 45도에 가깝게 기울었다.)

"밖에 애들 (구명조끼) 입었어?"
"아니 안 입었어."
"베란다(갑판)에 있는 애들 살았나 몰라."
"선장은 뭐하기에."
"동혁아, 녹음해."
(고 김동혁 학생에게 카메라를 향한다.)
"아, 살 수만 있으면. 엄마 아빠 사랑해. ……내 동생 어떡하지.
내 동생만은 절대로 수학여행 가지 말라고 해."

(선실 밖에 교사의 목소리가 들린다. "확인해 봐. 애들 있나 확인해 봐.")

"나 그러고 보니까 나쁜 짓 별로 안 했는데."

"이거 뉴스 뜬다."

"안 떠. 침몰 안 하면."

"침몰하는데."

"안 할 거야. 안 해야 해."

(선내 방송. "구명동의 착용 가능하신 승객들께서는 구명동의를 착용하고 대기해 주시기 바랍니다. (…) 구명동의가 가까운 분께서는 다른 분들에게 전달해 주시기 바랍니다.")

(복도에서 아기 소리가 들린다.)

"애기까지 있어. 미치겠어."

"선생님은 괜찮은 건가."

"카톡 왔어. 애들 괜찮냐고."

"선생님은 괜찮냐고 여쭤 봐."

동영상 어디에도 울며불며 패닉에 빠진 모습은 없다. 학생들은 오히려 친구들과 농담을 하며 속으로는 공포감과 싸우고 있다. 그러면서도 사태를 파악하려 애쓰고, 구명조끼를 찾아 자기도 입고 친구들에게도 전달하며, 밖에 나간 친구와 선생님의 안부를 걱정한다.

그 사이에 "가만히 대기하라."는 선내 방송은 거의 1분에 한 번 꼴로 반복되고 있다. 동영상을 보면 사고가 나고 5분이 안 된 8시 53분에는 이미 방송이 시작되었음을 알 수 있다. 구명조끼 착용을 지시하는 방송은 9시 6분경에 나온다. 그 방송이 나왔을 때 학생들은 이미 구명조끼를 입는 중이었다.

사고 직후~9시 20분 : "현 위치에서 가만히 대기하라"

선내에 움직이지 말고 대기하라는 방송은 약 9시 50분까지 한 시간이나 반복된다. 침몰하는 배에 도무지 어울리지 않는 이 방송은 어떻게 나온 것일까.

평상시 선내 방송은 여객부 승무원들의 업무다. 세월호 운항 관리 규정에 따라 출항 전에 승무원은 비상 탈출구의 위치 및 대피 방법에 대해 안내 방송을 해야 하고, 보통 여객부에서 이 일을 맡는다. 조리부를 제외하면, 여객부 직원은 양대홍 사무장(남), 강혜성(남), 안현영(남), 박지영(여), 정현선(여) 다섯 명이다. 승객을 접대하는 위치이다 보니 이들은 근무 중에 제복을 착용하고, 선내를 많이 돌아다니므로 각자 무전기를 한 대씩 갖고 있다.

사고 직전 3층 로비 안내 데스크에는 강혜성, 박지영, 안현영이 근무 중이었다. 강혜성은 안내 데스크 안쪽에, 박지영과 안현영은 바깥쪽에 있었다. 사무장 양대홍은 선내 시설물을 수리, 보수하고 있었던 것으로 짐작된다. 정현선은 자기 선실에 볼 일이 있어 5층으로 갔다.

배가 기울자 여객부 직원들도 혼비백산했다. 사람들이 안내 데스크를 향해 무슨 일이냐고 소리를 질렀다. 최승필은 난간에 부딪친 후 안내 데스크로 와서 "지금 사람이 바다로 떨어졌다, 빨리 구명보트를 내려라."고 재촉했다. 직원들은 당황했다. 이 정도면 조타실에서 배가 왜 기울었고 승객들은 일단 무엇을 하라는 방송을 해 주어야 하는데 아무 소식이 없었다. 무전기도 선내 전화도 잠잠했다. 자신의 무전기를 사고 직후 잃어버린 강혜성은 박지영에게 조타실에 무전을 쳐 보라고 했다. 박지영은 무전기 송신 버튼을 누르고 "조타실, 조타실 감도 있어요?"라고 물었다. 목격자의 증언에 의하면 박지영은 열 번 이상 조타실을 불렀다. 하지만 답이 없었다.

사고가 나자마자 김정근은 선실에서 로비로 나왔다. 그의 선실은 우현이라 문이 좌현으로 나 있었으므로 빠져나오기는 수월했다. 안내 데스크까지 엎드려 뒷걸음질 치며 이동한 그는 박지영이 무전기로 조타실을 찾는 모습을 보았다.

〔일반 승객 김정근〕

여자 승무원 박지영은 계속 무전을 했고 남자 안내원은 바닥에 누워 계속 방송을 했습니다. 박지영이 "어떻게 해야 될까요? 퇴선을 할까요? 어떻게 해야 될까요?"라고 계속 물었는데도 대꾸가 없었습니다. 저는 문 앞에서(로비 좌현 출구 앞) 배가 서서히 넘어가는 것을 보고 있었습니다. 배가 자꾸 넘어가니까 "구조하러 언제 오느냐. 빨리 연락을 하라."고 안내원에게 악을 썼는데, 옆의 노인 분이 "애들 동요하니까 그냥 가만히 기다려라. 그러면 구조하러 올 것 아니냐."라고 하여 가만히 있었습니다. (선원 재판 6차, 증인 신문, 2014.7.24.)

배가 기울어질 때 편의점에 갇힌 사람들이 아우성을 쳤다. 직원 안현영이 사람들을 끄집어내기 위해 그리로 갔다. 강혜성은 뭐라도 해야겠다는 생각에 "승객 여러분은 현 위치에서 대기하라."고 최초 방송을 했다. 혼란 상황을 일단 진정시켜야 했기 때문이다. 잠시 후 박지영이 "양대홍 사무장이 찾는다."며 자신의 무전기를 강혜성에게 건네줬다. 양대홍은 강혜성에게 '안전 방송'을 하라고 지시했다.

〔여객부 승무원 강혜성〕

검사 : 누가 증인에게 안내 방송을 하라고 지시를 한 것인가요?

강혜성 : 승객들을 안심시키려고 처음에는 제 자체 판단으로 안내 방송을 했고, 이후에는 양대홍 사무장을 통해 안전 방송을 하라는 지시를 받고 방송을 했습니다.

검사 : 안전 방송이라는 것은 구체적으로 무엇을 의미하나요?

강혜성 : 따로 정해져 있는 것은 잘 모르겠고, 저는 승객들을 안심시키면서 대기를 하고 있으라는 의미로 받아들였습니다.

검사 : 최초 안내 방송을 한 시각은 사고 발생으로부터 얼마나 지나서인가요?

강혜성 : 최초 사고 발생 시각으로부터 5분 이내였던 것으로 기억합니다. 현재 위치에서 움직이거나 이동하면 다칠 수 있으니 현재 위치에서 움직이지 말고 대기하라는 내용의 안내 방송을 했습니다.

변호인(피고인 이준석) : 헬기와 구조정이 도착한 상태에서 조타실에서 아무런 지시가 없다는 이유로 계속 선내 대기하라는 안내 방송을 한 것은 상식적으로 납득이 안 되는데, 어떻게 생각하나요?

강혜성 : 제가 할 수 있는 것은 대기 방송까지이고 그 이후에 조타실에서 지시가 내려와야 저희도 (대피나 퇴선에 관한) 안내 방송을 할 수 있습니다. (선원 재판 5차, 증인 신문, 2014.7.23.)

이 증언을 보면, 일단 세월호 승무원들에게 비상시 방송 매뉴얼이 수립되어 있지 않다는 사실을 알 수 있다. 사무장이 지시한 '안전 방송'은 그 의미가 불확실하며 강혜성은 그것을 선내 대기하라는 방송으로 짐작하여 방송한다. 물론 상황 파악도 안 되었는데 무작정 퇴선하라고 방송하는 것은 또 다른 혼란을 일으킬 수도 있다. 하지만 비상 상황에서 취해야 할 합리적인 매뉴얼은, 일단 승객을 진정시킨 다음 상황을 설명해 주고 구명동의를 입게 하든지 소지하게 하여 퇴선이 가능한 곳으로 차분하게 유도하는 것이다. 배가 기우는 상황에서도 계속 "선내 대기하라."는 것은 말이 안 된다.

그러나 중요한 것은 매뉴얼이 아니라 그 매뉴얼대로 움직이게끔 지휘할 지휘부다. 선장 등 선박의 지휘부는 비상 상황에 매뉴얼이 있다면 매뉴얼대로, 없다면 경험에 기대서라도 각 승무원에게 역할을 주고 그 수행을 독려해야 한다. 그러나 세월호에서는 그 지휘부가 무너져버렸다. 지휘부가 승선원들의 탈출을 위한 구체적인 조치를 취하지도, 그 조치가 실제로 수행되도록 감독하지도 않았다.

일개 여객부 직원인 강혜성은, 사고 대처의 경험도 없고 별다른 훈련도 받지 못했으며 조타실의 지시도 없는 상황에서 상급자인 양대홍이 지시한 '선내 대기 방송'만 반복한다. 그는 그 방송을 하는 것이 직원으로서 그 상황에서 해야 할 최선이자 유일한 방법이라고 생각했을지도 모른다. 가정이지만, 차라리 헬기가 왔을 때 그가 살기 위해 방송을 집어치우고 먼저 탈출했다면 상황이 더 나았을 수도 있다. 승객들이 알아서 움직이는 시점이 좀 더 앞당겨졌을 수 있기 때문이다. 하지만 그는 헬기가 온 후에도 30분 가까이, 구명조끼도 없이 3층 로비에서 승객들과 같이 있으면서 대기 방송을 했다.

본인의 증언에 의하면 강혜성은 대략 다음의 내용으로 방송을 했다.

"움직이면 위험하니 주변의 안전봉 등을 잡고 대기하라."(자신의 판단으로, 이후에는 양대홍의 지시를 받고)

"구명조끼를 꺼내 입고 대기하라. 구명조끼를 옆 사람에게도 전달해 달라."(양대홍의 지시를 받고. 9시 6분경)

"해경 구조정과 어선들이 구조하러 오고 있다."(122 해양 긴급 전화를 걸어 해경과 통화한 후)

"해경 구조정이 10분 이내에 도착한다."(122에 신고한 시각으로부터 해경 도착 시각을 추정하여. 9시 26분경)

"해경 헬기가 도착했다."(헬기 소리를 듣고)

"해경 구조정이 도착했다."(해경 123정을 목격하고)

"해경이 구조 중이다."(자신의 판단으로)

"구명동의 끈이 잘 묶였는지 확인하라."(자신의 판단으로. 9시 37분경)

"아기를 잃어버린 분이 계시니, 아기를 본 사람은 안내 데스크 쪽으로 고함을 쳐 달라."(대기 방송 사이에)

　　　　　　　　　　　　　　세월호를 기록하다

전달하는 정보는 조금씩 바뀌지만 차분히 대기하라는 메시지는 동일했다. 단원고 학생들을 특정해 가만히 있으라고 한 말을 들었다는 학생도 있는데, 법정에서 강혜성은 그 방송은 자신이 한 것인지 기억이 안 난다고 대답했다. 박지영이 그런 내용으로 방송했다는 증언도 있다. 강혜성, 박지영은 번갈아 가며 선내 방송을 했던 것으로 보인다. 선박에 대해 지식이 별로 없는 승무원들은 학생들이 우왕좌왕하면 배가 더 기울지 모른다고 생각했던 것 같다.

승객들은 불안하지만 구명조끼를 입고 차분히 다음 지시를 기다렸다. 4층 선실 통로에도 많은 학생들이 구명조끼를 입은 채 앉아서 대기했다. 단원고 교사들도 상황 파악이 안 되니 방송대로 학생들을 대기시킬 수밖에 없었다. 선미 SP룸에서는 나무 캐비닛을 사다리 삼아 출입구로 올라가려던 학생을 다른 친구들이 "기다리라잖아. 내려와서 기다리자."라고 말려 선실 내에서 함께 기다리기도 했다. 같은 방송이 반복되자 선실에 대기하던 한 여학생이 울음을 터트렸다.

"가만히 있는데 왜 자꾸 가만히 있으라고 그래!"

[단원고 김영복 학생]
검사 : 증인은 사고 이후에 안내 방송을 들었지요?
김영복 : 예. 움직이지 말고 가만히 있으라는 내용의 방송입니다.
검사 : 증인은 레크리에이션룸 앞에 떨어진 후 계속 대기했나요, 아니면 다른 곳으로 이동했나요?

김영복 : 대기하고 있었어요.

검사 : 당시 배가 침몰하고 있었고, 증인은 4층 좌현 갑판으로 나가는 문 앞에 있었으므로 쉽게 탈출할 수 있었을 것으로 보이는데 대기한 이유가 무엇인가요?

김영복 : 방송에서 가만히 있으라고 해서 대기하고 있었습니다.

(선원 재판, 법정 외 증인 신문, 2014.7.29.)

세월호가 30도로 기울며 쓰러졌더라도 침수가 되지 않는다면 가라앉지 않는다. 여객선에는 부력을 위해 보이드 스페이스(void space. 빈 공간)를 일부러 여러 군데 설계해 놓는다. 하지만 침수는 시작되었고, 검경 합동수사본부 전문가 자문단 보고서에 따르면 최초 침수 지점은 1층(D데크) 좌현 옆문으로 추정된다. 침수가 되었다면 이 문은 수밀문(水密門)이 아니라 풍우밀문(風雨密門)일 가능성이 높다. 수밀은 물을 아예 막는 것이고, 풍우밀은 비바람이 들이치지 않는 정도로만 막는 것이다.

1층 좌현 문으로 조금씩 물이 새다가, 이어 선미 카램프의 틈새로 물이 더 많이 들어오기 시작했다. 바닷물은 격벽이 없어 탁 트인 세월호 화물창으로 자유롭게 흘러들어 갔다. 세월호는 서서히 침강하며 왼쪽으로 더 기울었다.

9시 20분~9시 35분 : '예삿일이 아니다'

"가만히 있으라"는 방송을 들었지만 몇몇 승객들은 움직였다. 그들의 증언을 들어 보면 몇 가지 공통점이 있다. 사고 당시 혼자 또는 적은 수의 사람들과 있었거나, 어떤 계기로 배의 상황을 직접 파악할 수 있었다. 단원고 신우혁 학생, 화물 기사 김동수가 대표적인 경우다.

신우혁 학생은 법정에서 구체적인 시각까지 지정해 가면서 자신의 행동을 설명했다. 그는 4층 레크리에이션룸 앞에서 친구를 기다리고 있다가 사고를 당했다. 그는 레크리에이션룸으로 굴러 떨어졌고, 키즈룸 쪽에서 사람과 물건이 떨어지는 것을 보았으며 회색 봉 같은 물건에 다리를 맞았다. 4층 로비는 잠깐 사이에 난장판으로 변했다. 신우혁이 좌현 창문으로 바다를 보자 컨테이너 박스가 떠내려오고 있었다. 그는 '이거 예삿일이 아니다.'라고 생각했다. 그때 시계를 보니 8시 52분경이었다.

〔단원고 신우혁 학생〕

그래서 레크리에이션룸 부근에서 신발과 양말을 전부 벗고 벽에 튀어 나온 부분을 밟으면서 기어올라 S-5(선미 쪽 좌현 선실)로 들어가는 복도에 다다랐습니다. 올라가서 보니까 2학년 2반 여자아이들이 복도 벽에 기대 앉아 있었습니다. 저는 S-5 앞에서 쉬고 있었는데, 그 통로에서 어떤 여승무원이 배가 기울고 해서 힘들어 했습니다. 여승무원이 중앙홀 쪽으로 내려가려 했는데 S-5 복도를 나오자마자 레크리에이션룸 쪽으로 미끄러져 넘어졌습니다. 그리고 제가 S-5 앞에 계속 앉아 있을 때 B-23 부근에서 누군지 몰라도 어두운 계열의 옷을 입은 무전기를 든 남자가 좌현이 어떻다고 말하면서 현재 상황을 보고하는 듯한 말을 했습니다. 이것은 제가 정확히 기억하고 있고, 전화기가 아닌 무전기였던 것도 확실히 기억하고 있습니다. 여자아이들이 구명조끼를 꺼내지 못하기에 제가 F-7에 들어가서 구명조끼를 꺼내서 던져 주고 나온 뒤에 다시 들어가서 구명조끼를 던져 주는 것을 반복해서 B-23까지 갔습니다. (선원 재판, 법정 외 증인 신문, 2014.7.29.)

신우혁이 4층 선미 쪽 통로로 기어 올라가니 여학생들이 위급함을 모르는 듯 복도에서 노래도 부르고 휴대폰 동영상도 찍고 있었다. 신우혁은 통로로 들어가, 왼편의 기울어진 선실에서 구명조끼를 꺼냈다. 구명조끼는 방마다 안쪽 함에 성인용 여덟 개, 아동용 한 개씩 들어 있었다. 신우혁은 구명조끼를 꺼내 문밖의 친구들에게 던졌다. 다행히 선실 침대를 밟고 이동하는 일은 크게 어렵지 않았다. 그렇게 일곱 개 선실에 하나씩 들어가 구명조끼를 꺼내 여학생들에게 나누어 주고 복도 끝에서 시계를 보니 9시 27분이었다.

신우혁의 증언 가운데 특이한 것은 "여승무원이 선미 쪽 복도에서 4층 로비로 가려다 좌현으로 미끄러졌다."는 내용인데, 몇몇 학생들과 여행사 직원 김승재도 같은 증언을 했다. 이 여승무원은 '승객 출입 금지'라고 쓰인 문에서 나온 것이 목격되었다. 그 문 뒤에는 3~5층을 오가는 선원 전용 통로가 있다. 법정에서 여러 학생들이 이때 박지영 승무원을 보았다고 증언했다.(그들은 구조된 후 텔레비전을 보고 그 승무원이 박지영인 줄 알았다고 말했다.) 다른 목격자에 의하면, 박지영은 4층이 침수된 시점에 좌현에 대기하던 학생들의 탈출

세월호를 기록하다

을 돕고 자신은 물살에 의해 선내로 빨려 들어갔다고 한다.

그런데 강혜성이나 3층에 있던 다른 승객과 학생의 증언에 따르면 박지영은 적어도 3층 로비가 침수되기 전까지 3층에 있었다. 이후 강혜성, 안현영이 Y자 계단 밑에다 의자를 포개 놓고 박지영을 계단 위로 올려 주었다. 박지영이 4층에 올라온 것은 아무리 빨라도 9시 40분 이후로 보인다. 그렇다면 4층 선원 전용 통로에서 나와 통로를 지나 레크리에이션룸 쪽으로 떨어진 여승무원은 누구인가?

두 가지 추측이 가능한데, 첫째는 다른 여객부 직원인 정현선이다. 사고 직후 정현선은 5층에서 필리핀 가수 알렉스에게 목격되었고 당시 다리를 다친 듯 힘들어 했다고 한다. 그 정현선이 승객들을 돕기 위해 4층으로 내려왔다가 로비에서 미끄러졌을 수 있다. 둘째는 3층에 있던 박지영이 4층에 올라왔다가 로비에서 미끄러진 후(3층에 구명조끼가 부족하자 박지영이 4층에 가지러 갔다는 증언이 언론에 보도된 적 있다.) 갑판으로 나가 외부 계단으로 다시 3층에 내려갔을 수도 있다.(그리고 나중에 다시 4층으로 올라와 승객 탈출을 도왔다.) 그런데 배가 기울어진 후 3층 로비에서 식당을 지나 선원 전용 계단까지 가서 다시 4층에 올라가기란 쉬운 일이 아니다. 미끄러진 여승무원이 누군지는 아직 물음표로 남아 있다.

또 하나 특이한 것은 '어두운 계열의 옷을 입은 무전기를 든 남자'이다. 정황상 이 사람은 여객부 사무장 양대홍인 듯한데, 법정에서 검사가 신우혁에게 흰 제복을 입은 양대홍의 사진을 제시하고 "그 남자가 이 사람입니까?"라고 물었을 때 신우혁은 "아닌 것 같습니다."라고 대답했다. 그의 증언이 언론에 나가자 이 '수상한 남자'가

모종의 임무를 수행하던 비밀 요원이 아니냐는 의혹이 인터넷상에 제기되었다.

그러나 양대홍의 시신이 수습되었을 때 그는 검은색 스즈끼복(상하 일체로 된 작업복)을 입고 있었다. 무전기가 주머니에 든 채였다. 그는 안내 데스크의 직원들과 무전 연락을 취하며 선내를 돌아다니면서 사람들을 도왔던 듯하다. 법정에서는 흰 제복을 입은 사진을 보여 준 까닭에 신우혁이 정확히 기억하기 힘들었을 것이다. 여행사 직원 김승재도 3층 로비에서 양대홍을 보았다고 증언했다.

화물 기사 김동수는 위험을 무릅쓰고 많은 학생과 승객을 구조하여 언론에서 '파란 바지의 의인'이라고 불린 인물이다. 김동수는 3층 화물 기사 선실의 텔레비전으로 류현진의 야구 경기를 보다가 아내와 전화 통화를 했고, 통화를 끊은 지 얼마 안 되어 배가 기울었다. 위급함을 직감한 그는 텔레비전 밑에 있는 구명조끼를 꺼내 다른 기사들에게 주고 자신도 입었다. 세월호를 자주 타서 구조를 아는 그는 얼른 선미 쪽 문을 열고 선미 갑판으로 나갔다. 휴대폰으로 자신이 속한 마라톤 동호회 대화방에 사고 소식을 올렸으나 회원들은 "장난하냐"며 믿지 않았다. 그때가 9시 8분경이었다.

'일단 높은 데 올라가서 상황을 보자.'

김동수는 선미 출구에서 몸을 날려 선미 갑판의 난간을 붙잡았고, 난간을 타고 올라간 다음 우현의 외벽으로 점프했다. 평소엔 간단

세월호를 기록하다

히 걸어갈 지형이 경사로 인해 곡예를 필요로 했다. 우현 갑판에 나와 있던 승객들이 그를 붙잡아 주었다. 시계를 보니 9시 28분이었다. 그 시각, 목포항공대 헬기 B-511호가 구조 세력 중 최초로 세월호에 도착했다.

김동수는 외부 계단으로 5층까지 올라갔다. 계단 발판을 밟기 까다로웠지만 평소 산을 많이 탔으므로 크게 어렵지는 않았다. 5층 옥상에서 보니 5백 미터 밖에 빨간 탱커(유조선 둘라에이스호)가 떠 있었고 다른 구조선은 안 보였다. 김동수가 다시 4층으로 내려오니 우현 출구(B-28 옆 통로)에서 몇몇 남자 승객들이 커튼을 묶어 그것으로 안의 사람들을 구조하고 있었다. 그러나 커튼이 풀려서 올라오던 학생이 미끄러졌다. 김동수는 주변을 둘러보고 갑판에서 수도꼭지와 수도 호스를 발견했다. 그가 수도 호스를 가져와 드리웠는데, 수도 호스를 감고 학생이 올라오다가 호스가 늘어져 버렸다. 김동수는 15미터 정도 떨어진 벽에 소방 호스가 걸린 것을 보고 옆의 남자 승객에게 "저것 좀 갖다 주세요!"라고 했다. 김동수는 소방 호스의 한쪽 끝을 갑판 벤치에 묶고 다른 끝을 아래로 집어 넣어 학생들을 끌어냈다.

생존자 누구도 갑판부·기관부 선원이 구조하러 오거나 승객들 상태를 살피러 온 사실이 없다고 증언한다. 선원들은 "배가 기울어서 이동이 불가능하다."라고 해경과의 교신에서부터 법정에 이르기까지 같은 말을 하고 있지만, 김동수나 신우혁의 증언을 보면 적어도 9시 30분까지는 같은 층 내에서든 층과 층 사이로든 마음만 먹으면 이동할 수 있었다.

승객들도 갑판에 혼자 있거나, 화물 기사들처럼 별도의 선실에 머물던 경우 생존한 확률이 높았다. 신우혁이나 김동수처럼 일부 승객들은 자신도 생존했고 다른 사람들의 탈출도 도왔다. 반면 다수 인원이 한곳에 모여 있을수록, 대기하라는 안내 방송이 행동을 제약하는 효과는 더 컸던 것으로 보인다. 학생들은 충분히 탈출 가능한 장소에 있으면서도 '우리보다 배에 대해 지식이 풍부한 승무원의 말을 듣자.'고 여겨 기다리는 경우가 많았다.

세월호 최초의 탈출자는, 역설적으로 사고 당시 가장 구석진 곳에 있던 조리부 직원이었다. 사고가 났을 때 조리원 김종임은 주방 퇴식구 싱크대 앞에서 아침 식사 뒷정리를 하던 중이었다. 집기와 그릇이 쏟아졌고 탕수육 튀긴 기름까지 엎어져 주방 바닥은 미끄럽기 그지없었다. 김종임도 미끄러져 갈비뼈를 다쳤다. "위험하니 그 자리에 대기하라."는 방송이 주방에도 들렸지만 김종임은 방송을 무시하고 기를 쓰고 기울어진 반대편으로 올라갔다.(주방에서 좌현으로 내려가면 좌현 갑판으로 바로 통하는 출구가 있고 그쪽이 더 빠른 탈출 경로인데도 김종임은 그리로 가지 않았다. 다른 많은 생존자들도, 선택이 가능한 순간까지는 밑으로 내려가기보다 위로 올라가는 쪽을 택했다.)

김종임은 주방에서 선원 전용 식당을 거쳐 3층 선수 쪽 승무원 선실 통로로 나갔다. '더는 못 하겠다. 포기해야겠다.'고 생각한 찰나, 동료 직원이 김종임에게 이렇게 소리쳤다. "얼른 나가서 구명정을 떨어뜨리자."

김종임에 따르면, '구명정'이라는 목표가 생기자 있는 힘을 짜내 결국 우현 갑판으로 나가는 데 성공할 수 있었다. 그런데 그 동료 직원은 나중에 자신이 말한 것은 "구명정을 떨어뜨리러 가자."가 아니라 "구명조끼를 입자."는 것이라 했다. 세월호에는 구명정이 따로 없고 구명벌(팽창식 공기 뗏목)이 5층 좌우 윙브리지에 설치되어 있었다. 김종임은 3층 우현 갑판으로 나와 계단을 타고 4층으로 갔고, 마침 헬기에서 내려온 해경 항공 구조사가 그에게 바구니에 타라고 했다. 구명정이든 구명벌이든 근처에 가 보지 못하고 김종임은 헬기 바구니에 탔고 9시 34분경 세월호를 벗어났다.

[세월호 조리부 직원 김종임]

검사 : 증인은 구조되면서 세월호에 내려와 있던 해경이나 아니면 헬리콥터에 탄 뒤에 그곳의 해경에게 "선내에 대기하라는 방송으로 인해 지금 세월호 승객들이 밖으로 나오지 않고 있다. 안에 승객들이 있다."라고 말한 적이 있나요.

김종임 : 없습니다. 제가 그 부분이 제일 안타깝습니다. 저는 놀라서 그렇게 나왔다고 치지만, 그분들은 이런 구조를 많이 하셨을 텐데 저에게 한 번이라도 물어봐 주었으면…… (흐느끼며) 저에게 한 번이라도 물어봐 주셨으면……. (선원 재판 4차, 증인 신문, 2014.7.22.)

해경 경비정 123정이 세월호에 접근한 시각은 9시 35분경이다. 배는 약 52도로 기울었다. 2층(C데크)이 수면에 닿으면서 2층의 옆문 그리고 선수 갑판과 선미 갑판의 환기구들로 물이 콸콸 들어오기 시작했다. 이 환기구들은 지하층, 기관실, 스테빌라이저 공간과 연결되어 있었다. 세월호의 침수 상태를 비유하자면, 방금 전까지는 천정에서 물이 새는 정도였다가 이제는 천정이 뚫려 물이 쏟아지는 중이었다.

9시 35분~10시 : 탈출이 시작되다

헬기 소리에 승객들이 반가워한 것도 잠시, 시간이 지나도 구조대는 들어오지 않았다. 밖으로 나가라든가 탈출하라는 소식은 여전히 감감무소식이었고 "구조가 진행 중이니 침착하게 대기하고 있으라." 는 안내 방송만 나왔다. 침몰의 공포가 승객들의 마음속에 스멀스멀 번져 갔지만, 어째야 좋을지 뾰족한 방법도 없었다. 단원고 양대현 학생은 법정에서 "누가 움직이니까 주변에서 야유를 했고 선생님도 주의를 주었다."라고 증언했다. 학생들이 할 수 있는 일은 휴대폰 카카오톡 메시지로 자신의 상황을 알리는 것뿐이었다.

> "지금 한쪽으로 기울어져서 구명조끼 입고 있고 컨테이너박스 다 떨어졌어"(9시 4분, 생존 학생 김영복 카카오톡)
> "화물도 많이 떨어져 있고 전기도 나갔다"(9시 21분, 생존 학생 김도은 카카오톡)
> "배가 안 움직이고 수상구조대인가 뭔가 오고 있대"(9시 23분, 고 김웅기 학생 카카오톡)

세월호를 기록하다

"이제 해경 왔데""아직 움직이믄 앙대"(9시 29분, 고 김수진 학생 카카오톡)

"창문 바로 앞에 컨테이너 떠내려가고 있고 방송도 안 해줘""걍 가만히 있으래"(9시 41분, 생존 학생 김영복 카카오톡)

"엄마 아빠 배가 많이 기울어졌어요""보고싶어요 ㅜㅜ"(9시 56분, 고 박영란 학생 카카오톡)

"저 지금 방 안에 살아있어요"(10시 4분, 고 김시연 학생 카카오톡)

"지금 구조 중인데 저희 학교 학생말고 다른 승객부터 구조중인가 봐요""90프로 이상 기울었는데"(10시 7분, 고 김시연 학생 카카오톡)

"캐비넷 떨어져서 옆방 애들 거기에 깔렸어""나 너무 무서워"(10시 12분, 고 한은지 학생 카카오톡)

9시 38분경, 기관부 선원들이 해경 고무 단정을 타고 세월호에서 탈출한다. 9시 44분경, 멀찍이 떨어져 있던 123정이 세월호로 다가온다. 그런데 123정은 승객들이 몰려 있는 선체 중앙부가 아니라 선수 조타실로 향한다. 9시 49분경, 선장과 갑판부 선원 그리고 필리핀 가수 부부를 구조한 123정은 세월호로부터 다시 멀찍이 물러선다.

해경이 선원들을 구조하는 동안 바닷물이 3층 난간을 넘어 들어오기 시작했다. 그것을 본 사람들은 다른 생각할 겨를도 없이 물로 뛰어들었다.

우리가 대기하던 쪽에서는 물이 들어온 것이 잘 보이지 않으니까 출구에 있던 사람에게 "배가 가라앉고 있느냐?"고 물었더니 모르겠다고 하였습니다. 그런데 거기에 있던 사람이 그냥 아무 말 없이 먼저 뛰어나가기에 이상하다고 생각해서 제가 이쪽 안내 데스크 쪽에 있다가 사람들에게 "확인 좀 하고 올게."라고 말하고 밑으로(좌현 출구 쪽으로) 내려갔습니다. 벌써 난간 쪽으로 물이 들어와서 해수면이 제 2미터 앞에 있었습니다. 배가 침몰하니까, 저도 구명조끼를 안 입었는데 그냥 "다 뛰어들라."고 하였습니다. 일단 배에 물이 들어오면 못 나올 것 같아서 다 뛰어들라고 하였습니다. (선원 재판 4차, 증인 신문, 2014.7.22.)

세월호가 만약 수직 방향으로 가라앉았다면, 침수가 되더라도 출구가 그렇게 빨리 잠기지는 않았을 것이다. 허나 세월호는 옆으로 넘어져 버렸기 때문에, 3층 출구에 물이 들어오는 시점부터 출구가 물로 완전히 막히기까지 시간이 무척이나 짧았다. 해경 123정에서 찍은 동영상으로 확인하면 9시 44분에 아직 3층 난간이 물에 닿지 않았으나 9시 49분까지는 3층 좌현 출구가, 9시 52분까지는 4층 좌현 출구가 물에 잠겼다.

화물 기사 최재영은, 온수 통을 뒤집어 써 화상을 입은 후 안내 데스크 주변에서 1시간 가까이 대기하면서 바깥을 내다보았다. 구명조끼를 입을 때만 해도 난간과 수면 사이의 거리가 2미터는 되었는데 이제는 50센티미터가 될까 말까 했다. 그런데 배가 60도 가까이 기울면서 바다로 나가려면 출구에서 수평으로 이동하는 게 아니라 거의 수직으로 떨어져야 했다. 고무 단정이 배에 다가왔을 때 여학생들이 출구에서 떨고만 있는 것을 보고, 최재영이 먼저 바다로 뛰어들어 고무 단정까지 헤엄쳐 갔다. 그는 고무 단정을 붙잡고 해경 대원에게 "안에 사람이 있다."고 하였다. 그러나 그가 해경과 함께 돌아왔을 때 바닷물은 이미 사정없이 로비 출구로 밀려들어 가고 있었다.

〔화물 기사 최재영〕

보트를 끌고 왔을 때 구명조끼를 안 입은 여학생 둘이 같이 있었고 남학생 둘은 옆에 있는 기둥에 매달려 있었습니다. 해수면과 난간대가 닿으면서 출입구가 봉쇄될 때까지 제가 여학생 세 명과 눈을 마주치고 있었는데 지금도 그 마지막 눈빛을 잊을 수가 없습니다. 제가 남학생은 뛰어내리는 것을 보았는데 여학생들은 두 손을 떨면서 무서워했습니다. (선원 재판, 법정 외 증인 신문, 2014.7.29.)

선내 대기 방송은 더 이상 나오지 않았다. 승객들이 알아서 좌현이나 우현으로 탈출을 시작하는 상황이라 대기 방송은 의미가 없어졌다. 하지만 대기 방송을 그만한다고 되는 게 아니라 대기하지 말고 이제 탈출하라는 방송이 나왔어야 했다. 그렇지 않으면 많은 승객들이 애초의 대기 지시가 유효하다고 믿고 그 자리에 머무르게 된다. 세월호에서 발신된 마지막 카카오톡 메시지가 그 안타까운 정황을 보여 준다.

"기다리래. 기다리라는 방송 뒤에 다른 안내방송은 안 나와요."
(10시 17분, 단원고의 한 학생이 발송)

하지만 탈출 방송은 끝내 나오지 않았다. 법정에서 강혜성은, 조타실이나 사무장 양대홍으로부터 아무런 추가적인 지시가 내려오지 않았기 때문에 자기가 독단적으로 탈출 방송을 할 수는 없었다고 진술했다. 게다가 얼마 안 있어 바닷물이 안내 데스크까지 침범하여 방송 장비가 물에 잠겼다. 정확한 시점을 알 수 없지만 배의 기울기로 보아 오전 9시 50분~10시 사이로 여겨지는데, 이 시점 이후에는 탈출 방송을 하고 싶어도 할 수 없었다.

방송을 못 하게 된 강혜성은 3층의 승객들에게 "잠수해서 탈출하라."고 소리친다. 그마저 어려워지자 여객부 승무원들은 의자를 가져다 Y자형 계단 밑에 쌓고 학생과 일반인들을 4층 로비로 올라가게 했다. 강혜성과 안현영은 수영을 못하는 박지영도 4층 로비로 올려 보냈다. 박지영이 올라가는 것과 거의 동시에 4층에도 물이 들이닥쳤다.

4층 좌현 레크리에이션룸에 학생들이 열 명 가까이 대기하고 있었다. 박지영은 "빨리 뛰어내려요!"라고 외치며 학생들을 필사적으로 좌현 출구로 내보냈다. 박지영은 학생들에게 구명조끼를 챙겨 주느라 자신은 구명조끼를 입지 못했다. "언니는요?"라고 묻는 학생에게 "너희들 먼저 보내고 나갈게."라고 답한 박지영은 결국 나오지 못했다.

단원고 교사들도 이 시점에서는 학생들을 탈출시키기 위해 발을 동동 굴렀다. 고창석 교사(체육)와 남윤철 교사(영어)는 복도에 대기하던 학생들에게 "빨리 나와라, 빨리!"라고 소리쳤고, 혹시 움직이지 못하는 학생이 있는지 찾으며 돌아다녔다. 전수영 교사(국어)는 어머니와 통화하면서 "아이들에게 구명조끼 입혀야 해."라고 말하고 다시 들어갔고, 유니나 교사(일본어)는 4층에서 학생들을 내보내다가 누군가 "3층에도 애들이 있어요."라고 말하자 구명조끼도 없이 3층으로 내려갔다. 박육근 교사(미술) 역시 얼른 나가라는 다른 승객들의 말에 "애들 한 명이라도 더 내보내고 나가겠다."며 복도로 들어갔다. 이들 모두 배에서 나오지 못했다. 제자들을 위한 초인적인 희생정신을 보여 준 단원고 교사들의 사망률은 세월호에 탄 어떤 직군보다도 높다.(교사 열네 명 가운데 열한 명이 세월호에서 사망했다. 그중 두 명은 실종 상태다.)

[단원고 양대현 학생]

고창석 선생님인가 체육 선생님이 애들을 휴게실(레크리에이션룸) 벽까지 오게 했어요. 창문이 깨져서 갑판에서 물이 빠른 속도로 들어왔어요. 선생님이 "물에 빠져서 우현으로 올라갈 준비를 하라."고 하는 순간 벌써 허벅지 정도에 물이 차 있었거든요. 중앙홀에 20~30명의 애들이 있었는데 물이 차기 시작하면서 점점 배 우측으로 올라갔어요. 제가 올라올 때 F-7선실(선미 쪽 좌현) 통로에 여자애 두세 명이 있었는데 그냥 가만히 있더라고요. 물로 뛰어내리라고 말을 했는데 물이 진짜 빠르게 차서 통로에 있던 여자

애들은 못 나왔어요. (선원 재판, 법정 외 증인 신문, 2014.7.28.)

해경은 단 한 명도 선내로 들어오지 않았다. 헬기에서 내려온 해경 대원은 승객들이 우현 외벽으로 기어 나오면 바구니에 태워 올려 보내는 일만 했고, 123정의 해경들은 사람이 바다로 뛰어들면 구명 단정에 건져 올리는 일만 했다. 가장 힘든 일은 절벽이 되어 가는 배 안에서 빠져나가는 것인데, 그것은 오롯이 승객 자신의 몫이었다.

신우혁은 다른 여학생들과 선미 쪽 좌현 통로에서 대기하고 있었다. 이미 전기가 나가 선내는 어두웠다. 좌현 출구 쪽으론 바닷물이 차올라 오는 게 보였다. 맞은편 우현 통로 쪽에서 일반 승객들이 커튼으로 로프를 만들어 내려 주었고, 학생들은 그것을 붙잡고 가파른 경사를 올라갔다. 커튼이 풀려 그만 굴러떨어진 학생도 있었다. 신우혁은 여학생들을 커튼에 묶어 올려 주고, 오르기를 무서워하는 여학생들에게는 다른 길로 나가라고 알려 주었다.

[단원고 학생 신우혁]

B-23 복도에서 아이들은 아무것도 못 하고 구명조끼를 입은 상태로 대기하고 있었는데 맞은편(B-28) 복도에서 일반인이 커튼을 뜯어서 로프를 만들어 던져 주었습니다. 헬기 소리가 들렸는데, 일반 남자 승객들이 갑판 위로 올라가면 헬기를 탈 수 있다고 해서 여자 친구들 중에 먼저 갈 수 있다고 하는 친구를 허리에 커튼을 묶어서 한 명씩 올려 보냈습니다. 그러다 중간에 커튼이 끊어졌는데, 위에서 소방 호스로 다시 로프를 만들어서 내려 주었습니

세월호를 기록하다

다. 바닷물이 거의 좌현 출입구에 찼을 때 맞은편에서도 물이 떨어지기 시작했습니다.(화장실이 기울면서 넘친 물로 추정된다 — 저자.) 그래서 남아 있는 여학생들에게 "레크리에이션룸 옆에 있는 출입구로 가."라고 했습니다. 저는 혹시 복도에 남아 있는 친구들이 있을까 봐 "레크리에이션룸 쪽으로 가."라고 소리를 지르며 마지막으로 로프를 타고 올라올 수 있었습니다. 올라가서 대기하다가 "한 명씩 올라오라."는 해경의 말을 듣고 계단으로 가서 배 벽면을 기어 올라가 헬기로 탈출할 수 있었습니다. (선원 재판, 법정외 증인 신문, 2014.7.29.)

10시~10시 20분 : 생과 사가 나뉘다

김동수가 4층 우현 선미 쪽 출구에서 네다섯 명을 구조하고 나니, 이제 더 나오는 학생이 없었다. 그때 선수 쪽으로 20여 미터 떨어진 로비 출구에서 한 남학생이 그에게 소리를 질렀다.

"아저씨, 여기도 사람 있어요!"

김동수는 소방 호스를 감아 어깨에 매고 그쪽으로 달려갔다. 해경 헬기에서 찍은 동영상에 파란 바지의 김동수가 이동하는 장면이 촬영되었다. 배가 기울어 벽이 바닥으로 변해 버렸으므로 움직이는 데는 도리어 지장이 없었다. 가서 보니 사람들이 키즈룸의 난간에 옹기종기 서 있는데, 출구에서 키즈룸까지 거리는 2~3미터 정도로 멀지 않지만, 좌우 방향으로 경사진 까닭에 전후 방향인 그 2~3미터를 건너려면 절벽에서 수평 이동하는 것과 비슷했다. 아래에서는 물이 빠르게 차올랐고 구명조끼를 입은 사람과 자판기가 같이 떠 있었다.

[화물 기사 김동수]

소방 호스를 가지고 가서 키즈룸으로 던져 기둥에 감아서 묶으라고 하였습니다. 소방 호스 하나를 걸었을 때, 남자들은 호스를 잡고 발로 버티면서 건너오는데 여자들이나 학생들은 건너오지 못하고 떨어졌습니다. 그래서 다른 소방 호스를 꺼내서 두 개를 연결하여 몸에 끼우도록 하였습니다. 잠깐 배의 기울기가 90도 정도 됐을 때 제가 돌아봤더니 물기둥이 치솟으면서 가라앉았고 그 중간 기억이 없습니다. (…) 남자 분과 힘이 있는 여자 분만 나오고 힘없는 학생들이나 사람들은 나오다가 미끄러져 떨어져서 모든 사람이 나오지는 못했습니다. 헬기가 왔는데 구조대원은 내려오지 않아서, 헬기 바구니를 내려주면 제가 점프하여 바구니를 붙잡고 그 바구니에 학생을 싣고 올려 보냈습니다. (선원 재판 5차, 증인 신문, 2014.7.23.)

여학생들 선실인 선미 쪽 좌현 SP-1은 어떻게 되었을까. SP-1에서 대기하던 학생들은 무서워서 나무 캐비닛 아래 빈 공간에 들어가 있었다. 물이 조금씩 들어오나 했더니 어느새 소름 끼칠 정도로 빠르게 차올랐다. 물이 순식간에 가슴까지 차오르고, 늘어선 캐비닛이 물에 휩쓸려 넘어지며 캐비닛 안에 있던 학생들이 거기 갇혔다. 캐

세월호를 기록하다

비닛이 오현정 학생과 친구를 물속으로 밀어 넣었는데 캐비닛의 빈 공간이 잠깐 '에어 포켓'을 만들어 숨을 쉴 수 있었다. 캐비닛 밖에 선 친구들이 서로 이름을 부르며 살려 달라고 아우성치는 소리가 생생하게 들렸다.

〔단원고 학생 오현정〕

저와 친구 한 명은 캐비닛 안에 갇혔어요. 다행히도 공기가 차 있어서 숨을 쉬었고 친구와 저는 "혼자였으면 무서웠을 텐데 둘이 남아서 다행이다."라고 했고 밖에서 아이들이 이름을 부르고 살려 달라고 하는데 진짜 안 되겠다는 생각이 드는 거예요. 너무 무서워서 캐비닛을 들었더니 물이 밀려들어 숨을 쉴 수가 없는 거예요. 그런데 살고 싶은 뭔가의 마음이 있잖아요. 무슨 힘이었는지 모르겠는데 제가 한 손으로 친구를 안고 캐비닛을 치고 빠져나오니까 구명조끼를 입고 있어서 몸이 떴어요. 거의 90도로 기운 상태였으니까 방 문이 머리 위에 있을 거 아니에요. 문 밖에 있던 친구가 제 손을 당겨 주고 밑에 있는 친구가 엉덩이를 들어 주어서 나온 거예요. 방에서 나온 뒤에 애들이 비상구까지 복도에 줄을 서 있었어요. 저희 애들이 살겠다고 뛰쳐나간 것이 아니라, 줄을 서면서, 애들 보고 "울지 말라"고 하면서, 저기에 해경이 바로 보였거든요. 저희가 계속 줄을 서면서 나갔어요. 제가 나갈 때 파도가 크게 쳤는데 그때 비상구가 아예 물에 잠겼다고 해야 하나, 그 힘이 너무 세서 그것에 (친구들이) 많이 밀려들어 간 거 같아요.
(선원 재판, 법정 외 증인 신문, 2014.7.28.)

SP-1에서 나온 오현정 학생과 친구들은 선미 갑판 쪽 비상구로 향했는데, 해경이 들어와 자신들을 안내한 게 아니라 자기들이 줄을 서서 탈출했다고 한다. 해경은 비상구 밖에서 보트에 탄 채 나오는 사람들을 잡아 주기만 했다. 오현정 학생은 해경에게 "저 안에 친구들이 많이 있다."고 이야기했지만 해경은 구명조끼를 벗고 보트에 타라고만 말했다.(아마 더 많은 사람을 보트에 태우기 위해 부피를 줄이려는 뜻으로 보인다.)

SP-1보다 상대적으로 넓은 SP-2와 배의 우현에 위치한 SP-3에서 더 많은 사망자가 나왔다. 좌현 선실의 학생들은 창문 밖에 물이 차오르는 것을 보고 놀라서 빨리 움직인 반면, 우현 선실은 물이 늦게 차오르다 보니 학생들이 더 오래 대기했고 나중에는 배가 너무 기울어 탈출이 힘들었다. SP-2에 배정된 2학년 10반은 21명 가운데 단 한 명만이 살아 돌아온다.

10시 10분, 세월호는 77도 이상 기울었다. 5층까지의 좌현 전부가 물에 잠겼다. 선미의 Co2실, 비상 발전기실, 스턴 스러스터(선미 측면 프로펠러) 기계실 등 마지막 남은 격실까지 대부분 침수되었고, 배는 매우 빠르게 넘어갔다. 10시 17분, 세월호는 108도로 전복되었다.

구명조끼를 입은 학생과 승객들은 우현으로 떠오르기 시작했다. 강혜성도 물살에 밀려 4층으로 올라갔다. 구명조끼를 입지 않았던 그는, 승객들에게 어서 나가라고 소리치다가 로비 우현 출구를 통과하며 의식을 잃었고, 구조되어 심폐소생술을 받고는 의식을 되찾았다. 안현영은 배에서 빠져나오지 못하고 나중에 3층 식당에서 발견되었다. 승객을 구조하러 식당에 들어갔다가 나오지 못한 것으로 보인다.

통로에서 대기하던 학생들은 물이 차오르자 부랴부랴 탈출을 시도했다. 그러나 물이 들어오는 속도가 그보다 더 빨랐다. 출구는 물론 창문이 깨지면서 그리로도 물이 들어왔고, 중앙 로비까지 차오른 물은 선수, 선미 양방향 통로로 돌진하여 대기 중인 학생들을 안쪽으로 휩쓸어 갔다. 일부 학생은 물에 밀리다가 구조물을 붙잡거나 아니면 몸이 구조물에 걸려 가까스로 버티었고, 물이 복도를 채워 수압이 약해지자 다시 출구로 나아갔다.

〔단원고 학생 나진석〕

(4층 우현, B-19에서 선수 다인실로 이어진 복도에) 대기하고 있는데, 원래 반대편(선수 좌현) 복도가 보였는데 정전이 되어서 안 보이는 거예요. 완전 컴컴한데 물소리가 계속 들리는 거예요. 거기서 선생님께 "물이 찬다"고 소리를 지르고 "살려 달라"고 하는 애들이 있어서 '진짜 위험한 상황이다.' 싶었어요. 그런데 물이 이쪽 복도까지 쭉쭉쭉 다 찬 거예요. 그래서 중앙 로비 쪽으로 나가게 되었어요. 앞에 있는 친구가 나가고 제 순서가 되었는데 물이 거의 여기(4층 우현 키즈룸 앞)까지 차 버린 거예요. 물이 너무 세서 구명조끼를 입고 있는 몸이 계속 뒤로 밀리는 거예요. 저는 밀려서도 B-18 이상은 안 넘어간 것 같아요. B-18, B-19에 같이 있던 친구

가 일곱 명 정도였는데, 제가 배 밖으로 나왔을 때는 세 명밖에 없었어요. (선원 재판, 법정 외 증인 신문, 2014.7.29.)

〔일반 승객 김관수〕

키즈룸에서 출입구까지 2~3미터 되는데 학생들이 대여섯 명 있어서, 소방 호스 두 개를 이쪽에서 제가 잡고 바깥에서 다른 분이 잡아서 학생들을 올려 보내고 마지막으로 제가 데려온 직원도 올려 보냈습니다. 물이 막 차오르는 순간 제가 나가고, 뒤에 있는 분들은 배가 뒤집히는 순간에 물에 떠밀려서 나왔습니다. 물이 차오르기 시작하면서 구명조끼를 입은 아이들이 떠올랐습니다. 그런데 떠오르다가 밖으로 못 나오고 통로 쪽으로 애들이 다시 쓸려 들어갔습니다. 3등석(선수 다인실) 쪽으로 물이 좌악 빨려 들어가니까 애들이 모두 딸려 들어갔습니다. (선원 재판 4차, 증인 신문, 2014.7.22.)

이윽고 세월호의 우현마저 물에 잠기기 시작했다. 배의 하단에서 높이 10미터가 넘는 물기둥이 솟구쳤다. 평형수가 덜 채워진 밸러스트 탱크에서 수압으로 공기가 터져 나온 현상이거나, 선내 보이드 스페이스가 붕괴되면서 그곳의 공기가 틈을 비집고 터진 것일 수도 있다. 여하튼 이것은 세월호의 마지막 비명이었다. 마지막으로 나온 승객들은 작은 섬 같은 배의 외벽에 간신히 섰다가, 구조하던 해경 구명 단정, 전남 어업 지도선 소속 고속 단정, 소형 어선에 죽기 살기로 올라탔다.

그 순간, 뒤집어진 4층 우현 B룸에서 창문을 필사적으로 두드린 학생들이 있었다. 통로로 밀려든 물이 대기하던 학생들을 순식간에 B룸으로 떠밀었을 것이다. 수영을 잘하고 못하고는 아무런 상관이 없었다. 캐리어로 때려 보았지만 야속한 유리는 꿈쩍하지 않았다. 해경도 구조대도 유리창 안에서 목이 터지도록 질러 대는 소리를 듣지 못했다. 구조 보트에 타 기진맥진한 채 되돌아보다 창문 속 친구와 눈이 마주친 학생도 있었다. 그러나 "어, 어" 하는 새 창문 위로 파도가 덮였다.

아기 여기 있어요

퇴선 명령이 내려졌으면, 혹시 승객들이 좁은 출구로 몰려 더 큰 사고가 나지는 않았을까?

하지만 어떤 증언을 들어 보아도 승객들이 집단 패닉에 빠져 자기만 살겠다고 버둥거리느라 사태를 악화시킨 일은 없었다. 선내 대기 방송이 나오자 승객들은 질서정연하게 통제에 따랐으며, 구명조끼를 찾아 서로서로 전달해 입었다. 승객들은 자신도 불안한 상황에서 옆 사람을 도와 주었고, 몇몇 승객들은 자신이 위험한 순간까지도 사람들을 구조했다. 고등학생들도 침몰의 공포를 농담으로 이기면서 친구와 선생님을 걱정하였고 차분히 구조를 기다렸다. 물이 밀려들어와 탈출할 때조차 학생들은 '줄을 서서' 자기 차례에 탈출했다. 법정에서 상영되는 동영상 어디에도 학생들이 울며불며 아우성치는 장면은 나오지 않는다. 손지연 학생이 찍은 동영상을 보면 거의 수직으로 기울어진 상태에서 소방 호스를 잡고 4층 우현 출구로 탈출하는 상황인데, 차례를 기다리는 여학생들이 아래쪽 안내 데스크를 향해 외친다.

"아기 여기 있어요!"

그들은 "6살 아이의 부모가 아이를 찾고 있으며, 아이를 발견한 사람은 소리 쳐서 위치를 알려 달라."는 선내 방송대로 아이의 위치를 알려 준 것이다. 학생들은 끝까지 아이를 지켜 주었고, 아이를 안고 나온 단원고 박형준 학생은 자기보다 먼저 아이를 구조 보트에 태웠다.(그 아이는 제주도로 이사하던 중에 부모와 오빠를 잃은 권○○ 어린이다.)

적절한 퇴선 유도가 이루어지고 효율적인 구조 조치가 취해졌다면 적어도 지금보다 훨씬 많은 승객들이 무사히 배를 빠져나왔을 것이다. 그것은 분명한 사실이다. 뒤에서 보겠지만, 선원과 해경은 하나같이 '너무 당황하여' 필요한 조치를 취하지 못했다고 한다. 배에 대한 지식이 없는 승객, 학생들도 침착하게 대응했는데 어째서 경험과 지식을 갖춘 그들이 모두 공황 상태에 빠졌다고 하는 것일까.

생존자들은 자신이 겪은 고통에 대해 증언했다.

[단원고 김석영 학생]

많이 생각나는 것은, 화장실에 갇혀 있던 여자애가 못 나왔다고 들었거든요. 그래서 마음이 아픕니다. (눈물을 흘림) 대피 방송만 제대로, 방송만 정말 제대로 했다면……. (선원 재판, 법정 외 증인 신문, 2014.7.29.)

[단원고 신우혁 학생]

저희에게 안타까운 시선을 보내는 분들이 많습니다. 그런 것을 평생 안고 가야 할 것 같아서 두렵고 밉습니다. 굉장히 미워서 정말 합당한 형벌을 받아야 한다고 생각합니다. 저는 법을 잘 모르지만 그것은 (울먹이며) 정말 어른으로서 하지 말아야 할 행동이었던 것 같습니다. (선원 재판, 법정 외 증인 신문, 2014.7.29.)

[단원고 유소은 학생]

저희는 수학여행을 가다가 단순히 사고가 난 것이 아니라 사고 후 대처가 잘못되었기 때문에 이렇게 많이 죽은 건데, 이런 것을 교통사고라고 표현할 수는 없다고 생각합니다. (선원 재판, 법정 외 증인 신문, 2014.7.29.)

소방 호스를 던져 사람들을 구한 김동수는, 고등학교 2학년인 자신의 딸이 이런 상황에 처했을 때 누가 구해 주겠는가 생각하며 구조에 전념했다. 초기에 배에서 나와 언제든 먼저 탈출할 수 있었던 그는 배가 잠기기 직전까지 구조 활동을 하다가 탈출했다. 그런 그가 법정에서 유가족들에게 사과했다.

[화물 기사 김동수]

(이번 사고로) 제 자신이 망가졌다는 생각이 듭니다. 물체가 없는데도 손은 물체를 잡으려고 하고, 버스를 타면 창가에 있는 사람들에게 뛰어내리라고 합니다. 또 창밖에 있는 학생들을 보면 자꾸 배 안에 있던 학생들이 생각나고, 사고 이후에는 죽은 학생들에게 너무 미안해서 한 번도 따뜻한 물로 샤워를 하지 못했습니다. (…) 처음으로 사우나에 가서 뜨거운 물에 들어가려고 하였으나 학생들이 차가운 물에 있는 모습이 보이는 듯해서 손발이 찢어지는 듯한 통증을 느꼈습니다. (…) 유가족들에게 정말 죄송합니다. 제가 배 위치를 잘 알기 때문에 끝까지 그곳에 남아서 학생들을 도와주었다면, 이 길로 나오라고 말만 하였다면 이런 참사는 없었을 것이라는 생각에 정말 죽을죄를 지은 것 같습니다.

재판장: 사람들을 더 많이 못 구한 것으로 고통을 받고 계신데, 많은 분을 구했다는 자부심을 가지시면 좋겠습니다. (선원 재판 5차, 증인 신문, 2014.7.23.)

2014년 4월 16일 10시 30분, 세월호는 선수 끝과 구상 선수만 남기고 침몰했다.

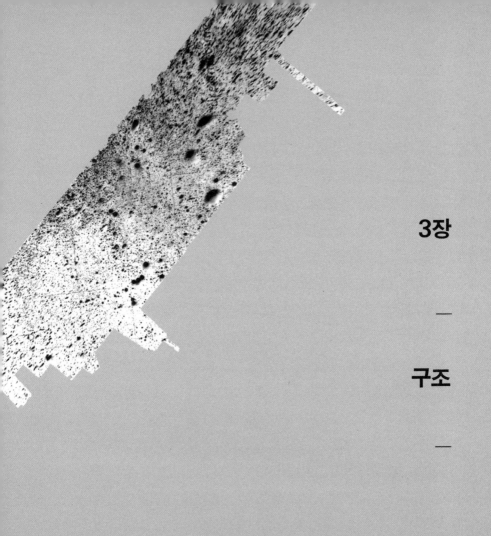

3장

—

구조

—

평범한 봄날을 깨뜨린 전화

여느 날과 다를 것 없는 아침이었다. 어떤 이는 화창한 오후를 상상하며 '약간 쌀쌀하긴 하지만 재킷을 벗고 나설까?'를 망설이고, 어떤 이는 출근하며 '오늘 점심은 뭘 먹을까?'를 고민했을 것이다. 그런 평범했던 봄날 오전 8시 52분, 한 통의 전화가 119 전남소방본부 상황실로 걸려 왔다. 그 순간부터 대한민국의 봄은 처참하게 부서져 내렸다.

    신고자 : 살려주세요. 여보세요?
    전남 119 : 예, 119입니다.
    신고자 : 예, 여기 배가 침몰되어 가지고…….
    전남 119 : 배가 침몰해요?

신고자 : 예, 여기 제주도에 가고 있었는데.

전남 119 : 예.

신고자 : 여기 배가…… (알아들을 수 없음)

전남 119 : 잠깐만요, 지금 타고 오신 배가 침몰한단 말씀이세요, 아니면 옆에 지나가는 배가 침몰한단 말씀이신가요?

신고자 : (알아들을 수 없음)

전남 119 : 여보세요? 지금 타고 있는 배가 침몰한단 소리에요?

신고자 : 예.

전남 119 : 잠깐만요. 제가 바로 해경으로 연결해 드릴게요. 혹시 배 이름이 뭐예요?

신고자 : 선생님 바꿔드릴까요?

전남 119 : 네 선생님 바꿔 주세요. 여보세요.

신고자(다른 사람으로) : 여기 배가 침몰했어요.

전남 119 : 배가 침몰했어요? 배 이름이 뭐예요? 혹시 여보세요, 배 이름이 뭐예요? 바로 해경으로 연결해 드릴게요.

신고자(다시 전화를 넘겨받아) : 잠시만요. 세월호요, 세월호.

신고자는 단원고 2학년 최덕하 학생이었다. 이 전화가 세월호에서 걸려온 최초의 구조 요청이었다. 최덕하 학생은 중간에 교사에게 잠시 전화를 넘기지만 다시 넘겨받아 배 이름이 '세월호'란 것을 정확히 전했다.

8시 54분, 전남 119 상황실은 목포해경 상황실로 연락해 "배가 침몰하고 있다는 신고가 왔다."라고 알려 주면서, 핸드폰 기지국 위치를 파악해 배 위치가 '진도 조도면 서거차도'라는 사실도 해경에 말해 준다. 이어 전남 119는 목포해경, 최덕하 학생을 연결해 삼자 통화를 시작한다. 목포해경은 신고자가 어선이나 상선이라고 전제하고 질문을 한다.

목포해경 : 여보세요? 목포 해양경찰입니다. 위치 말해 주세요?
신고자 : 예?
목포해경 : 위치, 경위도 말해 주세요.
신고자 : 예?

그때 119 상황실에서 개입해서 "경위도는 아니고요, 배 탑승하신 분"이라고 정보를 해경에 알려 준다. 그런데도 목포해경에서는 같은 질문을 반복한다.

목포해경 : 여보세요? 여기 목포해경 상황실입니다. 지금 침몰 중이라는데 배 위치 말씀해 주세요. 배 위치. 지금 배가 어디 있습니까?
신고자 : 위치를 잘 모르겠어요. 지금 이곳…….
목포해경 : 위치를 모르신다고요? 거기 GPS 경위도 안 나오나요? 경도하고 위도?
신고자 : 여기 섬이 이렇게 보이긴 하는데…….
목포해경 : 예?
신고자 : 그걸 잘 모르겠어요.

목포해경 : 섬이 보이긴 하는데 잘 모르겠다고요? 어디서 출항하
셨어요?

신고자 : 어제… 어제…

목포해경 : 어제 출항했다고요?

신고자 : 어제 8시쯤인 거 같아요.

목포해경 : 어제 8시에 출항했다고요? 어디서? 어디서?

신고자 : 인천항인가, 거기서 출항했을 걸요.

목포해경 : 인천항에서 출항했다고요?

신고자 : 예.

목포해경 : 배 이름이 뭡니까, 배 이름.

신고자 : 세월호요. 세월호.

목포해경 : 세월?

신고자 : 예.

목포해경 : 배 종류가 뭐예요? 배 종류. 여객선인가요? 아니면 어
선인가요?

신고자 : 여객선일 거예요.

목포해경 : 여객선이오?

신고자 : 예.

목포해경 : 침몰 중이라고요? 배가?

신고자 : 예. 그런 거 같다고요. 지금 한쪽으로 기울어져서.

목포해경 : 한쪽으로 기울어져서 침몰 중이라고요? 여보세요? 혹
시 옆에 누구 있습니까?

신고자 : 선생님 계시긴 하는데 선생님이 지금 정신이 없으셔 가

세월호를 기록하다

지고요.

목포해경 : 선생님이 정신이 없으시다고요?

신고자 : 예. 제가 대신 전화했어요.

목포해경 : 예. 지금 보니까 8시에 인천항에서 출항하셨네요.

신고자가 선원이라면 GPS 경위도를 알겠지만, 일반 승객이라면 설령 학생이 아닌 성인이라도 그런 정보를 알기는 어렵다. 해경 상황실이 신고한 사람의 신원을 묻지 않았기에 아까운 시간이 흘러갔다. 애초 전남 119도 신고자가 학생이고 배 이름이 세월호인 것을 파악했으면서도 해경에 정확하게 전달해 주지 못했다. 한편 최덕하 학생을 시작으로 세월호 승객들로부터 신고 전화가 폭주하기 시작한다.

같은 시각, 세월호에서 제주VTS로 첫 구조 요청 교신을 해 온다.

[8시 55분]

세월호 : 항무* 제주, 감도 있습니까? 항무 제주 세월호, 항무 제주 세월호, 감도(잘 들리냐는 통신 용어—저자.) 있습니까?

제주VTS : 예, 세월호, 항무 제주.

세월호 : 저기 해경에다 연락 좀 해 주십시오. 본선 위험합니다. 지금 배 넘어가 있습니다.

---

* 항무(港務)는 항무 통신의 준말로, 항만이나 연안과 선박 사이의 무선 통신 업무를 말한다.

제주VTS : 예, 귀선 어디십니까?

세월호 : 여기… 근방 같은데 조치 좀 빨리 해 주십시오.

세월호가 멈춘 지점은 진도군 병풍도 북방 3킬로미터, 관할 관제 센터는 진도VTS이다. 그런데 세월호는 뜬금없이 약 90킬로미터 떨어진 제주VTS를 찾는다. 이 교신을 한 세월호 승무원은 1등 항해사 강원식이다. 그의 말에 따르면, 강원식은 새벽 당직 근무를 마치고 자던 중 사고를 당하여 경황 중에 그곳이 제주 근처로 착각, 제주VTS를 호출했다. "근방 같다"고 하는 것을 보아 강원식은 정말로 제주에서 가깝다고 생각한 듯하다.

제주VTS : 예 알겠습니다. 일단 해경에 연락드리겠습니다. 채널 12번 청취해 주세요.

세월호 : 지금 배가 많이 넘어가 있습니다. 움직일 수가 없습니다. 빨리 좀 와 주십시오. (잠깐 시간을 두고) 여기 병풍도 옆에 있습니다.

제주VTS : 예, 양지했습니다.(잘 알겠다는 통신 용어―저자.)

제주VTS 관제사 김진이 계속 청취해 달라고 한 채널 12번은 제주 VTS 관제 수역의 VHF(초단파 무선 전화) 주파수다. 참고로 진도VTS 관제 수역의 주파수는 채널 67번, 조난 사고 등 비상시 주파수는 채널 16번이다. 김진은 세월호와 교신 직후인 8시 56분에 해경 긴급 신고 번호인 122로 상황을 전파한다. 122는 해경 통합 신고 접수처이므로, 여기에 전파된 긴급 상황은 해경의 각급 기관까지 바로 전달된다.

〔8시 59분〕

제주VTS : 세월호, 항무 제주입니다. 채널 21 부탁드립니다.

제주VTS에서 갑자기 세월호에 채널을 바꿀 것을 요청한다. 그런데 채널 21번은 다른 채널과 달리 녹음이 되지 않는 채널이었다. 채널 21번의 교신 기록은 사고 당일 오후에 관제사 김진이 자신의 기억과 무선 통신 일지를 토대로 작성했다. 관제사는 교신과 동시에 교신 내용을 요약해 무선 통신 일지에 손으로도 적어야 한다. 그가 작성한 기록은 아래와 같다.

〔9시〕

제주VTS : 세월호, 항무 제주.

세월호 : 예, 세월호.

제주VTS : 현재 상황이 어떻습니까?

세월호 : 현재 선체가 좌현으로 기울어져 있습니다. 컨테이너도 넘어가고⋯⋯.

제주VTS : 예. 인명 피해는 없습니까?

세월호 : 현재 확인 불가합니다. 선체가 기울어져 이동 불가합니다.

제주VTS : 예, 알겠습니다. 인명들 구명조끼 착용하시고 퇴선할

지도 모르니까 준비 좀 해 주십시오.

세월호 : 사람들 이동이 힘듭니다.

제주VTS : 예, 알겠습니다.

김진에 의하면 제주VTS와 동시에 교신하는 다른 배들과 혼선을 피하기 위해 별도의 채널로 세월호를 부른 것인데, 기술적인 문제로 녹음이 안 되었다고 한다. 이 교신이 녹음되지 않았던 까닭에 세간에 조작 의혹이 불거졌다. "인명들 구명조끼 착용하고 준비하라" 같은 구체적인 지시를 관제사가 실제로 내렸는지도 불확실하다. 그와 교신한 강원식은 그런 말을 들은 기억이 없다고 한다.

세월호는 다시 채널 12번으로 제주VTS를 호출한다.

[9시 5분]

세월호 : 항무 제주 세월호, 감도 있습니까? 해경 어떻게 됩니까?

제주VTS : 예, 지금 해경에 통보했구요, 저희가 진도VTS랑 완도 VTS에 통화 중에 있으니까요. 잠시만 대기하시기 바랍니다.

한편, 세월호 승객의 구조 요청과 제주VTS의 상황 전파에 의해, 목포해경을 비롯하여 해경 본청, 서해지방청 모두 세월호 사고를 인지한다. 8시 57분에 해경 '상황 정보 문자 시스템' 대화방이 개설된다. 이것은 해경 각급 기관들이 실시간 대화로 상황을 공유하고 지시를 전달할 수 있는 일종의 메신저 프로그램이다. '목포 상황실'에서 대화방을 열자 '서해지방청 상황실님이 입장하셨습니다.', '본청 상황실님이 입장하셨습니다.' 하며 곧 어지럽게 대화들이 진행된다. 8시 58분, 목포해경은 사고 현장에서 가장 가까운 위치에 있는 100톤급 소형 경비정 123정에 출동 지시를 내린다. 9시 2분, 목포해경은 상황 보고서 '1보'를 팩스로 유관 기관에 배포한다. "인천에서 제주로 항해하는 세월호 침수 중."

곧이어 목포해경 상황실은 해경 TRS(Trunked Radio System. 주파수 공용 무선 통신)를 통해 전체 구조 세력에 출동을 명령한다.

(9시 3분)

"모든 국 모든 국, 여기는 목포 타워, 현 시각 전남 진도군 관매산 남동 2.7마일에서 여객선 침몰 중, 모든 선박은 그쪽으로 집결해 주시기 바랍니다. 여기는 목포 타워, 수신 여부."

이미 지시를 전달받은 123정이 가장 먼저 답을 했다.

"수신하였음."

123정은 세월호에서 약 22킬로미터 떨어진 곳에서 중국 어선들의 불법 어업을 경비하는 중이었다. 이어 30톤급 소형선과 1000톤급, 3000톤급 대형 함정들이 "수신 완료."라고 답해 왔다. 123정은 사고 현장을 향해 출발하며 속력을 20노트(시속 37킬로미터)로 올렸다. 다른 함정들도 앞서거니 뒤서거니 현장으로 출동했다.* 123정은 출발하면서 세월호와 교신을 시도했다.

〔9시 3분〕

"세월호, 세월호, 여기 목포해경입니다. 감도 있습니까?"

세월호에서 답이 없자 123정은 그 뒤로 교신을 시도하지 않고 현장으로 이동한다. 헬기도 출동한다. 9시 10분에 서해지방청 목포항공대 소속 헬기 B-511호기가 목포시 옥암동의 본부에서 항공 구조사들을 태우고 이륙했다. B-511호기는 '팬더 헬기'라는 기종으로(길이 13.7미터, 높이 4미터), 최대 탑승 인원은 열두 명이다. 목포항공대 소속인 같은 기종의 B-512호기는 다른 임무로 비행하다가 탑재함인 3009함에 돌아와 사고 소식을 들었다. B-512호기는 9시 17분에 다시 이륙하여 사고 현장으로 향한다. 비슷한 시각 제주도 북쪽에서 불법 외국 어선을 감시하던 제주해경 B-513호기도, 제주해경 상황실로부터 "여객선 침수 중"이라는 정보를 받고 9시 8분경 진도 방향으로 기수를 돌렸다.

이 헬기들은 '여객선 침수'라는 정보 외에 다른 정보를 거의 갖고 있지 못했다. 물론 1초가 시급할 수 있으므로 정보가 충분히 확보될 때까지 기다리기보다 일단 출동하고 정보를 추가로 얻는 것이 효율적이다. 그렇다면 정보를 구조 세력들에 추가로 전달하는 것은 누구의 일인가. 상황실의 역할이다. 그런데 여기서부터 일이 삐걱하고 있었다.

---

* 그러나 123정에 이어 완도해경 소속 P-57정이 두 번째로 사고 현장에 도착한 시각은 10시 30분경, 세월호가 이미 침몰한 후이다.

세월호를 기록하다

앞서 최덕하 학생을 비롯 수많은 신고자와 통화하고도, 해경은 신고자 누구와도 연락을 유지하거나 다시 연락해 보지 않았다. 선내 상황을 가장 정확히 알 수 있는 길이었고, 유사시에는 직접 탈출 지시를 할 수 있는데도 말이다. 122 상황실은 여객부 승무원 강혜성이 신고 전화를 걸어온 8시 58분에 이런 통화를 한다.

122 : 최대한 안전할 수 있게, 그쪽 그 언제든지 하선할 수 있게, 바깥으로 좀 이동할 수 있게 그런 위치에 지금 좀 잡고 계세요.
강혜성 : 선내에서 움직이지 마시라고 방송을 계속하고 있고요.
122 : 예, 예. 그렇게 해 주세요.

"이동할 수 있는 위치를 잡아라"고 하는데 "움직이지 마라는 방송을 하고 있다"고 대답하고, 여기에 대해 다시 "그렇게 하라"고 대답한다. 동문서답이다. 해경 상황실에 해양 사고 발생 시 신고자와의 소통 매뉴얼이 없다는 뜻 아닐까. 게다가 선내 대기 방송 중이라는 중요한 정보를 상황실은 123정이나 헬기에 전달하지도 않았다. 현장에 도착한 구조 세력들은 이로 인해 매우 당황하게 된다.

진도VTS : "승객 탈출, 빨리 판단하라"

섬사랑9호 : 진도VTS, 섬사랑9호 감도 있습니까?
진도VTS : 섬사랑9호 말씀하세요.

섬사랑9호 : 수고하십니다. 09시 팽목 출항, 독거, 창유 경유 맹골 도입니다.

진도VTS : 예, 섬사랑9호 전방에 북상하는 어선들 있습니다. 주의하시기 바랍니다.

섬사랑9호 : 예. 양지했습니다.

4월 16일 9시 5분경 진도VTS는 관제 수역 내 선박과 위와 같이 교신한다. 육상에서 차량의 교통 흐름을 조절하듯이, 해상의 안전 운항을 위해 선박들과 소통하고 이동을 조절하는 기관이 VTS(해상 교통 관제 센터)다. 세월호 사고 당시 우리나라에는 해양수산부 소속 VTS 열네 곳과 해양경찰 소속 VTS 세 곳이 있었다.* 해양수산부 소속 '항만 VTS'는 입출항을 관리하고, 해경 소속 '연안 VTS'는 연안의 해상 흐름을 관리했다.

진도VTS 관제실에서는 여러 대의 모니터에 관제 수역의 전자 해도를 띄우고 관제를 한다. 모니터는 AIS 신호와 레이더로 확인한 선박의 위치 정보를 바탕으로 선박 아이콘을 해도 위에 표시한다. 아이콘은 흰 원에 싸여 있으며 아이콘 앞에는 짧은 선이 튀어나와 있는데 이것은 방향을 나타낸다. 선박 속도가 빨라지면 선이 길어지고, 속도가 느려지면 선이 짧아진다. 세월호 사고 당시에는 약 80대

---

* 해경은 2007년 허베이스피리트호 좌초로 인한 태안 기름 유출 사고 이후 해양 사고 대응 능력을 높인다는 취지로 2010년 진도연안VTS를 해수부로부터 이관받고 2012년 여수 연안VTS를 이관받았다. 통영연안VTS도 이관받아 2014년 7월 가동할 계획이었다. 2014년 11월 18일부터 항만 및 연안 해상 관제 센터가 정부 '국민안전처' 산하로 통합되었다.

세월호를 기록하다

의 선박이 모니터 위에 움직이고 있었다.(감사원 보고서, 2014.7.8.)
주로 조업을 시작하는 어선들이었다.

진도VTS 관제사들은 3조 교대 시스템으로 근무하는데, 4인 1조
로 24시간 풀 근무를 한 후 48시간을 쉬고 다시 24시간을 근무한다.
관제 수역을 두 개 섹터로 나눠 한 섹터에 한 사람씩 총 두 명, 전체
수역을 동시에 보는 한 명, 대기하며 휴식하는 한 명으로 업무가 분
담된다. 관제사들은 업무를 순환하면서 몇 시간 모니터를 보고 조금
쉬고, 다시 모니터를 보는 셈이다. 국제항로표지협회(IALA)가 권고
하는 기준은 1개 섹터 당 24시간에 최소한 아홉 명의 관제사를 배치
하는 것이다. 2개 섹터라면 열여덟 명이 근무해야 한다. 그러나 진
도VTS는 네 명이 이를 커버하고 있었다. 인력이 턱없이 부족했다.

4월 16일 7시 8분경 세월호가 관제 수역에 들어오자, 진도VTS 당
직 관제사는 반경 500미터 내에 충돌할 물체가 나타나면 경보를 울
리는 '도메인 워치'를 세월호에 설정했다. 항만 VTS와 달리 연안
VTS 관제 수역에서는 진입 보고가 법적 의무 사항이 아니다. 세월
호는 별도의 진입 보고를 하지 않았고, 관제사들도 자주 보는 배라
서 그랬는지 세월호를 호출하지 않았다.

세월호 같은 여객선의 아이콘은 '한 쌍의 남녀 어린이'다. 이 남녀
어린이 아이콘이 모니터상에서 18노트에서 17노트로 속도가 줄다
가, 8시 50분부터 모니터상에서 급선회한 뒤 오던 길과 반대 방향으
로 느리게 이동했다.(조류에 떠밀리는 중이었다.) 어선이라면 종종 급
선회하는 경우가 있으나, 여객선이 이유도 없이 매우 이상한 운항을
하는데 관제사들은 이 변화를 감지하지 못했다. 그들이 놀고 있지는

않았다. 그 시각에 관제사들은 다른 선박과 활발하게 교신하고 조류 정보도 발송하였다.

만약 관제사들이 이때 세월호의 이상을 파악하였다면, 세월호와 교신하고 해경 상황실에도 알려 비상 대응은 좀 더 빨라졌을 것이다. 인력 부족으로 인한 과로 때문인지, 무사안일 때문인지, 아니면 다른 무슨 까닭인지, 관제사들은 9시가 넘도록 세월호의 사정을 까맣게 몰랐다. 또 다른 문제가 있었다. 진도VTS는 8시 57분에 목포 해경 상황실에서 개설한 상황 정보 문자 시스템에도 초대받지 못했고, 목포해경도 9시 2분에 상황 보고서 1보를 발송하면서 진도VTS를 빼놓았다. 진도VTS는 구조 세력들이 공용으로 사용하는 TRS 교신도 청취하지 않고 있었다. 가장 먼저 세월호의 상황을 파악하여 타 기관과 구조 세력에 전파해야 마땅한 진도VTS는 이처럼 사고 초기에 상황을 파악하지 못하고 해경 초기 연락망에서도 배제되어 있었다. 나중에 목포해경의 연락을 받고 그제야 진도VTS는 진도 관제 수역 채널인 67번 주파수로 세월호와 첫 교신을 시도한다. 사고 발생 시각으로부터 17분이 지난 시점이었다.

[9시 6분]

진도VTS : 세월호 세월호, 진도연안VTS. 세월호 세월호, 진도연안VTS.

답이 없자 진도VTS는 세월호를 뒤따라 오던 유조선 둘라에이스호를 호출한다. 둘라에이스호는 충남 서산에서 정유를 싣고 울산으로 가던 중이었다.

진도VTS : 둘라에이스, 진도연안VTS.

둘라에이스호 : 네. 말씀하세요.

진도VTS : 귀선, 우현 선수 그 세월호 육안으로 확인되십니까?

둘라에이스호 : 예, 우현 쪽에 확인됩니다.

이때 세월호가 먼저 67번 채널로 진도VTS를 호출한다.

〔9시 7분〕

세월호 : 진도VTS, 세월호.

진도VTS : 세월호 세월호, 여기 진도연안VTS. 귀선 지금 침몰 중입니까?

세월호 : 예 그렇습니다. 해경 빨리 좀 부탁드리겠습니다.

이미 해경 구조정은 출발했으므로, 진도VTS는 급히 둘라에이스호를 비롯한 인근 선박에 구조 동참을 요청한다. "둘라에이스호, 귀선 우현 전방 2.1마일에 여객선이 침몰 중입니다. 구조 협조 좀 부탁드립니다." 진도VTS는 세월호 주변을 지나가는 중국 선박인 잉시앙(Ying Xiang)호에도 "세이브 퍼슨(save person)"이라고 요청한다.

〔9시 10분〕

세월호 : 진도VTS, 여기 세월호. 저희가 기울어서 금방 뭐… 넘어

갈 것 같습니다.

진도VTS : 예, 지금 귀선 승선원들은 어떻습니까?

세월호 : 승선원 거의 움직이지 못하고 있습니다. 어떻게 해야 될까요? 지금 바다에 빠져야 되나 어째야 되나 모르겠네.

진도VTS : 지금 일단 둘라에이스가 지금 빠르게 귀선한테 인명 구조차 접근 중에 있습니다.

세월호 : 본선은 지금 뭐 사람이 움직일 수가, 너무 기울어 가지고 움직일 수가 없어요.

[9시 11분]

둘라에이스호 : 저쪽에 지금 보트로 지금 막 탈출하네요. 저희들이 일단은 그, 완전히 접근하기는 힘들겠고 한 0.5마일 앞에 있겠습니다.

진도VTS : 에, 일단 인명 구조 하시는 데 적극 협조 좀 부탁드리겠습니다.

둘라에이스호 선장 문예식이 세월호를 바라보면서 "보트가 탈출하네요."라고 통신한 내역이 언론에 알려지자 이미 이 시점에 선원들보다 먼저 배를 탈출한 '그 누군가'가 있었다는 의혹이 불거지기도 했다. 그러나 문예식은 법정에서, "1마일 앞에서 봤을 땐 구명 뗏목인 줄 알았는데 가까이 가 보니 컨테이너와 스티로폼 등 부유물이었다."라고 진술했다.(선원 재판 10차, 증인 신문, 2014.8.20.)

〔9시 12분〕

진도VTS: 세월호, 진도연안VTS입니다. 지금 인명들, 승선원들은 지금 그 구조 보트에 다 타고 있습니까?

세월호 : 예, 세월호입니다. 다시 말씀해 주세요.

진도VTS : 지금 승선원들은 지금 그 라이프 래프트랑 라이프 보트에 타고 있습니까?

세월호 : 아직 못 타고 있습니다. 지금 배가 기울어서 움직일 수가 없습니다.

진도VTS : 지금 승선원 몇 명이나 있습니까?

세월호 : 450명입니다. 총인원 약 500명쯤 됩니다.

진도VTS : 예, 500명 알겠습니다. 지금 둘라에이스호가 가고 있습니다.

세월호 : 예, 빨리 좀 와 주십시오.

문예식의 말을 듣고 진도VTS에서도 세월호에 사람이 탈출하고 있느냐고 물었으나 아직 못 하고 있다는 대답이 들려온다. 승선원이 450여 명이란 정보를 진도VTS는 둘라에이스호에 전해 준다. 그러나 구조 헬기나 123정을 호출해 이 정보를 확인해 주지는 않았다.

〔9시 14분〕

진도VTS: 세월호, 세월호 지금 승선원들, 승선원들 탈출 가능하십니까?

세월호 : 배가 기울어 갖고 사람이 움직일 수가 없어 갖고 탈출

시도가 어렵습니다.

진도VTS : 예. 저희가 최대한 경비정들이랑 어선들 지금 최대한 연락을 취해서 그쪽으로 가고 있습니다.

이 사이 인근을 지나던 상선 드라곤에이스11호가 진도VTS에 "저희도 구조 작업에 지원해도 되겠습니까?" 하자 진도VTS는 "전속으로 이동 부탁드린다."라고 답한다.

(9시 16분)

진도VTS : 세월호, 세월호, 진도연안 VTS 감도 있습니까?

세월호 : 예, 세월호입니다. 말씀하세요.

진도VTS : 지금 기울어진 쪽이 어디 쪽이며 그 각도가 어느 정도 기울어졌습니까?

세월호 : 지금 한 50도 이상 좌현으로 기울어져 가지고 지금 저, 사람들이 이렇게 좌우로 움직일 수 없는 상태입니다. 지금 선원들은 라이프 자켓 입고 대기하라 했는데 사실 라이프 자켓도 입었는지 확인이 불가능한 상태이고, 선원들도 브리지에 모여 가지고 지금 거동이 움직일 수가 없는 상태입니다. 빨리 와 주시기 바랍니다.

진도VTS : 예, 알겠습니다. 그 침수는 물이 얼마 정도 차 있습니까?

세월호 : 그것도 확인이 안 되고 있습니다. 지금 그 데크에 컨테이너가 몇 개 빠져나간 것은 선수에서 확인했는데 지금 이동이 안 되

어 가지고 지금 그러니까 브리지(조타실)에서 좌우로 한 발짝씩도 움직이지 못해 가지고 벽을 잡고 겨우 지탱해 있는 상태입니다.

진도VTS : 예. 지금 근처에 둘라에이스가 접근 중에 있습니다.

세월호 : 예, 알겠습니다.

[9시 18분]

둘라에이스호 : 저 배에서 사람들이 탈출을 안 하면 어롱사이드(alongside. 배를 항구나 다른 배에 접안하는 것—저자.) 할 수가 없습니다. 일단은 최대한 안전거리 확보해서 선회하면서 지원토록 하겠습니다.

진도VTS : 예, 알겠습니다. 지금 그 탈출을 도저히 못 하는 상태니까요. 근처에서 탈출하시는 사람, 승선원들을 안전하게 구조하시기 바랍니다.

문예식은 법정에서, 둘라에이스호 크기의 배가 어롱사이드 하려면 세월호에서 줄도 잡아 주어야 하고 접촉, 분리 및 보강물을 받쳐 주는 작업이 필요하다고 진술했다. 잘못하다 충돌하면 더 큰 피해가 날 수 있어서, 사람들이 일단 밖으로 뛰어내리면 구조하려고 기다렸다는 것이다. 문예식은 사람들이 탈출한다면 둘라에이스호에 그들을 태울 공간이 있었냐는 검사의 질문에 "탈출한다면 몇 명이 아니라 세월호에 탄 사람 전부를 구조할 공간이 있었다."고 답했다.

그런데 진도VTS는 세월호가 "탈출을 도저히 못 하는 상태"라고 생각하면서, 어떻게 주변 선박보고 "탈출한 사람들을 구조하라"고

요청하는 것일까. 탈출을 못 할 정도의 상황이라면 일반적인 구조 상황과는 전혀 다르다. 상황실에서는 특수 구조대를 즉각 투입하든지, 그게 당장 어려우면 현장에 접근하는 구조 세력들에 고도의 긴장과 대비를 지시해야 한다. 그러나 진도VTS가 알고 있는 이 어마어마하게 중요한 정보가 해경 상황실에는 전해지지 않았다. 헬기가 현장 도착하기까지 아직 8분이, 123정이 도착하기까지는 15분 정도 시간이 남았다. 구조 세력들은 배의 상황도 모르고, 어떤 방식으로 구조할지 고민하지도 않고, 심지어 구조 작전에 대해 의견 교환조차 없이 오고 있는 중이었다.

[9시 21분]

세월호 : 지금 해경 구조 작업 하러 오고 있습니까?

진도VTS : 지금 해경 구조정이 전속으로 이동 중에 있습니다.

세월호 : 예. 그 소요 시간이 얼마나 걸릴까요?

진도VTS : 예, 잠시만 기다려 주시기 바랍니다.

이 사이 진도VTS는 둘라에이스호와 교신하면서 주변에 상선들이 오고 있다고 간접적으로 세월호에 알려 준다.

[9시 23분]

진도VTS : 경비정 오는 데 15분, 15분입니다. 그 지금 선내 방송을 통해서 지금 승객들, 승객들한테 구명동의를 입으라고 방송을 좀 해 주십시오.

세월호 : 예, 현재 방송도 불가능한 상태입니다.

진도VTS : 예. 방송이 안 되더라도 최대한 나가셔서 그 승객들한 테 구명동의를 꼭 착용을 하고 옷을 두껍게 입으라고 최대한 많이 전파를 좀 부탁드리겠습니다.

둘라에이스호 선장 문예식은 법정에서 "세월호와 의사소통이 잘 안 되는 것 같았다."고 말했다. 자기들이 있다고 하는데 세월호에서 왜 굳이 해경만 찾는지 의아했기 때문이다.

〔9시 24분〕

세월호 : 진도VTS 세월호, 감도 있습니까?

진도VTS : 예, 세월호 말씀하세요.

세월호 : 예, 저기 본선에 승객들을 탈출시키면 옆에서 구조를 할 수 있겠습니까?

둘라에이스호 : 라이프링이라도, 그 저 하여간 착용을 시켜서 탈 출시키십시오.

세월호 : 지금 탈출을 시키면, 구조가 바로 되겠습니까?

둘라에이스호 : 맨몸으로 하지 마시고, 라이프링이라도 그 하여간 착용을 시켜서 탈출을 시키십시오. 빨리!

〔9시 25분〕

진도VTS : 세월호, 진도연안VTS입니다. 지금 저희가 그쪽 상황 을 모르기 때문에 저 선장님께서, 세월호 선장님께서 최종적으로 판단을 하셔 갖고 지금 승객 탈출을 시킬지 최대한 지금 빨리 결정을 해 주십시오.

세월호 : 그게 아니고, 지금 탈출하면 바로 구조를 할 수 있느냐고 물었습니다.

진도VTS : 지금 경비정이 10분 이내에 도착을 할 겁니다. 일단은 그 상선이 접근을 하고 있는 상태입니다.

세월호 : 10분 후에 경비정이 도착한다고요?

진도VTS : 예, 10분 정도 소요됩니다. 10분.

가슴이 턱턱 막히는 대목이다. 옆에서 지켜본 둘라에이스호가 참지 못하고 "빨리 탈출시키라"고 재촉하는데 세월호에서는 "탈출하면 구조가 될 수 있느냐?"고만 묻고 있다. 전혀 소통이 되지 않는다. 세월호가 기우는 추세로 보아 더 시간이 가면 탈출조차 못 할 것이 명확한데도, 진도VTS는 "직접 판단하라, 빨리 판단하라"며 결정을 세월호에 미룬다. 물론 원칙적으로 선박의 퇴선은 선장 등 배 지휘부의 판단 사항이다. 하지만 20분간 교신하며 진도VTS는 세월호가 정상적인 상태가 아님을 알았고, 세월호에서 어떻게 하면 좋냐고 물어오고 있었다. 관제사 본인이 판단하기 힘들면 상부에서라도 퇴선 여부를 빨리 판단해야 했다. 어쩌면 500여 명의 목숨을 좌우할 수도 있는 판단, 그 판단의 책임을 서로 떠맡기고 있었다.

[9시 27분]

진도VTS : 세월호, 진도연안VTS입니다. 1분 후에, 1분 후에 헬기,

헬기가 도착할 예정입니다.

세월호 : 저 승객이 너무 많아서 헬기 갖고는 어려울 것 같습니다.

진도VTS : 예, 헬기도 지금 도착할 거고요, 인근에 있는 선박들도 귀선 쪽으로 지금 접근하고 있습니다.

세월호 : 예, 알겠습니다.

이 교신과 거의 동시에 B-511호기가 세월호 상공에 도착하여, 구조할 인원을 찾아 선회했다. 진도VTS는 전남 707 어업 지도선 등 주변 선박과도 교신한다. 세월호에서도 본선이 있는 위도와 경도를 알린다. 진도VTS는 둘라에이스호에 갖고 있는 구명벌, 라이프링 등 구명 장비를 다 투하하라고 지시한다. "각국 각 선, 각국 각 선, 여기는 진도연안VTS, 현재 병풍도 북방 2.4마일에 여객선 세월호가 침몰 중에 있습니다. 근해를 항해 중인 모든 선박들은 구조 작업에 적극 협조 부탁드립니다!"

9시 30분경 해경 123정이 도착하여 9시 37분경부터 구조 작업을 시작한다. 123정이 구명 단정을 내려 기관부 선원을 구하고 있을 무렵 진도VTS는 세월호를 호출한다.

[9시 37분]

진도VTS : 지금 침수 상태 어떻습니까? 침수요.

세월호 : 침수 상태 확인 불가하고, 지금 뭐 일단 승객들은 지금 해경이나 옆에 상선들 옆에 거의 50미터 근접해 있고, 지금 좌현

으로 해 가지고 탈출할 수 있는 사람들만 일단 탈출을 시도하라고 일단은 방송했는데, 지금 그 좌현으로 사실 이동하는 것도 쉽지 않습니다. 지금 그런 상황입니다.

진도VTS : 예, 알겠습니다.

세월호 : 배가 한 60~70도 정도 좌현으로 기울어져 있는 상태고, 지금 항공기까지 다 떴습니다. 헬기랑.

세월호는 이 교신을 마지막으로 더 이상 말이 없다. 진도VTS는 대답 없는 세월호를 9시 51분까지 계속 호출한다. 하지만 교신하던 선원들은 이미 123정으로 옮겨 탄 후였다. 우현으로 나와 헬기를 탄 사람과 아직 잠기지 않은 좌현으로 바다에 뛰어든 사람 몇 명을 뺀, 4백 명 이상의 승객이 아직 배 안에 있었다. 그때까지 진도VTS와 해경 상황실, 헬기, 123정은 서로 정보 교환도 없이 각자 '마이웨이' 중이었다.

헬기 : "사람이 안 보여 당황했다"

세월호가 가라앉기 전까지 항공 구조에 투입된 헬기는 세 대(목포항공대 소속 두 대, 제주항공단 소속 한 대), 세월호에 내려가 구조 활동을 한 항공 구조사는 네 명이었다. 그러나 이 숫자가 많고 적고는 그리 중요하지 않다. 그 구조 활동이 얼마나 효과적이었는지가 중요하다.

현장에 가장 먼저 도착한 목포항공대 B-511호기의 양회철 기장의 증언이다. 그는 25년간 6천 시간의 비행 경력을 지닌 베테랑 헬기 조종사다.

(B-511호기 기장 양회철)

양회철 : 9시 2분에 목포 상황실로부터 최초 상황에 대한 접수를 받았고, 9시 3분에 서해지방청 상황실로부터 이륙 지시를 받고 9시 10분에 이륙을 하였습니다. 지시는 제가 직접 받은 것은 아니고 직원이 받았는데, 맹골수도에 여객선이 침몰 중이다, 그래서 직원이 더 자세한 정보 상황을 달라고 했지만, 그 정보 말고는 받은 사항이 없습니다. 사고 현장에 도착한 시각은 대략적으로 9시 27분에서 28분 사이입니다. 그때 당시에는 여객선의 톤수라든가 승객 인원 등 이런 것에 대해서는 전혀 인지를 못 했습니다.

검사 : 증인은 조종하면서 상황실에 단 한 차례도 세월호에 대한 정보를 묻지 않았는가요?

양회철 : 물었습니다. 진도대교를 지나고, 그러니까 10마일 전 정도 되었을 것 같은데 "타워, 여기 호텔투(헬기) 511호기, 그쪽에 현재 새로운 정보가 있습니까?"라고 하였습니다. 타워에서 응답이 없었습니다. (선원 재판 9차, 증인 신문, 2014.8.19.)

양회철은 9시 5분경 헬기 좌석에 앉았지만, 목포 상황실이 9시 7분경 TRS로 "여객선 350명 승선, 침몰 중."이라고 전파한 내용은 듣지 못했다. 통신 장비는 보통 헬기 시동을 건 후에 켜는데, 그때 양회철은 시동을 걸기 위해 이것저것 준비하는 중이었다. 그리고

B-511호기는 이동하면서도 추가 정보를 얻지 못했다. 그의 말에 따르면 TRS는 항공기 위치, 고도, 속도에 따라 사각지대가 발생할 수 있다고 한다.

구조 헬기의 승무원 체계를 보자. 헬기를 조종하는 기장, 통신을 담당하는 부기장, 구조용 호이스트(로프로 바구니를 올리고 내리는 장치)를 담당하는 정비사, 사고 현장을 기록·채증하는 전탐사, 그리고 직접 현장에 내려가는 항공 구조사 이렇게 5인이 기본이다. 당시 B-511호기에는 항공 구조사가 두 명이었다. 12인승 헬기이므로 구조 가능한 인원은 최대 6인이 된다.

양회철은 비행 중에 기내에서 브리핑을 했다. 의사소통을 위해 기내에서는 승무원 모두 헤드셋을 착용한다. 브리핑 내용은, "어느 정도인지 모르겠지만 여객선이 침몰 중이다, 호이스트를 누가 잡을 것인가, 링으로 내려갈 것인가 바구니로 내려갈 것인가" 등이었다. 이런 브리핑만으로 과연 구조 활동이 가능할까. 효과적인 구조는 차치하고라도 경우에 따라서는 구조대원의 신변마저 위험할 수 있지 않을까. B-511호기에 탑승한 항공 구조사 박훈식은 특공대 출신으로 구조 경력이 10년 이상인데, 그 역시 "여객선 침몰이라는 상황만 알지 다른 정보는 알지 못했다."고 진술했다. 외부와의 교신은 기장과 부기장이 담당하고, 구조사들은 자기들에게 알려 주는 정보 외에는 묻지 않는다는 것이다. B-512호기, B-513호기의 기장과 구조사들도 "출동 당시 '여객선 침몰' 외에는 정보가 없었고, 구조한 이들을 내려 놓을 헬기장 좌표 정도 외에는 추가 정보를 받지도 못했다."고 대동소이하게 증언했다.

〔B-511호기 기장 양회철〕

도착했을 때 한 40도 기울어져 있었습니다. 세월호의 상태를 알아야 하기 때문에 한 번 선회를 하였는데, 저희가 배 쪽으로 갔을 때는 옥상, 그러니까 제일 위의 갑판밖에 안 보였습니다. 그 갑판 쪽에는 인원이 한 명도 없었는데, 한 바퀴 선회하면서 봤을 때까지도 인원이 없었고, 선회의 마지막 단계에서 돌렸을 때, 그때부터 인원들이 나오기 시작했습니다. 그래서 그때 상황실에 "현 시각부터 인원들이 나오고 있다, 바로 인명 구조를 실시하겠다."라고 하고 바로 인명 구조를 실시하였습니다. 저는 벌써 인원들이 나와서 갑판에 대기할 것으로 생각했는데, 그런데 한 바퀴 선회할 때 인원들이 안 나와서 '어, 이상하다.'라고 생각했습니다. (선원 재판 9차, 증인 신문, 2014.8.19.)

B-511호기에서 항공 구조사 박훈식, 김재현이 로프를 타고 내려왔다. 그들은 5층 우현 난간에 착지했다. 항공 구조사는 잠수복(슈트)을 착용하고, 오리발과 수중 마스크, 자일 등을 소지한다. 우현 출구로 나온 사람들이 헬기 바구니에 타려면 갑판 난간을 밟고 선체 외벽까지 다시 올라와야 했다. 배가 기울어져 건물 외벽을 오르는 것만큼 위험했다. 박훈식과 김재현은 승객들을 끌어 올려 바구니에 태워 헬기로 올려 보냈다.

〔B-511 항공 구조사 박훈식〕

박훈식 : 저희가 생각할 때 당연히 밖에 사람이 있을 거라고 생각

했습니다. 밖에 나와서 저희가 오기 전에 구조를 요하는 자세를 취할 것으로 생각했는데, 도착했을 때 전혀 그런 장면이 없어 당황했습니다.

검사 : 세월호 우현으로 나온 승객들은 자력으로 배 밖으로 올라오던가요.

박훈식 : 저희가 도착했을 때에는 자력으로 나온 사람들도 있었습니다. 그렇지만 점점 기울면서 난간을 잡고 나오는 과정인데, 나중에는 마치 철봉에 매달려 있다고 생각하면 됩니다. 그래서 자력으로 올라오기는 힘들었습니다. 그래서 위에서 끌어 주고, 저희 항공 구조사 김재현이 통로(우현 갑판을 말함)로 뛰어내려 (승객을) 무등을 태워서 올리고, 저는 위에서 끌어 올려서 밖으로 내는 방법으로 구조를 했습니다.

검사 : 증인은 세월호 우현 쪽 갑판, 즉 난간으로 나온 승객들을 구조했는데, 세월호 선내에 상당히 많은 사람들이 있을 텐데 왜 선내에 진입을 하지 않았나요.

박훈식 : 저희는 선내에 다수 승객이 있던 상황을 전혀 몰랐습니다. 배에 대한 정보를 전달받지 못했습니다. (선원 재판 8차, 증인 신문, 2014.8.13.)

9시 38분, B-511호기가 상황실에 구조 상황을 보고한다. "다섯 명 구조, 여섯 명째 구조해서 서거차도로 이동해서 (내려놓고 다시 돌아와) 계속 구조하겠습니다." 세월호 조리원 김종임과 단원고 학생 등이 1차로 구조되었다.

양회철, 박훈식 모두 처음에 승객이 보이지 않아 당황했다고 한다. 침몰 위기의 배에서 선내에 사람들이 대기하던 당시 상황은 분명 정상적이지 않다. 하지만 여객선이니 승객이 타고 있는 것은 당연하고, 따라서 갑판이나 바다에 승객이 없다면 선내에 있다는 것은 쉽게 추측할 수 있는 사실 아닐까.

[B-511 항공 구조사 김재현]

저 같은 경우 내려가서 먼저 물어본 게 그거였거든요. 제가 내려갔을 때 저쪽에서 구조 활동을 하는 남자 서너 명이 계셨습니다. 그래서 안에 몇 명 있는지부터 물어봤어요. 헬기 소리도 들리고 시끄럽기도 하고, 또 멀리 있으니까 잘 안 들려서 제가 손짓하고 고함을 치니까 알아듣더라고요. 저에게 이렇게 (손가락 다섯 개를 펴 보이며) 하더라고요. 그래서 제가 "몇 명, 몇 명요?"라고 소리치면서 "다섯 명이요? 다섯 명?" 하니까 저를 다시 보시더라고요. 그러더니 이렇게 (오른손 손가락 다섯 개와 왼손 엄지를 펴 보이며) 하더라고요. 그래서 제가 "여섯 명이요, 여섯 명?" 하니까 맞다 하더라고요. (선원 재판 8차, 증인 신문, 2014.8.13.)

여기서 기술적인 문제점까지 보태진다. 헬기와 항공 구조사 사이에 통신 장비가 갖춰져 있지 않았다. 박훈식의 말에 따르면 일단 헬기에서 내려올 때 무전기나 다른 통신기를 갖고 오지 않는다고 한다. 목포항공대 B-512호기 항공 구조사인 권재준도 "일단 아래로 내려오면 헬기와의 소통은 간단한 수신호로만 가능하다."고 증언했다. 그 수신호란 올려라, 내려라, 정지, 바구니를 보내라, 환자를 끌어 올리기 위한 장구를 내려보내라 정도이다. 현장의 대원이나 헬기 조종사 어느 한쪽이 선내 상황에 대한 정보를 알게 되더라도 서로 협조하여 구조 작전을 펼치기가 어렵다는 이야기다. 애초에 잘 짜인 구조 계획 없이 내려간다면 내려가서도 활동은 극히 제한적일 수밖에 없다.

헬기와 헬기, 헬기와 123정, 헬기와 상황실 사이에도 소통이 안 되긴 마찬가지였다. 123정은 현장에 도착하여 B-511호기를 호출했지만 대답이 없었다. 헬기에서 선체로 내려간 구조 요원들은 123정이 도착했다는 사실도 모른 채 자신의 역할에만 바빴다. 헬기는 상황실에 몇 명을 구조했다는 보고만 하지, 상황실의 지시를 인지하지 못했다.(기장의 증언에 따르면, 헬기 조종에 집중하기 위해 통신 볼륨을 최소화해 놓는다고 한다.)

상황실에서 123정에 "선내 진입해서 승객들 뛰어내리라 하라."고 할 때조차 헬기들은 내려간 구조 요원에게 선내 진입의 지시를 내리지 않았고, 통신 장비가 없으니 지시를 내릴 수도 없었다. 그 결과 헬기 구조 활동은 눈에 보이는 승객들을 바구니에 태워 옮기는 일로만 국한되었다. B-511호기가 도착한 후 45분간 구조한 총 인원은 열두 명, 헬기 세 대가 구조한 인원을 합하면 서른다섯 명이다. 여섯 명을 구조하면 8킬로미터 이상 떨어진 서거차도 방파제에 날아가 인원을 내리고 다시 돌아와야 했다.

세월호를 기록하다

[B-511 항공 구조사 박훈식]

저희는 올라온 승객을 구조하고 밖으로 나온 승객을 헬기로 구조하는 임무를 했기 때문에 안에 들어가야겠다는 생각을 할 겨를이 없었습니다. 헬기를 이용해서 승객들을 이동시켜야지 다음 헬기가 들어옵니다. 위에 있는 헬기를 놔두고 다른 행동을 생각할 겨를이 없습니다. 만약 선내에 다수 승객이 있다는 것을 알았더라면 분명히 어떤 수단과 방법을 가리지 않고 선내 진입을 시도하려고 했을 것입니다. (선원 재판 8차, 증인 신문, 2014.8.13.)

김재현 구조사는 승객들을 난간으로 올려주고 외벽으로 이동시키는 과정에서 무릎을 다치기도 했다. 김재현은, 우현으로 더 나오는 사람이 없자 '올라올 사람은 다 올라왔나 보다.'라고 생각했다. 하지만 그는 김동수 등이 소방 호스로 사람들을 꺼내는 동안 출구 안을 들여다보지 않았다. B-511호기는 마지막 세 명의 승객을 태울 때는 다급해서 헬기 기체를 세월호 외벽에 붙였고, 김재현은 침몰 직전에 바다로 뛰어들어 어선에 올라탔다.

B-512호기는 9시 45분경 현장에 도착하였는데, 앞서 온 두 대의 헬기가 이미 세월호 우현 외벽에서 바구니로 인원을 구조하고 있었다. 그쪽으로 갔다가 헬기끼리 부딪치면 더 큰 사고가 날 수도 있어서 B-512호기는 해상에 구명벌을 떨어뜨려 표류자들을 구조하기로 했다. 항공 구조사 권재준이 구명벌을 던지자 구명벌이 바다에 부딪치며 자동으로 펴졌다. 권재준도 로프를 붙잡고 하강했다. 구명조끼를 입고 바다에 떠 있던 사람들이 허우적거리며 구명벌로 다가왔다..

권재준 구조사는 구명벌에 10여 명을 태운 채 헤엄쳐서 123정으로 가 사람들을 인계했다. 손으로는 줄을 잡고 발로만 헤엄쳐 이동하는 것이라 특수부대 출신인 권재준에게도 힘든 일이었다.

구명벌을 인계한 권재준은 다시 헤엄쳐서 세월호로 갔다. 조류가 조금씩 세지고 있었지만 세월호의 선체가 조류를 막아 주었으므로 배의 중앙부로 접근할 때는 그다지 밀리지 않았다. 일부 피고인 변호인이 "성급히 바다에 뛰어내리라고 했으면 순식간에 멀리 떠내려갔을지 모른다."고 했지만 근거 없는 주장이었던 것이다. 다만 권재준은 선미로 다가갔을 때 조류가 배를 끼고 돌면서 조금 빨라짐을 느꼈다. 10시가 넘어 세월호는 이미 좌현이 모두 물에 잠기고 눈에 보이는 사람들은 선미 갑판에서 난간을 잡고 살려 달라고 소리치고 있었다.

[B-512호기 항공 구조사 권재준]

권재준 : 선미 밑에서 보면 세월호가 절벽처럼 보이는데 사람들 밖에 안 보였습니다. 객실이 있는지 없는지도 알 수 없었고 그 당시 서른 명 이상 되는 사람들이 난간을 잡고 "살려 달라"고 하는데, 오리발을 벗고 올라가 사람들을 밑으로 내려서 123정이나 어업 지도선이나 다른 어선에 인계하는 것이 최우선이라고 생각했기 때문에 그 구조 작업을 한 것입니다. 남자 승객들은 내려오는 분들이 있었지만 여자 승객들은 정말 못 내려왔습니다. 저희가 할 수 있는 것은 올라가서 그분들을 안고 내려오거나 손을 잡고 내려와 인계하는 식으로 구조하는 것이 최선이라고 생각했습니다.

세월호를 기록하다

검사 : 당시 선미 앞 복도에 많은 학생들이 구조를 기다리고 있었는데, 당장 눈에 보이는 승객들도 중요하지만 그 승객들은 바다로만 뛰어내리면 주변의 배들에 의해 충분히 구조가 될 상황이고, 특별한 훈련까지 받았다는 증인은 선내로 진입해서 적극적으로 구조 활동을 했어야 되는 것 아닌가요.

권재준 : 선내로 진입할 상황이 아니었고 그렇게 많은 사람들이 있다는 정보도 없었습니다. 70도 이상 기울어진 상태에서 탈출을 안 하고 배 안에 사람이 있을 거라고 상상도 못 했습니다. (선원 재판 8차, 증인 신문, 2014.8.13.)

헬기 구조 요원들의 증언이 이어진 재판 날, 구조 요원들이 현장 상황에 대한 정보나 통신 장비 없이 현장에 내려갔고, 현장에 내려간 뒤에는 헬기와 소통하기 힘들다는 이야기에 많은 사람들이 놀랐다. 피고인 변호인들, 피해자 가족들, 재판부도 "무선 통신 장비가 정말 없느냐?"는 공통된 질문을 했다. 권재준은, 항공 구조사가 생긴 지 얼마 안 되어 필요한 장비가 많이 없다고 답했다. "미국 등 다른 항공 구조사들처럼 필수적으로 필요한 장비가 아직까지 도입이 안 된 상태입니다. 그래서 저희도 우선적으로 통신 장비가 갖추어져야 한다고 생각합니다."

구조 요원 개개인은 제한된 조건에서 최대한 성실히 구조를 했을 것이다. 하지만 구조 작전 전체로 보면 뼈아픈 문제점이 드러난다. 세월호는 여객선이었다. 바깥에 사람이 보이지 않는다면 안에 있을 것이 틀림없었다. 이미 빠져나온 사람을 섬으로 이송하는 것보다 배 안에 갇힌 사람을 꺼내는 게 더 긴급했다. 헬기가 최초 도착한 후 적어도 20분간 3층 갑판이 침수되지 않았고, 25분간 4층 갑판도 열려 있었다. 그 사이에 해경이 선내로 진입하여 탈출하라고 외치면서 가져간 로프와 자일을 이용해 좌현으로 퇴선을 유도했다면, 우현 갑판에 나오는 사람을 한 명씩 바구니에 태우는 것보다 훨씬 효율적으로 구조할 수 있었다. 만약 내부를 몰라 바로 진입하는 게 위험했다면, 출구에서 안으로 소리를 질러 "빨리 밖으로 나오라, 구조대가 왔으니 좌현으로라도 해서 바다에 빠져라"고 전파할 수도 있었다.

B-512호기 기장 김재전은 우현으로 나온 인원이 별로 없어 "항공기가 많이 투입되고 있는 느낌을 받았다."고 했고, 구조 활동을 3소티(sortie. 출격이나 출동 횟수를 뜻하는 전문 용어) 했을 때 더 이상 우현으로 나오지 않아 "모두 구조된 것으로 알았고, 나중에 선내에 갇혀 있었다는 것을 알았다."고 법정에서 진술했다. 그러나 우현으로 사람이 안 나온다면 배가 너무 기울어 못 올라오는 게 아닌지 의문을 품어야 하지 않았을까. 그 큰 여객선에 승객이 고작 수십 명일 리는 없기 때문이다.

그러나 구조 실패의 책임을 출동한 대원들의 판단력 탓으로만 돌릴 수도 없다. 앞서도 보았지만 상황실과 현장 사이, 헬기와 구조 요원 사이, 헬기와 123정 사이에 유기적인 의사소통이 없었다. 각자가 눈에 보이는 대상만 구조하는 데 급급했지 최상의 결과를 위한 협력적 구조 활동을 진행하지 못했다. 거기에는 통신 장비와 시스템의 부실함도 큰 몫을 한다.

세월호를 기록하다

그런데 『2013년 해양경찰 백서』를 보면, 해양경찰은 현장 출동 세력과 지휘부 사이에 최첨단 통신 시스템을 구축해 현장 지휘 능력을 높였다며 자랑스럽게 이야기하고 있다.

"해양경찰은 대형사고 발생시 신속한 상황 파악과 조치를 위하여 2008년부터 2011년까지 일원화된 지휘통신망 도입을 연차적으로 추진하여 왔다. (…) 2012년에는 분산운영 중인 지휘망과 항무통신망 등을 TRS 통신망으로 통합하여, 동시에 여러 사고가 발생하더라도 상황실에서 동·서·남해 최대 8개의 해역의 모든 현장 상황을 동시에 청취·지휘할 수 있게 하였다. (…) 또한 현장 단속요원들의 통신 편리성을 높이고 임무수행의 효율성을 극대화하기 위해 초경량 TRS를 장착한 무선 양방향 **헬멧형 헤드셋**을 개발하여 단속요원-함정-상황실 간 실시간 현장상황공유 및 대응역량 강화를 위해 노력하였다." (강조는 저자.)

해경 지휘부의 자화자찬과 현장 구조의 부실함, 이 사이에서 어떤 일이 있었는지 앞으로 철저히 규명되어야 한다.

123정 : 대형 화재에 투입된 순찰차

알려진 대로, 2014년 4월 16일 세월호가 침몰하기 전 현장에 온 구조 함정은 목포해경 소속 해누리급(100톤) 경비정인 123정뿐이었다. 5백여 명이 승선한 여객선이 침몰 중인데 어째서 단 한 척, 그것도 소형 경비정만 현장에 왔던 것일까.

해양경찰청 홈페이지의 자료에 따르면, 2011년 9월 기준으로 목포해경에 배치된 함정은 총 26척이고, 그중 해양 방제선 등 특수 함정 6척을 빼면 경비 및 구난 구조용 함정은 20척이다. 1천 톤급~3천 톤급 대형 함정이 6척, 3백 톤급~5백 톤급 중형 함정이 3척, 1백 톤급과 그 이하 톤수의 소형 함정이 11척이다. 123정은 길이 35미터, 폭 6미터 정도로 최대 승선 인원은 40~50명이다.

목포해경 소속 함정 중에서도 작은 편인 123정은 4월 16일에 해상을 순찰하다가 9시 3분에 사고 소식과 출동 명령을 접했다. 123정이 병풍도 북방 세월호 사고 지점에 도착한 시각은 9시 30분. 123정의 최고 속력은 25노트(시속 45킬로미터)이고 출발지에서 사고 현장까지 거리가 약 22.2킬로미터였으므로, 거의 전속력으로 달려 온 셈이다.

이날, 목포해경의 함정 26척 가운데 수리 중인 함정을 제외하고 나머지는 불법 중국 어선 단속에 동원되어 있었다. 잠수 구조사와 헬기가 있는 3009함은 사고 지역에서 서남쪽으로 110킬로미터 떨어진 곳에서 중국 어선 단속을 지휘하고 있었다. 두 번째로 가까운 완도해경 소속 P-57정은 50킬로미터 밖에 있었고, 목포항에 정박 중이던 함정이 출항하여 사고 지점까지 가는 데 1시간 30분 정도 걸렸으므로, 현장까지 1시간 이내로 도착할 수 있는 함정은 123정뿐이었다.

그러나 근거리에 출동 가능한 함정이 없었다는 것은 결과일 뿐이다. 2014년 7월에 나온 감사원 보고서는 원래 세월호 항로에는 200

세월호를 기록하다

톤급 이상 중형 함정이 하루 1척씩 배치되어 있어야 한다고 지적한다. 중대형 함정과 소형 함정의 기능이 다르므로 구역별로 적절히 함정들을 배치했어야 하는데, 이것이 지켜지지 않았다. 중형 함정과 소형 함정은 구조 인력이나 장비에도 차이가 있지만, 현장 상황을 영상으로 찍어 위성을 통해 바로 전송할 수 있는 ENG카메라가 있고 없는 차이도 있다. ENG카메라가 있으면 상황실에서 실시간으로 현장을 볼 수가 있다.* 그것이 없는 123정이 현장에 갔을 때 상황실은 귀로 듣는 정보만으로 판단을 해야 했고, 이 상황에서 현장 지휘관의 판단력이 대단히 중요해진다.

123정은 한 번 출동하면 4박 5일간 해상에서 경비 활동을 하고 항구로 돌아온다. 승조원들은 8시간마다 한 차례씩 4시간의 당직 근무를 선다. 밤 12시에서 새벽 4시까지 당직을 섰으면 나머지 시간에는 휴식하고 다시 정오부터 오후 4시까지 근무한다. 이는 선박의 일반적인 근무 시스템이다. 사고 소식을 듣기 전까지 123정 승조원들도 이처럼 누구는 당직을 서고 누구는 선실에서 잠을 자고 있었다.

"여객선 침몰 중, 350명 승선"이란 소식과 함께 전 승조원은 비상 근무에 들어갔다. 그런데 소형 함정인 123정의 평상시 구조 활동 방식은, 표류자에게 튜브 달린 로프를 던져 주고 배의 좌우현 갑판 쪽으로 유도해서 끌어 올리는 방식이었다. 서해지방청 주관의 합동 훈련 때도 123정의 역할은 주로 이런 현측(舷側) 구조였다. 그래서 승

---

* 사고 직후에 청와대 위기관리상황실에서 해경 상황실로 핫라인 전화를 걸어 "VIP 보고 때문에 그러니까 영상을 볼 수 없나?"라고 묻는다. 해경은 123정에는 ENG카메라가 없고, 그 장비가 있는 배가 현장으로 가고 있다고 답한다.

조원들은 비슷한 상황을 생각하면서 로프에 부이(buoy. 부표의 일종)를 달거나, 배에 사람을 올릴 때 방해가 되지 않게 갑판 난간 지주봉과 라인을 제거하는 등의 일을 했다. 구명 단정, 구명벌, 심폐소생기 등을 점검하고 배에 접안할 때 묶을 계류색(선박에 접안할 때 묶는 로프)도 꺼내 놓았다.

사고 지점으로 출발할 때 항해팀장 박성삼은 "세월호, 세월호, 여기는 목포해경. 세월호 감도 있습니까?"라고 비상 채널인 16번으로 세월호를 세 번 불렀으나 답이 없었다. 9시 16분에 서해지방청 상황실에서 123정을 OSC(On Scene Commander. 현장 지휘관)로 지정했다. 그런데 정장 김경일은 세월호와 교신이 안 되는데도 박성삼에게 채널을 67번(진도)으로 바꿔 다시 불러 보라든지, 채널 16번으로 세월호를 계속 부르라든지 하는 지시를 내리지 않았다. 123정에도 비치되어 있는 해경 '해상 수색구조 매뉴얼'에 의하면, 조난 신호를 수신한 함정의 함장은 조난 선박과 교신을 통해 선박 상태에 관한 정보를 얻고 승선원들이 퇴선할 수 있게 준비시켜야 한다. 123정이 세월호로부터 조난 신호를 직접 받은 것은 아니지만, 현장 지휘관으로 지정된 이상 세월호가 어떤 상태인지, 환자는 없는지 등을 알아야 구조 작업을 원활히 할 수 있으므로 세월호와 어떻게든 교신을 설정해야 했다.

그러나 정장 김경일은 이동하는 내내 세월호와 교신을 다시 시도하지 않았다. 그러면서 세월호와 교신하고 있느냐고 서해지방청 상황실에서 묻자 김경일은 "교신이 안 되고 있습니다."라고만 대답했다.* 이때 세월호 조타실에서 강원식, 박한결, 신정훈 등은 휴대폰으로 청해진해운 관계자들과 통화하고 있었다. 그렇다면 상황실에서 이들의 연락처를 알아내어 123정에 알려 준다든지 아니면 119, 122로 신고한 승객과 통화하여 세월호 승객들이 선내 대기 중이라는 상태를 파악해 123정에 알려 줄 수도 있었다. 123정이 사고 현장까지 이동하는 30분은 잘 활용하면 결코 짧은 시간이 아니었다. 하지만 구조의 성패를 결정지을 수 있는 그 시간을 정장 김경일과 해경 상황실 모두 안일하게 흘려보냈다.

김경일 정장이 한 일은 SSB(중단파 무선 전화. VHF보다 범위가 넓다.)를 이용해 인근 선박을 구조 작업에 호출한 정도였다. 상황실에서 TRS로 여객선 승선원 숫자가 "450명"이며 "기울어진 상태"라고 추가 정보를 전달했다. 그러나 김경일은 450명이 있는 기울어진 여객선에서 123정이 어떻게 구조 활동을 할지, 역할을 어떻게 나눌지, 계획을 짜지도 않았고 승조원들에게 브리핑을 하지도 않았다.

〔123정 정장 김경일〕

검사 : 증인은 조타실에서 무엇을 하였나요.

김경일 : 저는 도착하기 전부터 조타실에서 계속 배를 조함(배의 조종을 통솔)하며 상부 보고를 하였습니다. (09시) 28분경에 현재 세월호의 상태를 보고하고 또 30분에 도착 보고를 하였습니다. 28분에 "세월호 현 위치 2 내지 3마일 전이고 세월호가 약 45도 기

---

* 광주지방법원 형사14부 고합436. 해경 123정 정장 김경일의 업무상과실치사상 등 사건에서 검찰 모두진술.

울어진 상태에 있다."라고 보고하였습니다.

검사 : 증인은 함정장으로서, 현장 지휘관으로서 이동 중에 서해청 및 목포해경 상황실, 진도VTS 등과 교신하였나요.

김경일 : 그때 상황이 긴박했는데 450명이라는 인원을 구해야 한다는 생각 때문에 다른 것은 하지 못했고 일반 어선 동원에 주력하다 보니까 유관 기관과는 교신을 하지 못했습니다. (선원 재판 8차, 증인 신문, 2014.8.13.)

"해양경찰, 여기 세월호, 감도 있습니까?"

9시 26분에서 9시 28분 사이 세월호에서 VHF 16번 채널로 경비정을 2회 호출했다. 그러나 123정 조타실의 김경일, 박성삼은 이 교신을 듣지 못했다고 한다. 곧이어 기울어진 세월호의 모습이 승조원들의 눈에 비쳤다. 40층 건물만 한 배가 왼쪽으로 기운 채 곧 넘어갈 것처럼 보였다. 그런데도 갑판에도 바다에도 사람이 없었다.

[123정 정장 김경일]

검사 : 사고 현장에 도착한 후에는 무엇을 하였나요.

김경일 : 세월호 승객들이 모두 구명조끼를 입고 퇴선 위치에 집결해 있거나 구명벌을 투하해서 해상에 다 내려와 있을 것이라고 가상하고 갔는데 현장에 도착하고 나서 너무 당황했습니다. 저희는 구명보트를 내리고 세월호 쪽으로 접근해 들어갔습니다. 저희들이 퇴선 방송을 했어야 되는데 퇴선 방송을 하지 못했습니다.

세월호를 기록하다

(선원 재판 8차, 증인 신문, 2014.8.13.)

사고 이후 언론 인터뷰에서 김경일 정장은, 도착 시점에 대공(對共) 마이크로 "승객들 얼른 바다로 뛰어드세요!"라는 취지의 방송을 했다고 말했다. 그러나 김경일은 나중에 그런 방송은 없었으며 거짓말을 했다고 정정했다.

[123정 해경 경사 이형래]

해상 사고가 발생하면, 특히 이렇게 많은 인원이 승선해 있는 배이고 배가 저 정도로 기울었다면 기다리지 못하고 탈출을 하거나, 구명벌을 이용해서라도 해상에 뛰어들거나, 외부 갑판에 탈출 준비를 하고 있을 것으로 알았습니다. 그래서 저희들은 훈련받은 대로 승객들을 구조할 생각으로 갔는데, 예상했던 상황이 아니라서 당황했습니다. (선원 재판 10차, 증인 신문, 2014.8.20.)

123정은 세월호에 접근하면서 동영상을 연속적으로 촬영하였다. 이 동영상은 검찰 증거로 압수되었는데 그 일부는 언론에 공개되었다. 그런데 동영상은 죄다 7초, 9초, 10초 정도로 끊겨 있었다. "의도적으로 편집된 것 아니냐?"는 지적이 나왔다. 끊어진 중간중간 뭔가 숨겨야 하는 내용이 있는 것 아니냐는 의미였다. 이에 대해 동영상 촬영을 맡은 123정 이민우 해경이 법정에서 해명했다. 그의 말에 따르면, 123정에서는 인터넷도 안 되고 캠코더로 찍을 경우 항구에 돌아가서야 본부에 제출할 수가 있다. 그런데 당시 사고 현장의 모습을 빨리 보내라는 상황실의 요청이 있어서, 찍어서 바로 카카오톡으로 전송하면 되는 휴대폰으로 현장을 촬영했다. 촬영 시간이 길면 용량 초과로 전송이 안 되어서 7초 단위로 끊어 찍었다는 것이다. 게다가 "채증을 하다가 사람이 오면 옮겨 주고 익수자가 있으면 응급처치를 해야 해서" 못 찍은 부분도 있다고 한다. 결국 ENG카메라와 같은 장비, 그리고 인력 부족이 낳은 의혹이었다.

9시 30분, 세월호 1마일(약 1.6킬로미터) 전에 도착한 123정은 감속하며 다가가 9시 35분에는 세월호 백 미터 앞까지 접근했다. 우현으로는 헬기 B-511호기가 구조 활동을 펼치고 있었다.

9시 37분, 7인승 고무 단정을 내려 박은성 경장과 김용기 경장이 타고 세월호로 출발했다. 단정이 출발하는 것과 거의 동시에 3층 좌현 선미 갑판에서 구명동의를 입은 사람들이 나와 손을 흔들었다. 단정은 직선으로 그쪽을 향했다. 김경일은 123정의 누군가가 단정에 탄 해경들을 향해 "배에 올라가라"는 취지로 소리치는 것을 들었다고 진술했지만, 이 말을 했다는 사람도 들었다는 대원도 없다. 그는 법정에서 추측으로 "배에 올라가라는 말이 있었던 걸로 안다."고 이야기하다가 재판장으로부터 "추측하여 이야기하지 말고, 그런 말을 들었다 못 들었다 분명히 이야기하라."는 지적을 당했다.

해경 고무 단정이 최초로 구한 이들은 박기호, 손지태 등 세월호 기관부 선원들이었다.

[123정 해경 경장 박은성]

박은성 : 처음에는 접근을 목적으로 선체 중앙부로 갔다가 사람이

보여서 선미로 이동을 했습니다. 사람이 보여서 제가 그쪽으로 이동하라고 소리쳤습니다. 그 사람들은 자기가 선원임을 밝혔다고 하는데, 그 당시 상황에서 제가 어떤 사람의 말을 인지할 수는 없었습니다. 위에는 헬기가 있었고, 밑에는 고무 보트 엔진 소리가 나고 있었고, 당시 사람을 구해야 한다는 생각뿐이어서 어떤 이야기를 했는지 정확하게 기억하지 못합니다.

검사 : 피고인 박기호는 (탈출한 기관부 선원) 다섯 명 중 유일한 여자인 피고인 이수진을 가리키면서 "본선의 3기사"라고 말했다는데, 그런 말을 들은 사실이 있나요?

박은성 : 저는 구조에 집중하고 있었기 때문에 상대방의 말을 전혀 인지하지 못했습니다. (제가) "여자 먼저!"라고 외친 상황까지는 기억이 나는데 그쪽에서 어떤 이야기를 했는지는 기억나지 않습니다. (선원 재판 7차, 증인 신문, 2014.8.12.)

일부 기관부 선원들은 '스즈끼복'이라 불리는 상하 일체형 작업복을 입고 있었다. 직접 말을 듣진 못했더라도 복장을 통해 선원이라는 사실을 알 수 있지 않았을까. 박은성은 "작업복은 보았으나, 무조건 구조해야 한다는 생각뿐 선원인지 아닌지 판단할 상황은 아니었다."라고 진술했다. 박은성은 3층 난간에서 기관부 선원 다섯 명을 단정에 태웠는데, 선원들에 의하면 해경은 그들을 향해 "야, 이 사람들아 배가 넘어가잖아. 빨리!"라고 소리쳤다.

박은성은 이들을 태워 123정에 인계하고 9시 40분에 다시 세월호로 향했다. 첫 구조 시 단정에 타지 못하고 물에 빠진 기관부 선원을 건져 내고, 4층 난간에 나온 부부와 어린아이를 태웠다. 헬기 바람으로 가벼운 고무 단정이 난간에서 자꾸 밀려 났다. 9시 44분, 세 번째로 단정이 오자 3층 로비의 승객들이 직접 밖으로 뛰쳐 나왔다. 그들은 해경이 안으로 들어오지 않자 직접 물로 뛰어들었다. 박은성은 다급하게 단정을 몰면서 사람들을 건져 냈다. 화물 기사 최재영이 단정과 함께 3층 로비로 다가갔을 때는 4층 난간이 수면에 가까워지고 있어 3층 출구는 컴컴한 동굴로 변해 갔다.

[123정 정장 김경일]

검사 : 승객보다 선원들을 먼저 구조했는데 증인은 구조 당시 선원임을 알고 있었나요.

김경일 : 당시에는 몰랐습니다.

검사 : 선원이라는 것을 언제 알게 되었나요.

김경일 : 11시 10분에 (구조한 인원을 다른 배에) 마지막으로 옮기고 나서 항해팀장이 이야기했을 때 알았습니다. 항해팀장이 "배에 여섯 명이 남았는데 다섯 명은 선원이고 한 명은 선생님이다."라고 하였습니다.

변호인(피고인 강원식) : 그 다섯 명이 다른 배로 옮겨 타지 않은 이유에 대해 무어라고 전해 들었나요.

김경일 : 항해팀장이 "왜 안 가냐?"라고 물어보니까 세월호 선원이었다고 했답니다. (선원 재판 8차, 증인 신문, 2014.8.13.)

단정이 세 번째로 출발할 때 이형래 경사가 탑승했다. 그는 정장에게 "세월호에 가서 구명벌을 터트려 보겠다."고 말했다. 5층 좌현 브리지 뒤에 설치된 구명벌은 흰색 드럼통처럼 생긴 장치에 담겨 있다. 핀을 뽑으면 바다로 떨어져 자동으로 펼쳐져야 한다.

[123정 해경 경사 이형래]

세월호가 점차 기울면서 언제 침몰할지 모르는 상황에서, 123정만으로는 그렇게 많은 인원을 구조하기가 힘들 것 같다는 생각이 들었고, 구조 세력이 도착했다는 사실을 알고 계속해서 많은 사람들이 밖으로 나올 것이라고 생각했습니다. 123정만으로는 그 인원을 한꺼번에 수용하지 못할 것이라는 생각에, 세월호 조타실 좌현에 설치되어 있는 여러 대의 구명벌을 보고 그것을 해상에 떨어뜨려서 개방을 해 놓으면 일단 탈출하는 사람들이 임시적으로 잡고 구조를 기다릴 수 있다고 생각했습니다. (선원 재판 10차, 증인 신문, 2014.8.20.)

이형래 경사는 좌현에서 세월호 3층 난간을 넘어 선미 쪽으로 수평 이동하여, 외부 계단을 타고 5층까지 올라갔다. 계단이 기울었지만 난간을 꽉 잡고 올라가면 그리 어렵진 않았다. 계단을 제외하고 수평거리가 40미터 정도인데 이 경사는 2분 만에 브리지에 당도했다. 유추해 보면 이 시각까지도 내부에서 조타실-4층-3층 사이에 계단 이동이 가능했다는 의미다.

이형래가 승선한 3층 좌현 갑판에서 선수 쪽으로 20미터쯤 가면 3층 로비가 나오고, 4층 갑판에서도 30미터만 앞으로 가면 4층 로비로 들어가는 출구가 있다. 승객들은 선내 방송에 따라 해경을 기다리며 출구 근처나 복도에 모여 있었으므로, 가서 나오라고 소리만 치면 신속히 움직였을 것이다. 하지만 이형래 경사는 3, 4층을 지나쳤다. "구명벌을 신속하게 터트려야만 한다는 생각에 다른 생각은 못 했습니다. 이동하는 데만 집중했던 것 같습니다."

브리지에서 이 경사는 구명벌 핀을 뽑으려 했으나, 한참 씨름한 후에 발로 차니 그제야 핀이 뽑혔다. 구명벌 두 개가 배 밑으로 떨어졌다. 하나는 즉각 펴졌고, 나머지 하나는 세월호로부터 둥둥 떠내려간 후에야 펴졌다.

그 시각에 123정에서 찍은 동영상을 보면 조타실에서 주황색 옷에 구명조끼를 덧입은 사람이 고무 호스를 잡고 조타실 문과 갑판 난간 사이의 중간쯤 되는 곳까지 내려와 손을 흔든다. 123정도 조타실 쪽으로 향한다. 이어 조타실에서 사람들이 하나둘씩 내려온다. 이들은 선장과 갑판부 선원들이었다. 미리 서로 이야기가 된 것처럼 보이는 상황인데, 손을 흔든 세월호 조타수 박경남은 "구조정이 아니라 조타실을 향해 손을 흔든 것"이라 하고 정장 김경일은 "단정이 인명을 구조하는데 우리가 서 있으면 안 된다고 생각"해 세월호로 다가간 것이라 한다.

9시 45분, 123정은 선수를 세월호 5층 브리지 옆에 붙인다. 고무 호스를 잡고 있던 주황색 옷의 박경남이 난간으로 미끄러지고, 뒤따라 파란색 잠바를 입은 1등 항해사 강원식이 난간으로 주르륵 내려온다. 파란색 잠바는 청해진해운 유니폼이다. 강원식이 해경의 손을

세월호를 기록하다

잡고 123정에 가장 먼저 오르고, 이어 박경남이 123정에 오른다. 3
등 항해사 박한결과 팬티 차림의 선장 이준석이 내려온다. 이준석은
꽤 날렵한 동작으로 해경정에 옮겨 탄다. 이어 필리핀 여가수와 그
녀의 남편이 내려오고, 해경 박상욱 경장, 이형래 경사 등이 세월호
난간에서 이들을 도우면서 "잡아줄 테니 내려오라"고 말한다. 이어
하늘색 반팔 티를 입은 조타수 오용석과 남색 스즈끼복을 입은 2등
항해사 김영호, 견습 1등 항해사 신정훈이 내려온다.

[123정 해경 경장 박상욱]

처음에 눈을 마주친 사람이 아주머니, 동남아 계통의 외국인도 있
었고 여성 분도 있었고, 외국인 아주머니인지 잘 모르겠지만 제
가 내려오라고 계속 소리쳤는데도 못 내려온 사람이 있어서 (선원
인지 아닌지) 분간을 하지 못했습니다. 필리핀 여성인지 모르겠는
데 아주머니가 못 내려오기에 제가 빨리 내려오라고 했습니다. 그
사람 같은 경우에는 정말 못 내려왔습니다. (선원 재판 8차, 증인 신
문, 2014.8.13.)

김경일은 조타실에서 나오는 사람들을 보고 '배가 이 정도로 침몰
되었으니까 승객들이 조타실까지 진입했구나.'라고 생각했다고 진
술했다. 세월호 선원들이 123정에 타는 동안 정장 김경일은 상황실
과 TRS 교신을 한다. 아래는 그 교신 기록이다.

(9시 46분)

123정 : 목포 타워 여기 현재 승선객이 안에 가 있는데, 배가 기울어 갖고 현재 못 나오고 있답니다. 그래서 일단 이곳 직원을 …(안 들림)… 시켜 가지고 안전 유도 하게끔 유도하겠습니다. 이상.

123정 : 아 현재 123 선수를 여객선에 접안해 가지고 밖에 지금 나온 승객 한 명씩 한 명씩 구조하고 있습니다.

이 시점에서 123정은 승객들이 안에 갇혀 있다는 사실을 인지한다. 그 말을 해 준 사람은 방금 내려온 갑판부 선원 가운데 누구이거나 단정으로 구조된 승객일 것이다.

(9시 48분)

123정 : 목포 타워 여기는 123, 현재 본국이 좌현 선수를 접안해 가지고 승객을 태우고 있는데, 경사가 너무 심해 가지고 사람이 지금 하강을 못 하고 있습니다. 아마 잠시 후에 침몰할 …(안 들림)… 이상.

상황실 : 천천히 또박또박 말해 주기 바람.

123정 : 여기는 123, 현재 배가 한 60도까지 기울어 가지고 지금 좌현 현측이 완전히 다 침수되고 있습니다. 이상.

123정 : 여기는 123, 현재 구조된 인원은 확인하지 못하고 한 50명 정도 본함에 승선했는데, 현재 계속 단정을 이용해 가지고 구조 중입니다 이상.

상황실 : 아 123, 그 50명 가장 가까운 데에 신속하게 내려 주고

다시 구조에 들어갈 수 있도록 하세요. 이상.

123정 : 인근의 상선 …(안 들림)… 하선하겠습니다. 이상.

상황실 : 인근에 있는 가까운 곳에 신속하게 하선 조치시키고 다시 또 편승시킬 수 있도록 …(안 들림)… 이상.

123정 : 목포 타워 여기는 123, 현재 승객이 절반 이상이 지금 안에 갇혀서 못 나온답니다. 빨리 122구조대가 와서 빨리 구조해야 할 것 같습니다.

상황실 : 아 123, 여기는 명인집 타워(서해지방청 상황실), 본청 1번님(해경청장)하고 명인집 1번님(서해지방청장) 지시 사항임. 123 직원들이 안전 장구 갖추고 여객선 올라가 가지고 승객들이 동요하지 않도록 안정시키기 바람.

123정 : 여기는 123. 수신 완료.

교신은 이렇게 하고, 123정은 세월호에서 이안한다. 그때 경장 박상욱이 세월호 조타실로 진입하는 중이었다. 김경일 정장은 사고 이후 자신이 박상욱에게 세월호에 진입하라고 지시를 내렸다는 주장을 했는데, 실제로는 당시 박상욱이 조타실에 들어가는 줄 몰랐고 나중에 동영상을 보고서야 그 사실을 알았다는 게 밝혀졌다. 법정에서 김경일은 자신은 진입을 지시한 적 없고, 123정을 떼어 낼 때 박상욱이 남겨진 것도 몰랐다고 시인했다.

조타실 선원들을 구조할 때 이형래 경사가 123정에서 계류색을 갖고 와 조타실에 던져 주었다. 이형래는 '고무 호스가 약해서 사람들이 못 내려오나 보다.'라고 생각하여 굵은 로프를 건네 준 것이라고 했다. 선원들은 조타실 문 안쪽 고리에 계류색을 묶었다. 이 계류색은 123정과 연결되어 있었다. 선원들이 거의 내려왔을 시점, 박상욱이 갑판에 있는 수도 호스를 붙잡고 조타실로 올라갔다. 브리지 난간에서 조타실 문까지 거리는 약 4미터, 당시 기울기는 62도 정도였다.

조타실 문은 기울어진 쪽으로 반쯤 떨어져 나갔다. 박상욱이 조타실 입구에 발을 걸치고 서서 보니 더는 조타실에 남아 있는 사람이 없었다. 그는 버티고 서서 계류색을 풀고 다시 미끄러져 내려왔다.

[123정 해경 경장 박상욱]

검사 : 증인에게 조타실에 올라가 보라고 누군가 말했던가요.

박상욱 : 정확히 듣진 못했고, 짤막짤막하게 "올라가"라고 하는 것 같아서 올라갔는데, "홋줄(계류색의 다른 말—저자.)"이라는 말도 있었던 것 같습니다.

검사 : 조타실에 올라가서 무엇을 하려고 했나요.

박상욱 : 첫 번째는 홋줄을 풀었고 출입문 틀에 서서 아래에서 위를 보고 경사가 심해서 개인 역량이 부족해서…… 승객들의 손을 잡고 같이 내려오든가 하려고 했습니다.

검사 : 홋줄은 왜 풀었나요.

박상욱 : 홋줄을 풀어 주지 않으면 123정이 빨려 들어갈 수 있는 상황이옵니다.

정황상 승객을 찾는 일보다 홋줄을 푸는 일이 박상욱에게 더 긴박한 임무였던 것으로 보인다. 그 상황에서 '방송 장치를 찾아 선내 퇴선 방송을 하자.'라는 생각을 아예 하지 못했던 것 같다. 물론 123정 지휘부가 그런 지시를 내리지도 않았다.

박상욱 경장이 내려왔을 때 123정이 물러나는 중이었고 갑판에는 아직 구명조끼를 입지 않은 사람이 있었다. 그는 조타수 조준기였다. 박상욱은 자신의 구명조끼를 벗어 그에게 입히고 자신은 다른 구명조끼를 찾아 입었다. 박상욱은 "같이 뜁시다."라고 말하고 조준기와 함께 바다에 빠졌다. 배가 곧 침몰한다는 생각에 급했다. 그와 조준기는 고무 단정에 의해 구조되었다.

만약 123정에서 세월호 방송 장비를 이용해 선내 퇴선 방송을 하려고 했다면 어떻게 해야 했을까. 조타실로 들어가면 바로 오른쪽에 시스템 배전반이 있고 그 가운데 방송 장비가 있다. 방송 장비를 잡고 '비상' 버튼을 누르면 선내 전체 방송이 된다. 출구에서 정면으로 2~3미터 앞 엔진 텔레그래프 판에도 선내 전화가 있어서 '0'번을 누르면 역시 선내 전체 방송을 할 수 있다. 경사진 바닥을 오르기 쉽지는 않겠지만, 엔진 텔레그래프에 핸드레일이 있으므로 몇 명이 합심하고 보드후크(배를 접안할 때 걸어서 당기는 도구) 등을 이용한다면, 그래도 전혀 불가능했을까. 선실에 있던 승객들도 주변 집기를 이용해 출구까지 3미터 이상의 오르막을 올라왔다.

결국, 선내 진입의 능력보다는 '무엇을 해야겠다'는 분명한 목표와 계획이 구조대원들에게 없었던 것이 문제였다. 그런 목표와 계획이 있었다면 처음부터 조타실 선원들과 교신을 했거나, 최소한 선원들이 탈출한 후 그들에게 물어서라도 퇴선 유도 방송을 할 수 있었을 것이다.

이것은 123정 정장의 상황 판단 능력의 문제로도 직결된다. 그는 눈앞에 벌어진 다급한 상황에 수동적으로 대처했을 뿐 적극적으로 사태를 지휘하지 못했고, 심지어 상황실의 지시조차 손을 놓아 버렸다.

[123정 정장 김경일]

검사 : 왜 선내에 진입해서 승객들을 구조하라는 지시를 하지 않았나요.

김경일 : 그때 상황이 너무 급했습니다. 그쪽 조류가 여덟 물(조류 세기를 나타내는 말 — 저자.)이었고 배가 앞으로 밀려왔는데 저희 눈에도 배가 쏠려 오고 들어가는 것이 보였습니다. 배가 앞쪽으로 넘어오는 것 같았는데 그 상황에서 승조원에게 올라가라는 말을 할 수 없었습니다.

검사 : 선내 진입과 관련한 훈련을 평소에 한 적이 없는가요.

김경일 : 한 번도 없습니다. 장비나 인력도 100톤(함정)에는 없고 1000톤 이상 되어야 있습니다.

검사 : 9시 48분경 해경지방청 상황실로부터 선체 진입 명령을 받은 적이 있나요.

김경일 : 예, 제가 받았습니다.

검사 : 진입 명령을 받았음에도 불구하고 진입 명령을 하지 않은 이유가 무엇인가요?

김경일 : 그때 조타실의 인명을 구조하는 시간이었습니다. 그쪽에 직원이 두 명 있었는데 미끄러져서 못 올라갔습니다. 제가 올라가라고 지시하지는 않았습니다.

검사 : 지시하지 않은 이유가 무엇인가요?

김경일 : 그때 당황해서 깜빡 잊었습니다.

(방청석에서 탄식 소리가 들렸다)

재판장 : 그 지시를 잊은 것인가요, 아니면 진입할 수 없다고 판단하고 안 한 것인가요?

김경일 : 제가 통신을 받았는데 잊었습니다. 당시 기울기가 60도, 70도였고 저희 직원 두 명이 있었는데 조타실 쪽으로 줄을 당기고 했는데 다 실패했기 때문에 제가 그 말을 못 한 것 같습니다. (선원 재판 8차, 증인 신문, 2014.8.13.)

123정은 9시 49분에 이안한 다음 세월호에서 멀찍이 떨어졌다. 세간에서 "123정이 세월호에 줄을 걸어 후진하여 세월호를 더 빨리 침몰시켰다."는 의혹이 제기된 바 있다. 그러나 홋줄을 푸는 게 그토록 급했던 것으로 봐서, 123정은 세월호를 끌어당기기는커녕 세월호가 침몰할 때 생길지도 모르는 소용돌이에 빨려들까 봐 우려했던 듯하다. 물론 123정이 세월호를 끄는 일이 물리적으로 가능하지도 않다. 세월호는 자체 무게에 재화 중량을 더하면 1만 톤이 넘고 거기에 침수까지 된 상태였다. 100톤급 소형 함정이 세월호를 잡아당겨 넘어뜨릴 수는 없다.*

---

* 한국해양과학기술원 부설 선박해양플랜트연구소(KRISO) 연구원 이동곤의 증언.

123정이 지켜보는 사이 고무 단정만이 물에 빠진 사람들을 건져 내고, 공중에서는 헬기 세 대가 선체 밖으로 나온 사람들을 이송하고 있었다. 시간이 좀 더 지나면 선체 안에 있는 사람들은 탈출 기회조차 갖지 못하게 된다. 그런데도 현장 지휘관인 123정 정장은 그 장면을 보면서도 아무런 행동을 못 하고 있었다. 상황실에 절망스러운 보고를 하는 것 말고는.

[9시 57분]

123정 : 현재 여객선이, 좌현 현측이 완전히 침수했습니다. 약 60도 이상 …(안 들림)… 가지고 현재 좌현 쪽으로는 사람들이 나올 수 없는 상태입니다. 현재 구조 방법은 항공을 이용해 가지고 우현 상부 쪽에서 구조해야 될 것 같습니다. 이상.

상황실 : 그쪽에서 상황 봐 가면서, 정장님이 최대한도로 승선원을 구조할 수 있도록 그렇게 조치 바람.

123정 : 현재 경사가 너무 심해 가지고, …(안 들림)… 올라갈 길이 없는데요. 일단 항공 세 대가 계속 구조하고 있습니다. 현재 가능한 한 저희 직원들을 승선시키려고 하는데 너무 경사가 심해 못 들어가고 있습니다.

그러나 이후로도, 정장은 '직원들의 안전상' 진입 지시를 내리지 않았다. 경사가 심해 못 들어간다는 말에 목포해경 서장이 직접 마이크를 잡았다.

목포해경 서장 : 현장, 여긴 서장.

123정 : 여긴 123정, 말씀하십시오.

목포해경 서장 : 그 근처에 어선들도 많고 하니까 배에서 뛰어내리라고 고함치거나 마이크로 뛰어 내리라고 하면 안 되나. 반대 방향으로.

123정 : 여긴 123정, 현재 좌현 현측이 완전 침수되어 가지고 좌현으로 뛰어내릴 수 없습니다. 그리고 완전 눕힌 상태라서 항공에 의한 구조가 가능할 것 같습니다.

목포해경 서장 : 그러니까 항공 구조는 당연히 하는데, 정장이 판단해 가지고 우현 쪽으로 난간 잡고 올라가서 뛰어내리게 해서 바다에서 구조할 수 있는 방법을 빨리 검토해. 그렇게 해야지 침몰 전에 위험이 더 크니까 뛰어내리게 조치하라구.

123정 : 참고로, 현재 여기저기 사람들이 다 있는데 못 나오고 있습니다. 일단 1번님이 지시한 대로 좌현 쪽으로 한번 해 보고 하라고 계도하겠습니다.

목포해경 서장 : 차분하게 마이크를 이용해서 활용하고, 우리가 당황하지 말고 우리 직원도 올라가서 하고 그래. 안 하면 마이크를 이용해서 최대한 안전하게 행동할 수 있도록 하시기 바랍니다 이상.

123정에는 중국 어선을 상대할 때 쓰는 상당히 출력이 큰 대공 마이크가 있고, 작게는 확성기도 있었다. 직접 진입하는 게 도저히 어렵다면 이런 장비를 이용해 외곽에서 퇴선을 유도할 수도 있었다. 물론 헬기 소음이 컸지만, 메시지를 선내 깊숙이 숨은 사람에게 전달하는 게 아니라, 구조를 기다리며 출구나 통로에 모여 있는 사람들에게 전달하는 것이었다. 나머지는 그들이 내부로 전파하면 된다. 기관부 선원이나 갑판부 선원들은 탈출할 때 헬기 소음이 컸음에도 해경의 "빨리 내려오라"는 육성을 들었다고 증언한다. 육성이 들리는 정도라면 대공 마이크나 확성기를 사용하면 충분히, 적어도 출구 가까운 승객들에겐 전달이 되었을 것이다.

목포해경 서장 : 정장, 다시 한번 침착하게 방송해서 반대 방향으로 뛰어내리게끔 유도해 봐. 지금 그 안에 갇힌 사람들이 웅숭웅숭하고 그 상황에서 제일 먼저 한 사람만 밖으로 빠져나오면 다 줄줄이 밖으로 따라 나오니까. 방송해 가지고 방송 내용이 안에까지 전파될 수 있도록 한번 해 보세요.

9시 53분경, 진도VTS가 해경 상황 정보 문자 시스템에 별도 대화 창을 열어 "경비함정 출동시켰나요? 우리 경비함정이 안 보여요 우리 경비함정이 보이지 않네요"라고 쓴다. 123정이 AIS를 켜지 않았기 때문에 진도VTS에서 파악할 수 없었던 것이다. 진도VTS는 그 시각까지 해경이 도착했다는 사실조차 몰랐다. 목포해경 상황실은 "현재 헬기 1척 함정 1척 도착"이라고 답했다. 현장에는 헬기 세 대가 구조 활동 중이었다.

9시 57분, 해경 상황 정보 문자 시스템에 해경청장의 지시라면서 "무조건 여객선에 편승할 것"이라는 메시지가 올라왔다. 10시, 박근혜 대통령도 해경에 지시를 내려보낸다. "인력과 장비를 최대한 활

세월호를 기록하다

용해 인명 피해가 없도록 구조에 최선을 다하라. 단 한 명의 인명 피
해도 발생하지 않도록 하라." '인력과 장비'······.

　손에 쥐어 준 것은 삽 몇 자루인데 눈사태를 막으라고 하는 꼴이
었다. 대형 화재가 났는데 소방차가 없어 순찰차 한 대가 간 셈이었
다. 사태는 123정의 역량, 장비, 훈련 상태, 지휘관의 상황 판단력
모두를 넘어서서 악화되고 있었다.

"저기 사람이 보인다!"

　123정 갑판에서 누군가 외쳤다. 세월호 3층 선수 다인실(S룸) 창
에서 승객들이 주황색 구명조끼를 흔드는 것을 보았던 것이다.(세월
호 선원들과 123정 대원들은 서로 자신들이 발견했다고 주장한다.) 10시
6분경 123정은 다시 세월호로 접근한다. 반쯤 침수되었고 거의 90
도로 누운 다인실 앞에 123정 선수를 붙이자, 해경과 갑판부 선원
일부가 다인실 유리창을 깨기 시작했다. 조류에 뱃머리가 자꾸 밀리
자 해경과 세월호 조타수 박경남이 홋줄로 123정과 세월호를 연결
했다. 유리를 깰 만한 것을 찾는 사람들의 눈에 123정 갑판 라이프
라인을 받치는 지주봉이 눈에 띄었다. 박상욱 경장은 지주봉으로 유
리를 쳤다. 깨지지 않았고, 다른 해경이 해머를 들고 왔다.

[123정 해경 경사 이종운]

　제가 처음 해머로 유리창을 쳤습니다. 그런데 뒤에서 팔꿈치로 맞
고 잠깐 뒤로 빠졌는데 나중에 가 봤더니 유리창이 깨져 있었습니

다. (제가 쳤을 때) 깨지지 않았습니다. 제가 다쳐서 뒤로 빠졌다가 다시 갔더니 가운데 부분이 깨져 있고 승객들이 나올 때 위험할 것 같아서 제가 해머로 가장자리 유리를 깼습니다. 유리창을 누가 깼는지는 못 봤습니다. 박상욱 경장이 지주봉 같은 것을 들고 하는 것은 봤습니다. (선원 재판 7차, 증인 신문, 2014.8.12.)

[123정 해경 경사 이형래]

창문을 깰 때 창문 높이가 갑판 높이와 비슷했습니다. 그래서 유리창을 깨고 두 명은 갑판으로 쉽게 올라왔고, 그동안 세월호가 계속 좌현으로 침수하면서 높이가 낮아짐에 따라 나머지 두 명은 손을 잡고 끌어 올렸고, 최종적으로 나머지 두 명은 너무 낮아져서 끌어 올릴 수 없어서 저희가 가진 '보드후크'라는 철제 삿대를 주어서 해상에 뛰어들도록 하고 현측으로 유도하여 사다리로 올려서 구조했습니다. 제가 기억하기로는 직원 두 명이 선수에서 차례대로 시도하다가 기관장이 보고 큰 망치를 가져왔고, 스즈키복을 입은 사람이 그것을 받아서 두 차례에 걸쳐서 때려서 유리창을 깬 것으로 기억합니다. (선원 재판 10차, 증인 신문, 2014.8.20.)

해경과 선원들의 이야기를 종합해 보면 유리를 깨고 승객 구조를 도운 사람은 세월호 조타수 오용석이다. 구조 작업이 진행되는 5분 사이에도 세월호가 가라앉아 나중에는 다인실 유리창이 123정의 선수 끝보다 한참 아래로 내려갔다. 이형래 경사가 보드후크를 깨진 창으로 밀어 넣었고 구명조끼를 입은 남성과 여성이 그것을 잡고 겨우 창밖으로 나왔다. 두 사람이 물에 빠지자 해경 대원들이 부유물을 단 로프를 던졌고, 오용석과 다른 해경 대원들이 줄을 당겨 남녀를 끌어 올렸다. 2등 항해사 김영호 등 세월호 선원들이 승객들을 다인실에서 꺼낼 때 도왔다고 이형래 경사는 증언했다. 김영호는 익수자가 123정에 올라오자 심폐소생술을 했다. 익수자 중 여객부 선원 강혜성은 살아났으나, 승객 한 사람은 30분 가까이 심폐소생술을 했음에도 끝내 의식을 찾지 못했다.

3층 선수에서 예닐곱 명의 일반 승객을 구한 뒤 10시 11분에 123정은 다시 후진한다. 세월호 선수 갑판의 데릭(하역용 크레인)이 흔들흔들 123정쪽으로 기울어지고 있었기 때문이다. 다른 창문 안은 들여다볼 생각도 못 했다. 123정이 세월호에 접안한 총 시간은 두 번에 걸쳐 약 11분뿐이었다. 세월호가 물기둥을 뿜으며 침몰하던 10시 14분, 해경 상황 정보 문자 시스템 메신저 창에 해경 본청 상황실의 메시지가 뜬다. "여객선 자체 부력 있으므로 바로 뛰어내리기보다는 함정에서 차분하게 구조할 것."

눈먼 나라에서 보내는, 상황과 전혀 맞지 않는 명령이었다.

이 사태에서 해경 지휘부의 판단 능력 역시 철저히 평가되어야 한다. 투입할 구조 세력이 부족하고 통신 장비나 구조 장비가 부족한 것은 사고 시점에서는 어떻게 할 수 있는 문제가 아니었다. 하지만 구조 세력이 현장에 도착하기까지 세월호 내부 정보를 파악해 구조 세력에게 전달해 줄 충분한 기회와 시간이 있었다. 수백 명이 탄 여객선이 침몰하는 데 소수의 구조 세력만 보내야 한다면, 주어진 정보와 역량을 최대한 활용하여 입체적인 구조 계획을 세웠어야 한다. 보았다시피 진도VTS, 상황실, 헬기, 123정 사이에 의사소통은 거의 이루어지지 않았고, 해경은 눈에 보이는 사람들만 건지고 태우느라 정작 배에 갇힌 수백 명에 대해서는 아무런 조치도 취하지 못했다. 현장 지휘관을 맡아야 할 함정의 정장은 자신이 당황해서 어찌할 바를 몰라 소극적인 대응으로 일관했다.* 나는 해경 대원들이 목숨을 초개처럼 버리면서 구조 작업을 해야 했다고 말하는 게 아니다. 그들의 목숨이라고 어찌 소중하지 않겠는가. 할리우드 영화에 나오는 구조 작전이 필요한 게 아니었다. 해경 대원들이 도착하자마자 대공 마이크와 확성기로 출구마다 "어서 나오라"고 소리치면서 로프를 주어서 잡고 빠져나오게만 했어도 되었다.

박형주 교수(가천대 건축공학과. 대피·탈출 시뮬레이션 전문가)가 증인으로 나와 설명한 가상 탈출 시뮬레이션에 의하면, 조타실에서 선원들이 해경 123정으로 올라타던 9시 45분경, 59도로 기울어진 배에서 탈출이 시작된다면 6분 25초 만에 승선원 전원이 4, 5층 갑판을 이용해 탈출할 수 있었던 것으로 나타났다. 검찰은 이 결과를 선

---

* 2015년 2월 11일, 해경 123정 정장 김경일의 업무상과실치사상 등 사건에서 재판부는 유죄를 선고했다. 재판부는 123정이 대공 마이크 등으로 퇴선을 유도했다면 승객들이 생존했으리라고 판단했다. 그러나 업무상과실과 승객 사망의 인과관계가 입증되는 희생자를 4층 좌현 선실 56명에만 국한했다. 재판부는 김경일이 함정 일지를 조작한 허위 공문서 작성도 유죄라고 보아 도합 징역 4년을 선고했다.

원들의 혐의 사실을 입증하는 증거로 제출했지만 해경에 대한 비판에도 적용될 수 있었다. 물론 박 교수의 시나리오에는 선원들이 대피를 유도한다는 가상의 조건이 부여되어 있다. 하지만 헬기가 도착한 9시 27분 그리고 123정이 도착한 9시 35분부터 즉각 해경이 선원들이 포기한 역할을 수행했다면 지금보다 훨씬 많은 이들을 구출할 수 있었다.

감사원의 감사 결과를 보면, 서해청이 주관한 2010~2013년 합동 훈련의 양은 '연간 수색구조 훈련' 실시 기준의 57퍼센트에 불과했다. 본청, 서해청, 목포해경 상황실 요원들에 대한 정기적인 전문 교육은 형식적으로 이루어졌다.* 함정 건조와 청사 건설에는 매년 막대한 예산이 투입되었지만, 함정에 탈 해경과 청사 상황실에서 근무할 요원들의 역량을 높이기 위한 인적 투자는 부실했다. 그래 놓고 침몰 직전에 "진입해라", "승선하라", "단 한 명의 인명 피해도 없게 하라" 같은 명령을 내린 것만으로 지휘부의 책임이 면제될까. 해경 지휘부, 해경을 감독해야 할 정부가 구조 실패의 책임에서 자유로울 수는 없다.

"친구들이 안에 있다"

10시가 지나면서 인근 어선을 비롯한 구조 세력들이 몰려들었다. 진

---

* 수색 구조 훈련과 상황 대처 훈련이 부족했던 이유가 많은 언론이 제기한 것처럼 '언딘'과 같은 민간 기업에 구난구조 업무를 민영화해 왔기 때문인지는 이후 철저히 밝혀야 한다.

도 조도면의 어민 장원희는 마을 이장으로부터 사고 소식을 듣자마자 자신의 4.8톤급 어선을 몰고 왔는데, 10시쯤 자기 동네, 옆 동네 하여 20척 가까이는 왔다고 증언했다. 그러나 그 어선들은 표류하는 승객이 없어 대기하고 있었다.

세월호에 찰싹 붙다시피 해서 승객들을 구조한 배는 장원희의 배보다 더 작은 1~2톤급 어선, 일명 '쌔내기 엔진'이 달린 배들이었다. 장원희에 의하면 그 배들은 엔진이 뒤에 달려 조타가 자유로워서 헬기가 바로 위에 있어도 바람의 영향을 덜 받고 세월호에 접안이 가능했다고 한다.

전남도청 공무원 박승기는 201호 어업 지도선으로 해상 순시를 하던 중에 진도VTS를 통해 사고 소식을 접했다. 그는 어업 지도선에 딸린 고속 단정에 옮겨 타 사고 현장으로 급히 이동했다. 10시 4분경 세월호에 접근한 그는 즉각 구조 활동을 시작했다. 그 시각 세월호는 배라기보다 물 위에 떠 있는 거대한 철제 구조물이었다. 박승기는 선미로 단정을 붙여 난간에 매달린 승객들을 태웠다. 공포와 추위로 얼굴이 파란 승객들이 엉금엉금 단정에 올랐다. 박승기는 그들을 123정에 인계하고 다시 돌아와 구조를 반복했다.

〔전남 201 항해사 박승기〕

박승기 : 여객선이 침몰하고 있다는 소식을 들었기 때문에 사람이 있을 것으로 예상하고 갔습니다. 그런데 주변 배들이 구조 활동을 하지 않고 그냥 떠 있었고 123정과 헬기만 구조 활동을 하고 있어서 주변의 배들이 도와줄 필요가 없는 상황으로 잠시 착각했습니

　　　　　　　　　　　　　　　세월호를 기록하다

다. 처음 봤을 때 느낌은 여객들은 없고 승무원만 있는 배인가라는 생각을 했습니다.

검사 : (증인이 헬멧 캠코더로 촬영한 동영상을 보며) 증인이 세월호 선미 갑판으로 갔을 때 4층 선미 갑판에 있는 구명조끼 입은 남자 승객이 세월호 내부를 가리키면서 계속 말하는데 뭐라고 하던가요.

박승기 : 헬기 바람 소리가 워낙 커서 목소리는 들리지 않았고, 계단에 있는 여학생을 손으로 가리키는 것으로 봐서 여학생을 구조해 달라는 소리로 인식했습니다.

검사 : 당시 세월호 내부를 가리키는 승객이 있었고, 세월호에 올라간 바로 옆에 출입문이 있는데 그 문을 열어 보던가 그 문 안쪽에 사람이 있는지 확인해 봤어야 하는 것 아닌가요.

박승기 : 지금 와서 그런 생각은 드는데 당시에는 배를 붙이고 계단 난간에 매달린 사람들을 보트에 태우려는 생각만 있어서 다른 생각은 못 했습니다. (선원 재판 10차, 증인 신문, 2014.8.20.)

박승기가 촬영한 동영상을 보면, 그가 문을 열어 보지 않고 그 앞의 사람만 데리고 내려온 그 4층 출구에서 학생들이 나오고 있다. 그 시각이 10시 12분~10시 13분으로, 그 시각까지 학생들은 선미 쪽 출구 안에서 대기하고 있었던 것이다. 생존 학생들은 방송에서 "해경이 구조 작업을 하고 있으니 대기"하라고 한 말을 따르고 있었다. 박승기는 "사람이 보이니까 빨리 구조해야지라는 생각만 했지, 문을 열어 봐야겠다는 생각 자체를 하지 못했다."고 진술했다.

선미 4층 통로도 곧 물에 잠기고 만다. 박은성 경사가 마지막으로 나온 여학생을 고무 단정에 태웠다.

[123정 해경 경사 박은성]

재판장 : 탈출한 여학생이 "비상구 안쪽에 학생들이 계속 있다."라고 말했나요?

박은성 : 나오면서 친구들이 안에 있다고 말하는 것은 들었는데 제 눈높이와 그 학생이 마지막 순간에 빠져나온 배의 높이가 거의 같았습니다. 정말 배가 가라앉는 순간에 마지막 학생이 나왔습니다. 거의 마지막 순간에 친구들이 안에 있다고 말하면서 학생이 울었던 것은 기억합니다. 눈높이라는 것은 거의 물에 잠기는 순간을 의미합니다. 그 학생 이후로 다른 학생은 보지 못했습니다. 말 그대로 사람이 들어갈 수 있는 순간이 아니었고 마지막 학생이 빠져나온 순간이 물에 다 잠기는 순간이었습니다. (선원 재판 7차, 증인 신문, 2014.8.12.)

10시 18분, 우현 3층 난간에 모여 보트에 오르길 기다리던 마지막 40여 명이 황급하게 물에 뛰어든다. 10시 21분, 본청 상황실은 상황정보 문자 시스템에 "승객들 해상탈출 적극 유도할 것", "경찰관 편승(배에 오름) 조치 못 했는지?"라고 답답하다는 듯 메시지를 띄운다. 하지만 그 시각 현장에서는 전남 201 고속 단정이 구명조끼를 입고 떠다니는 마지막 생존자를 건져 내는 중이었다.

잠수가 가능한 서해지방청 해경 특공대가 현장에 최초 도착한 시각은 11시 28분이다. 세월호가 있던 자리에는 어느새 조류가 거세게 감돌고 있었다.

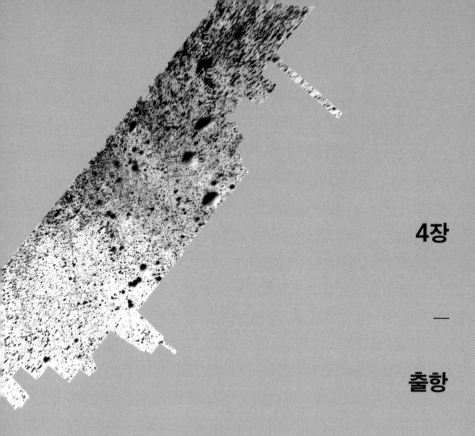

4장

—

출항

—

여객선이었나 화물선이었나

2014년 4월 15일 오후 4시 인천항. 부두에 정박한 세월호의 우현 선미 램프로 화물 트럭이 진입하고 있었다. 7미터가 넘는 적재함에는 목재가 가득 실려 있었다. 웬만한 기차 한 량 크기는 되어 보이는 52톤 트레일러, 26톤의 소금을 실은 18톤 카고 트럭, 25톤짜리 폐기물 탱크를 실은 추레라, 57톤짜리 굴삭기 등도 뒤따랐다. 한 대 두 대 세 대……. 육중한 차량이 들어갈 때마다 배가 좌우로 크게 출렁였다.

"어머나 어째!"
"여객선을 탄다더니 화물선이었어……."

방청석에서 유가족들의 탄식 소리가 새어 나온다.

검찰은 세월호 선원 재판 12차 공판에서, 세월호가 출항한 날 오후 4시 46분부터 5시 20분까지 인천항 연안여객터미널 CCTV 영상을 '빨리 감기'로 재생했다. 이날 검찰은 청해진해운 관계자 재판을 받고 있는 청해진해운 물류팀 차장 김정수를 증인으로 신청했다. 검사는 화물 과적과 고박 불량이 세월호 사고의 주요한 원인이라는 점, 그리고 선장 및 선원들이 이에 대해서도 책임이 있다는 점을 입증하려고 했다. 변호인들은 같은 증인에 대해, 반대로 화물 관련 업무는 선원들이 통제할 수 없는 부분이었음을 입증하고자 했다.

화물의 선박 운임을 매기는 방식은 두 가지가 있다. 하나는 화물의 중량으로 운임을 매기는 것이고, 또 하나는 부피로 운임을 매기는 것이다. 청해진해운은 철근처럼 부피는 작아도 무게가 많이 나가면 중량톤수(K/T)로, 가구나 목재처럼 부피에 비해 무게가 적게 나가면 부피톤수(M/T. 일정한 부피에 중량이 얼마라고 가정하고 무게를 매기는 단위)로 운송비를 정했다. 차량의 경우, 승용차는 차종에 따라 정해진 부피톤수로 계산하고, 화물 차량은 화물칸에 실린 화물 종류나 무게는 고려하지 않고 화물 적재함의 길이에 따라 운송비를 정했다. 그런데 선박에 화물을 무제한으로 실을 수 없음은 분명하다. 선박의 화물 최대 적재량이 초과하면 운항에 위험성이 커진다.

검사는 김정수에게 CCTV 영상을 보여 주면서 질문했다.

[청해진해운 물류팀 차장 김정수]

검사 : 세월호에 10톤만을 적재할 수 있다고 할 때, 차량 자체가 10톤이라면, 그 차량의 화물 적재함에 30톤짜리 화물이 실려 있

세월호를 기록하다

다고 하더라도 차량을 그대로 세월호에 적재하지요.

김정수 : 예, 맞습니다.

검사 : 영상에서 본 것처럼 목재가 가득 실린 차량도, 세월호의 적재 가능 중량을 측정하는 데 있어 (목재의 실제 중량을) 전혀 고려하지 않지요.

김정수 : 예, 그렇습니다.

검사 : 본 것처럼 엄청난 중량물들이 트레일러에 실려 있는데, 이역시 세월호의 적재 가능 중량을 측정하는 데 있어 전혀 고려하지 않지요.

김정수 : 특수 장비나 중량물의 경우, 램프 하중이 45톤인 것으로 알기 때문에 좀 오버된다 싶으면 1항사와 협의를 합니다. 저 (트레일러) 중량물들은 40~50톤 정도 되는 것으로 아는데 협의해서 배중앙에 선적했습니다.

검사 : 세월호 화물 담당자 1항사와 협의를 하긴 하는데, 램프를 과연 통과할 수 있는지, 선내 어디에 적재할 것인지를 협의한다는 것인가요.

김정수 : 예, 간단히 그 정도만 협의를 합니다.

검사 : "못 싣겠다, 이것은 안 된다" 이런 말을 들어본 적이 있나요.

김정수 : 그런 적은 전혀 없었습니다.

검사 : 세월호에 화물 적재할 때 항상 세월호가 좌우로 심하게 흔들렸지요.

김정수 : 예, 그렇습니다.

검사 : 세월호의 복원성이 좋지 않다는 점은 청해진해운 직원은 다 아는데, 그 상태에서 세월호에 화물을 많이 실으면 좌우가 심하게 흔들리고 위험하다는 건 충분히 알지요.

김정수 : 예, 그렇습니다. (선원 재판 12차, 증인 신문, 2014.8.27.)

김정수는 현장에서 하역(荷役)을 지휘했는데도, 피고인 변호인이 "세월호가 복원성을 유지하면서 적재 가능한 양이 얼마인지 아느냐?"고 묻자 "잘 모르겠다."고 답했다. 그는 물류팀 남호만 부장의 "빈 공간 없이 화물을 실어라."는 지시에 충실히 따랐으며, 그러면 과적이란 사실도 몰랐다고 진술했다. 그는 배의 복원성이 좋지 않다는 말을 듣긴 했는데, 단지 화물을 배 안에 좌우 균형을 맞춰 골고루 실어 달라는 말로 이해했다고 한다.

4월 15일 세월호는 안개 때문에 출항이 늦춰지다가 밤 8시 30분경 안개가 걷히자 부랴부랴 승용차를 실었다. 9시 출항 10분 전까지 차량을 싣다 보니 시간이 없어 고박 작업자들은 대강대강 고박을 했다. 규정대로 라싱(lashing. 고박) 밴드로 묶는 대신 바퀴 뒤에 웨지(고임목)를 대거나 그마저도 하지 않았다. 학생들이 "배 떠난다!"며 환호성을 올리던 순간, 세월호는 적재 기준의 두 배가 넘는 짐을 싣고 고박조차 평소보다 더 부실하게 한 채 출항했다.

세월호를 기록하다

선박의 복원성이란?

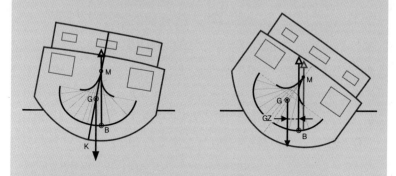

G=무게중심(center of gravity), B=부력중심(center of buoyancy), M=메타센터(metacenter), GM=무게중심에서 메타센터까지 높이, GZ=복원정(復原挺, righting arm)

• 물에 뜬 선박이 좌우로 기울다가도 다시 직립하는 성질을 복원성이라고 한다. 선박은 아래로 작용하는 선박의 중력중심(무게중심, G)과 위로 작용하는 부력중심(B)이 일치하면 똑바로 떠 있게 된다.

만약 바람, 파도, 그 밖의 힘에 의해 무게중심과 부력중심이 어긋나면 선박은 한쪽으로 기운다.(이를 횡경사라고 한다.) 이때 선박의 최저점(K)에서 무게중심을 통과하는 중심선과, 옆으로 이동한 부력중심에서 부력 작용 방향으로 그은 선이 만나는 교점을 메타센터(M)라고 한다. 메타센터의 위치가 무게중심보다 높을수록 선박은 안정하다. 오뚝이를 생각하면 되는데, 무게중심이 낮은 데 있는 오뚝이는 넘어져도 금세 일어난다. GM의 값이 클수록 선박의 복원성은 좋아진다.

그런데 액체나 곡물 같은 화물은 경사가 지면 한쪽으로 이동하게 된다. 이를 '자유 표면 효과'라고 한다. 자유 표면 효과가 발생하면 무게중심의 위치가 바뀌어 GM의 값도 달라지는데, 자유 표면 효과를 반영한 GM값을 GoM이라고 한다. 선박의 복원성이 안정되려면 GoM이 일정한 기준 이상 되어야 한다.

횡경사가 커지면 GM보다 복원정(GZ)으로 복원성을 다루는 게 보다 정확하다. GZ는 무게의 작용선과 부력의 작용선 사이의 수평 거리이다. GZ는 지렛대 원리와 유사하다. 지레점에서 손잡이까지의 거리가 멀수록 작용하는 힘이 커지는 것처럼, GZ 거리가 커질수록 선박의 복원성은 좋아진다. 예를 들면, 폭이 좁은 배보다 폭이 넓은 배가 한쪽이 기울어도 더 빨리 되돌아온다.(물에 뜬 세숫대야는 좀처럼 전복되지 않는다.) 그런데 복원성이 지나치게 좋아서 좌우가 빠르게 요동치면 그 배에 탄 사람은 심한 멀미에 시달릴 것이다. 그래서 여객선은 복원성을 조금 떨어뜨려 좌우 동요의 주기를 늦춰 승객이 운항 중에 편안한 기분을 느끼도록 설계한다.

• 해양수산부 고시 기준에 따라, 여객선의 복원성은 다음의 기준에 적합해야 한다. 대표적인 기준은 아래와 같다.

① 횡경사각 10도에서의 복원정(GZ10′)이 여객의 횡이동에 따른 경사우력정과 선회에 의한 경사우력정 이상일 것
-'경사우력'이란 경사지게 만드는 힘을 뜻하고 '경사우력정'은 그 힘이 미치는 거리이다. 여객의 횡이동에 따른 경사우력은 항해 중에 멋진 풍경이 나타나 승객들이 한순간 그쪽으로 쏠려서 기울어지는 것이다. 선회에 의한 경사우력은 앞의 배를 피하기 위해 좌우 어디로 급선회할 때 기울어지는 것이다. 어느 경우든 횡경사가 10도 미만이어야 한다는 뜻이다.

세월호를 기록하다

② GoM의 값이 0.15미터 이상일 것

– 액체의 자유 표면 효과를 고려하여, 무게중심에서 메타센터까지의 높이가 0.15미터 이상이어야 한다.

• 세월호는 2014년 4월 15일 출항할 때부터 복원성 상태가 해수부 고시 기준 여덟 가지 가운데 네 가지를 만족하지 못했다.

사고 시점에서는 그만큼 연료유와 청수를 소모하였으므로 무게중심이 올라가 복원성이 더 악화된 상태였다. GZ10′이 0.09미터로 기준인 0.15미터에 못 미쳤고, 선회 경사우력정 횡경사각은 20.5도로 기준인 10도를 두 배 이상 초과했다. 변침할 때 크게 기울어질 위험이 도사리고 있었다.

청해진해운 : "그저 열심히 하라고 했다"

세월호는 4월 15일 출항 당시 법이 정한 선박 복원성 기준에 절반 이상 못 미치고 있었다. 세월호는 어째서 이처럼 복원성이 나쁜 배였을까. 무리한 증개축은 사태의 결과일 뿐이다. 세월호가 운항하게 된 배경을 보자.

청해진해운은 해상 여객 및 화물 운송업에 종사하는 회사다. 주요 주주는 39.4퍼센트를 차지한 주식회사 천해지이고, 천해지의 주요 주주는 41퍼센트를 차지한 주식회사 아이원아이홀딩스이며, 아이원아이홀딩스의 주요 주주는 유병언의 아들들을 비롯한 유병언 일가다. 즉 청해진해운은 유병언 일가가 소유한 회사다. 청해진해운은 2013년에 세월호, 오하마나호 등 여객선 다섯 척을 보유하고 있었으며 2013년 매출액은 약 320억 원에 달했다.

청해진해운은 회장 유병언을 비롯하여 사장인 피고 김한식, 상무인 피고 김영붕, 그 아래 여러 팀과 부서로 구성되어 있는데 이 가운데 주요한 부서는 화물을 유치하고 배에 선적하는 일을 담당하는 물류팀, 선원을 채용하고 교육하며 배의 안전 운항을 담당하는 해무팀이다. 김한식 사장은 유병언 회장에게 중요 사항을 보고해 왔으며, 각 부서의 팀장은 김영붕 상무와 김한식 사장에게 업무 보고를 했다. 특히 월요일 오전에 김한식 사장 주재로 각 팀장 및 부서 책임자들이 모이는 주간 회의가 열렸다. 주된 안건은 화물 영업 실적과 화물 유치 계획이었고, 보통 이 자리에서 김한식 사장은 지난 주간의 실적을 점검하고 "더 열심히 해 달라."며 매출을 독려했다.

청해진해운은 2009년까지 인천-제주 항로에 오하마나호(6,322톤, 1989년 건조)를 투입하여 인천 출항 기준으로 운송업을 영위했다. 김한식 사장은 이 항로를 여러 척으로 운항함으로써 타 선사의 항로 진입을 방어하고, 오하마나호의 수명이 다하는 시점에 이를 대체하기 위해 유병언의 승인을 받아 추가로 카페리 여객선을 투입하기로 결정했다.

2010년경, 청해진해운 대표이사 김한식은 간부들로부터 "다른 회사에서 인천-제주 노선에 들어오려 한다."는 말을 듣는다. 그는 월수금 노선(인천 출항)인 오하마나호 노선에 더해 화목토 노선도 차지하기로 하고 채산성 검토를 지시했다.

"3년간은 적자가 나겠고 그다음부터 괜찮겠습니다."

세월호를 기록하다

김한식은 사업 추진을 결정했고 해무팀 이사 안기현을 일본에 보내 도입할 배를 물색하도록 했다.(해무팀은 선박 도입, 관리, 유관 기관 상대, 선원 교육 등을 맡는 청해진해운 부서다. 안기현은 선박 기관장 출신으로 청해진해운 임원 가운데 '유일하게' 선박을 잘 아는 사람이다.) 일본 히야시카네(林兼) 조선소에서 1994년에 건조한 나미노우에호가 선택되었고 청해진해운은 엔화로 8억 엔, 한화로 약 116억 원에 매매 계약을 맺었다. 대금은 산업은행에서 100억을, 청해진해운 자체적으로 16억을 마련해 지불했고, 2012년 10월 22일 선박 명칭을 '세월호'로 하여 인천지방해양항만청에 등록했다.

이 과정에서 청해진해운은 공무원과 해경 간부들에게 뇌물을 주었다. 인천-제주 항로에 세월호를 추가로 투입하기 위해서는 기존의 운송 수입이 일정 수준 이상임을 증명해야 하는데(평균 운송수입률 25퍼센트 이상), 청해진해운은 인천항만청 공무원과 인천해경 간부들에게 돈을 건네어 실제보다 높게 산정한 평균 운송수입률을 인정받고, 2013년 3월에 기어이 '증선 인가'를 따냈다.*

김한식은 세월호 도입으로 발생한 비용을 여객과 화물에서 충당하고자 배의 증축 및 수리를 지시했다. 유병언 회장이 자신의 사진 전시실을 만들라고 지시한 것도 증축의 이유 가운데 하나였다. 유병언 일가에게 청해진해운은 개인 금고나 다름없었다. 김한식의 지시 아래 청해진해운은 유병언 회장에게 매달 1천만 원씩 월급을 지

---

* 2014년 12월 11일, 세월호 증선 인가 과정의 뇌물 수수 등에 대해 목포지원 제1형사부는 인천항만청, 인천해경 전현직 간부들 및 청해진해운 임원에 대해 6개월~5년의 형을 선고했다.

급했으며, 유병언의 아들 유대균이 '오하마나호'의 상호를 등록했다
는 이유로 브랜드 사용료로 매달 3천만 원 이상 지급했다. 지주회사
아이원아이홀딩스(유병언의 아들인 유혁기와 유대균이 최대 주주)에 컨
설팅 자문료로 약 2억 7천만 원을 지불하는가 하면 세월호 전시실에
걸 목적으로 유병언 회장의 사진을 1억 원어치 이상 구매했다.

증개축은 2012년 10월부터 2013년 2월까지 전남 영암의 CC조선
에서 이루어졌다. 4층을 연장하여 여객 공간을 늘리고 5층에는 전시
실을 새로 지었으며, 선수 우현의 카램프를 철거하고 철판으로 밀폐
했다. 여객과 화물 운임을 늘리려는 의도였다. 그런데 증개축 후 한
국선급에서 '완성 복원성 계산서'가 나오자 문제가 생겼다. 적재 가능
한 화물량이 1,077톤으로 기존의 2,525톤에서 절반 이하로 줄어 버
린 것이다. 객실과 전시실을 올리면서 총톤수가 늘어나고 무게중심
이 올라간 까닭에 복원성을 유지하며 운항하려면 평형수를 더 싣고
화물을 줄여야 했다. 간부들은 대책 회의를 열어 방법을 찾았다. 당
시 증개축을 현장에서 감독했던 간부는 해무팀 이사 안기현이었다.

[청해진해운 해무팀 이사 안기현]

변호인(피고인 남호만) : 설계사 대표 증언에 의하면, 객실 증축하
면 화물량이 줄어들어 1,077톤밖에 못 싣는다고 말했다는데, 여
러 번 듣지 않았나요.

안기현 : 완성된 다음에 안 내용입니다. 수리 끝나고 인천 올라와
서 들었습니다.

변호인 : 피고인이 적극적으로 의견을 개진하여 증개축을 막았거

나, 회사 직원들에게 말해서 과적 문제 막을 수 있지 않았나요.

안기현 : 선박 구조 변경에 제가 반대를 많이 했습니다. 농담으로 "호박에 줄 긋는다고 수박 안 된다."고도 했습니다.

변호인(피고인 김한식) : 세월호 취항 후에 1년간 1,077톤보다 2배 이상 화물 싣고 주 3회까지도 운항했는데, 복원성 계산서에 따르면 적재 기준을 초과했으니 위험하다고 생각했나요, 아니면 별 문제 없으니 잊고 지냈나요.

안기현 : 잊어 먹고 있었습니다. (청해진해운 재판 17차, 피고인 신문, 2014.10.24.)

증개축에 들어가기 전 설계 과정에서 복원성의 변화는 확인되므로 안기현 이사나 청해진해운 주요 간부들이 이런 결과를 몰랐다는 말은 믿기 힘들다. 대책 회의의 결론은 복원성 기준을 무시하더라도 화물을 더 실어 수익을 내는 수밖에 없다는 것이었다. 사안의 중요성에 비추어 사장인 김한식도 당연히 이런 상황을 보고받았을 것으로 생각되는데, 김한식은 자기는 보고를 받은 바 없고 1,077톤이라는 수치도 몰랐다고 말했다. 법정에서 김한식은 검사가 "증축 후에 무게중심이 올라가 불안정해지고, 배를 안정시키려면 평형수를 채워야 한다는 것을 알았지요?"라고 묻자 "들은 적이 없었습니다."라고 대답했다.

세월호는 몸보다 머리가 커진 오뚝이처럼 불안해졌고 카램프 철거로 좌현이 30톤가량 무거워졌다. 직접 배를 모는 선원들은 위험성을 몸으로 느꼈다. 세월호 선장(계약직) 이준석은 물류팀 김정수에게 "좌우 균형이 많이 뒤틀린다."고 하였고, 1등 항해사 강원식도 해무팀 직원에게 "날씨가 안 좋은 날 배 한번 타 봐라, 우리는 죽겠다."고 하소연했다. 세월호 정식 선장 신보식은 농담조로 "이 배가 대한민국에서 가장 위험한 배"라고 말하기도 했다. 그러거나 말거나 청해진해운은 세월호 도입 직후부터 과적으로 초과 수익을 얻어 왔다.* 한국선급에서 승인받은 적재 및 고박 기준은 자연스레 무시되었다.

하지만 세월호 도입은 실수였음이 드러났다. 세월호는 1회 운항할 때마다 연료비 등이 6천만 원씩 들었지만 복원성이 나쁜 탓에 오하마나호보다 느리고 연료도 더 많이 소비했다. 복원성이 나빠 안전 문제, 과적 문제가 불거졌고 여객 운송 사업 전반의 불경기까지 겹쳤다. 영업 적자가 늘자 청해진해운 간부들은 세월호 매각을 염두에 두고 2013년 11월경 '제주항로 선박운영 구조조정안'을 만들어 향후 방안을 논의했다. 이때 논의된 방안은 첫째 세월호 단독 운항, 둘째 오하마나호 단독 운항, 셋째 세월호와 화객선(여객과 화물을 동시 운송하는 배. 여기서는 중형 이하의 선박을 의미) 운항, 넷째 오하마나호와 화객선 운항 네 가지였고 어쨌든 세월호는 매각하는 쪽으로 결론이 났다. 세월호 운항이 예상보다 비용을 너무 많이 잡아 먹었기 때문이다. 김한식이 유병언에게 이를 보고하러 갔는데, 유병언이

---

* 검찰의 공소 사실에는 청해진해운이 2013년 3월 15일부터 2014년 4월 15일까지 139회 운항으로 29억 6천만 원의 초과 운임을 획득했다고 하였는데, 재판부는 제출된 증거로는 이를 인정하기에 부족하다고 판결했다. '물론 초과 운임 액수가 부정확하다는 것이지 과적으로 초과 운임이 발생한 것은 당연한 사실이다.

"오하마나호는 25년 됐고 세월호는 20년 됐으니 먼저 것부터 팔아야지."라고 하여 세월호 매각은 없던 일이 되고 오하마나호부터 매각하기로 하였다.

한편 세월호의 위험성을 보여 주는 징후들이 하나씩 드러났다. 2013년 11월 29일 8시 20분경, 인천에서 제주로 가던 세월호는 제주 화도 부근 해상에서 파도를 맞아 좌현으로 15도 정도 기울었다. D데크에 선적한 벽돌, 주류가 한쪽으로 쏠려 파손되어 청해진해운이 배상해야 했다. 또 2014년 1월 20일 오후 6시 30분경 세월호는 제주에서 출항하려다가 예인선의 도움을 받았음에도 바람 때문에 부두를 떠나지 못해 출항이 지연되었다. 화물 기사와 승객이 거세게 항의하는 소동이 벌어졌고, 그 후 바람이 약해져 겨우 출항할 수 있었다. 1월 20일 사고 후 "구조 변경으로 인해 선박 무게중심이 이동하여 화물을 싣고 내릴 때 기울어서 안전사고의 위험이 있고, 풍압 면적이 넓어져 부두에서 이안이 어렵다."는 내용의 사고 보고서가 사장과 임원진에게 올라갔다. 하지만 문제를 해결하려는 조치는 취해지지 않았고, 불안감을 느낀 승무원 일부가 사표를 내고 회사를 떠났다.

[청해진해운 대표이사 김한식]

검사 : 2013년 11월 '선박운영 구조조정안'에 보면 "복원성 문제로 과적 시비가 우려된다."는 내용이 있는데 그 의미를 알고 있나요.

김한식 : 대충은 알고 있습니다.

검사 : 대충 안다는 의미는 무엇인가요.

김한식 : 여하간 복원성에 문제가 있다는 것으로 알았습니다. 균형 잘 안 맞는다는 소리만 들어서 그런가 보다 했습니다.

검사 : 구조 조정안 보고받으며 과적 시비 문제도 보고받았고, 선박의 불균형 등으로 인해 세월호에 화물을 많이 실으면 안 된다는 것을 알았지요.

김한식 : 그렇게까지 심각한지 몰랐습니다. 과적을 제게 구체적으로 이야기한 사람이 없어 심각하게 생각 안 했습니다.

검사 : 세월호 사고 3개월 전인 2014년 1월 20일 발생한 사고 보고서를 피고인이 보고도 아무런 조치를 안 취해서 (4월 16일) 사고가 날 때까지 계속 과적 운항된 것이지요.

김한식 : 결과적으로 그렇게 된 거라고 생각됩니다.

검사 : 주간 회의 때 물류팀으로부터 화물 적재 실적을 보고받았고, 운항으로 인한 적자를 해결하기 위해서는 매출 대부분을 차지하는 화물 적재를 늘리는 것 외에는 달리 방법이 없었지요. 피고인은 물류팀으로부터 주간 보고 받을 때마다 화물 매출을 올리라 독려했지요.

김한식 : 항상 열심히 해 달라고만 얘기했습니다.

검사 : 세월호는 구조적인 문제점으로 화물을 많이 적재하면 안 되는 상황에서 피고인은 이 문제를 어떻게 해결하려고 했나요.

김한식 : 굳이 해결해라 마라 한 건 아니고, 열심히 하라고만 얘기했습니다. (청해진해운 재판 17차, 피고인 신문, 2014.10.24.)

세월호를 기록하다

김한식은 세월호를 도입할 때부터 구조 조정안이나 사고 보고서가 올라올 때까지 직원들이 꾸준히 복원성 문제를 제기했음에도, 시종일관 "몰랐다"고 대답했다. 그는 '복원성', '평형수', '만재흘수선(선박의 측면에 그어져 있는 선으로, 이 선보다 배가 가라앉으면 실을 수 있는 재화 중량을 초과했다는 뜻)', '최대 적재 화물량'에 대해 자세히 모르거나 개념조차 처음 듣는다고도 했다. 배로 사람과 화물을 나르는 회사의 경영자가 배의 기본적인 요소조차 몰랐다는 말을 믿어야 할까. 혹 정말 모르고서 사업을 해 온 것이라면, 그 역시 범죄에 가까운 부주의다. 모호하기 짝이 없는 "열심히 하라"는 말은, 승객의 안전보다 당장의 이윤에 집중하라는 무언의 압력으로 들린다. 영혼 없는 경영자를 모셔서 그런지, 청해진해운 간부들도 하나같이 과적 기준이나 평형수의 의미 같은 내용을 잘 모른다고 진술했다.

청해진해운은 세월호 사고가 일어나기 전인 2014년 3월에 세월호를 매매 시장에 내놓았다. 김한식은 이 일조차 몰랐다고 진술했다. 4월 15일, 세월호가 출항 준비를 하고 있을 때 선박 매매 중개인이 배를 방문해 곳곳을 촬영하였다. 청해진해운은 이 불안한 세월호를 어느 나라에 팔려고 했을까. 청해진해운은 이전에도 고속페리1호를 운항하다 필리핀에 매각한 바 있는데, 세월호도 동남아 국가에 매각되었을 가능성이 높다. 아이러니하게도 사고 후 검찰은 이 사진들을 압수해 세월호의 내부 구조와 화물 상태 등의 증거로 제출했다.

있으나 마나, 운항 관리 규정

해운법 제21조는 '내항 여객 운송 사업자'에게 법이 정한 기준을 충족하는 '운항 관리 규정'을 만들 것을 요구한다. 운항 관리 규정은 인명과 화물을 안전하게 수송하는 데 필요한 인적·물적 요건을 세세하게 명시한 것으로, 회사의 자체 규정이기는 하나 해양경찰의 심사를 받아야 한다. 운항 관리 규정에는 최대 승선 인원 및 화물 적재량, 화물·차량의 적절한 고박 배치 방법, 출항 전후 항만청 운항 관리실에 보고할 내역, 승무원의 훈련 주기 등이 포함된다.

청해진해운과 해경의 유착은 운항 관리 규정의 심사 과정에도 끼어든다. 심사위원인 해경 간부들은 청해진해운이 제공하는 오하마나호로 제주도까지 가서 술, 식사, 관광을 접대받았고 제주도에서 돌아오자마자 열린 운항 관리 규정 심사위원회에 참석했다. 결과적으로 세월호 운항 관리 규정은 한국선급 복원성 계산서에 따른 화물 적재 기준을 초과해서 짐을 실을 수 있게 만들어졌다. 한국선급 기준에 따르면 세월호는 재화 중량 3,794톤, 승용차 및 소형 트럭은 81대, 24톤 트럭은 8대(또는 8톤 트럭 24대)만을 실어야 한다. 하지만 세월호 운항 관리 규정은 재화 중량을 3,963톤까지, 차량은 소형차 88대에 대형차 60대로 합이 148대까지 실을 수 있게끔 승인받았다.(감사원 보고서, 2014.7.8.)

운항 관리 규정이 이미 기준을 어기고 있지만, 그 기준이라도 철저히 지켰다면 또 상황은 달랐을 것이다. 세월호 운항 관리 규정상 안전 관리 담당자는 청해진해운 해무팀장이다. 안전 관리 담당자는 물류팀 등 회사의 다른 부서보다 높은 지위와 권한을 가지게끔 되어

세월호를 기록하다

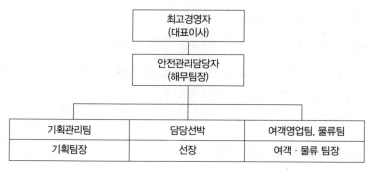

세월호 운항 관리 규정에 있는 안전 지휘 체계.

있다. 선박의 안전 운항이 더 많은 화물을 유치하는 일보다 중요할 테니 이러한 조직 체계는 당연해 보인다.

그러나 현실은 정반대였다. 청해진해운은 화물 영업을 맡은 물류팀이 실권을 쥐고 과적을 지휘했다. 해무팀, 선장 및 선원은 물류팀의 일 처리에 감히 제동을 걸지 못했다. 세월호 도입 후 영업 적자가 커졌으므로 아무래도 수익 창출과는 거리가 먼 해무팀과 특히 세월호 선원들의 발언권은 약해졌다. 청해진해운 상무 김영붕은 대놓고 물류팀에 "너희들이 회사를 먹여 살린다."고 격려했고, 물류팀 부장 남호만은 "빈 스페이스 없이 붙여 실어라."라고 독촉했다. 매출이 적으면 남호만은 김정수 등 부하 직원들을 "새가슴"이라며 야단쳤다. 김정수는 선적과 고박 작업을 현장에서 지휘하며 이미 고박한 화물도 "풀어서 다시 빽빽하게 붙여라."라고 요구해 하역업체(우련통운)와 고박 노동자들의 불만을 샀다.

세월호 안전 관리 담당자가 실제로 누구냐를 놓고 법정에서 책임을 떠넘기기 위한 공방이 있었다. 해무팀 이사 안기현은 해무팀장 박희석이 안전 관리 담당자라고 주장했고, 박희석은 실권을 쥐고 업무를 해 온 사람은 안기현이라고 주장했다. 안기현은 해무팀의 최종 결재자이며 세월호와 오하마나호가 인천항에 입항하면 선장, 사관을 불러 '선상 회의'를 주재하였다.

〔청해진해운 해무팀 이사 안기현〕

변호인(피고인 이준석) : 증인, 김한식이 간부 회의 하면서 화물을 더 많이 실으라고 독려한 적 있나요.

안기현 : 예, 있습니다.

변호인 : 화물 선적을 전담하는 물류팀이 이익을 창출하기 때문에 입김이 너무 세서, 다른 부서는 물류팀의 일에 간섭할 수 없다던데 사실인가요.

안기현 : 예, 물류팀에서 매출 70~75퍼센트를 차지하기 때문에, 화물을 물류팀에서 전담하기 때문에 다른 사람들이 말해 봐야 효과 없고 불이익 당할지 모르니까 말을 안 합니다.

변호인 : 증인은 안전 관리 담당자인데 과적되고 있다는 사실을 알면서 과적하지 말라고 물류팀에 이야기한 적이 있나요.

안기현 : 없습니다.

변호인 : 왜 하지 않았지요.

안기현 : 물류팀에 말해 봐야 기대한 효과가 없을 거 같아서 못했습니다.

변호인 : 해무팀 이사인 증인도 물류팀 과적 문제를 바꾸지 못하는데 선장이나 선원들은 당연히 못 바꾸겠네요.

세월호를 기록하다

안기현 : … 그건 생각해 본 적이 없습니다. (선원 재판 11차, 증인 신문, 2014.8.26.)

물류팀이 세월호에 설치하기 위해 디링(D-ring. 바닥에 부착한 D자 모양의 고리로 고박 시에 필요)을 추가 구입해 달라고 해무팀에 요청하자 안기현은 두말하지 않고 결재해 주었다. 애초 배에 설치된 것보다 많은 디링이 필요하다면 적재 기준보다 많은 차량을 선적한다는 의미다. "해무팀 최고 결재자로서 디링이 왜 그렇게 많이 필요한지 생각 안 해보았나요?"라고 검사가 묻자 안기현은 "물류팀에서 올라온 거니까 제지할 생각을 못 했다."라고 대답했다. 선박은 화물량에 따라 복원성이 변동되므로 해무팀이 매 출항 시 안전 운항이 가능한 복원성 상태인지 점검해야 한다. 그러나 청해진해운 해무팀 간부, 직원 할 것 없이 "만재흘수선만 넘지 않으면 된다."는 생각이었다. 그런데 화물이 많으면 1등 항해사가 평형수를 빼 만재흘수선을 넘지 않게 조절한다는 것은 물류팀, 해무팀 모두 아는 사실이었다.

세월호 정규직 선장 신보식은 2014년 3월 선상 회의에서 "선수에 철근 같은 중량물을 몇 트럭씩 적재하면 조타할 때 선수가 잘 안 돌아갑니다. 선수에 철근은 일정량 이상 싣지 말고 배의 하부로 옮겨 달라고 물류팀에 말 좀 해주십시오."라며 시정을 요구했다. 각 팀장들이 모이는 청해진해운 월요 주간 회의에 해무팀장이 이 내용을 전달했다. 하지만 물류팀에서는 자기들이 알아서 하겠다며 시큰둥하게 답했다.

"흥, 누구 때문에 먹고 사는데……."

신보식은 물류팀을 직접 찾아가기도 했지만 상무 김영붕으로부터 "나대지 말고 선원들이나 잘 관리하라."는 핀잔만 들었고, 안기현도 "그래서 운항을 못 하겠다는 것이냐?"며 가만히 있으라고 종용하였다. 물류팀 남호만 부장은 "화물을 많이 실으면 무게중심이 올라가 배가 위험해진다."는 신보식의 문제 제기에 "화물을 많이 실으면 오히려 무게중심이 내려가서 배가 안정되는 것 아니냐?"고 답할 정도로 선박에 대해 무지했다. 문제 제기가 받아들여지지 않고 변화될 기미도 없자 신보식은 기회만 있으면 회사를 옮기려고 마음먹었다.

오하마나호 선장 박진환의 경우는 조금 사정이 달랐다. 정식 선장이면서 근무 경력도 오래된 그는 물류팀과 여러 차례 티격태격했다. 물류팀이 짐을 실었는데 박진환이 완강하게 거부하여 남호만 부장이 결국은 타협하고 짐을 내리게 한 적도 있었다.

〔오하마나호 선장 박진환〕

변호인(피고인 이준석) : 증인은 화물 선적과 관련해서 청해진해운 본사 담당자에게 문제 제기를 한 적이 있나요.

박진환 : 서면으로도 여러 번 제출했고, 하역 기사에게도 통보해서 선박의 복원력이 안 좋으니까 무거운 짐은 밑으로 실으라고 하는 등 여러 번 제출했습니다.

변호인 : 그로 인하여 실제로 물류팀이 문제를 시정한 적이 있나요.

세월호를 기록하다

박진환 : 시정을 안 했고, 물동량이 많다 보니까 영업팀에서는 무조건 짐을 많이 실으려고 했습니다. 저는 제가 생각하는 기준치가 넘었을 때는 항상 "못 싣겠다, 출항하지 않겠다."라고 하면서 조치를 취했습니다.

변호인 : 선장 및 선원이 실질적으로 물류팀에 화물 선적과 관련해서 문제 제기를 하여 시정되는 경우는 없었던 것으로 보이는데, 맞나요.

박진환 : 예. 선박 회사는 기본적으로 선박이 있어야 회사도 있는 것인데, 선장들은 배제하고 매주 간부직, 부장 직급들만 회의를 했습니다. 회의에 참석하라는 통보는 한 번도 못 받았습니다. (선원 재판 12차, 증인 신문, 2014.8.27.)

그러나 세월호 선장과 선원들은 소극적으로 이의를 제기하거나 하소연은 했지만 적극적으로 화물 선적을 거부하지는 않았다. 선장 신보식, 이준석의 말이 씨알도 안 먹히는 것을 보고 사관들도 지레 포기해 버렸던 것 같다. 2014년 4월 14일에도 오하마나호 선장 박진환은 60톤에 달하는 중장비 두 대를 싣지 못하겠다고 버텨 결국 부두에 두고 출항했다. 그리고 그 중장비들은 다음 날인 15일 '만만한' 세월호에 실렸다. 물류팀 차장 김정수는 선미 램프 앞에 중장비를 세워 놓고 강원식에게 어디다 실으면 되느냐고 물었고 강원식은 "센터에 실어 달라."고 대답했다.

[세월호 1등 항해사 강원식]

검사 : 김정수는 중량물을 선적할 경우 증인과 상의해서 선적했다고 하던데 맞는가요.

강원식 : 그것은 상의가 아니라고 생각합니다.

검사 : 그러면 무슨 이야기를 했나요.

강원식 : 상의를 하려면 "이런 중량물 화물이 있다. 어떻게 할 것이냐, 배에 실을 수 있느냐 없느냐 또는 어디에 실을 것인지" 물어보면서 하는 것이 상의이지, 부두 앞에 갖다 놓고 "어디에 실어줄까?"라고 묻는 것이 어떻게 상의입니까?

검사 : 증인은 김정수가 선미 램프 앞에 세워둔 중량물을 "이거 어디에 실을까?"라고 했을 때 "저거는 실으면 우리 배 진짜 큰일 난다, 안 된다."라고 거부할 수는 없었나요.

강원식 : 예, 거부할 수 없었습니다. 화물에 대해 선장님이 이야기해도 시정되지 않았고 1항사가 이야기해 봐도 시정될 일이 아니기 때문입니다.

검사 : 오하마나호의 경우 박진환 선장이 "저거 실었다가 우리 배 큰일 난다. 난 못 싣는다."라고 강력히 항의했고 그래서 실제로 화물을 안 싣고 출항하기도 했다는데 세월호는 왜 그렇게 하지 못했나요.

강원식 : 선장님이, 이야기해도 안 된다고 자주 말씀하셨기 때문에 저도 그렇게 알고 있었습니다. (청해진해운 재판 5차, 증인 신문, 2014.8.29.)

이날 우련통운 현장팀장 이준수는, 김정수가 대형 레커차를 세월호 2층 C데크에 실으라고 하자 "김 차장, 이거 무거워 보이는데 1층에 선적해야 하는 거 아니야?"라고 물었다고 한다. 김정수가 "아니다. 2층에 실어도 된다."고 답하자 이준수는 옆에 있던 강원식에게 "1항사님 레커차 2층에 선적해도 됩니까?"라고 물었다. 그런데 강원식은 "그냥 2층에 적재하세요."라고만 했다.(강원식은 이 대화는 기억이 나지 않는다고 했다.) 선원법에 의해 선장은 출항 전에 화물의 적재 상태를 검사해야 하는 의무가 있고, 1등 항해사 강원식은 세월호의 화물 담당자이다. 그러나 선장 이준석과 1등 항해사 강원식 누구도 "이건 너무 많다, 안 된다."고 회사에 강하게 문제 제기하거나 싸우지 않았다. 그들은 승객은 물론 본인들도 위험할 수 있는 배를 타고 '오늘도 무사히' 하는 마음으로 하루하루 바다로 나갔다.

〔세월호 선장 이준석〕

검사 : 세월호가 증개축된 후 인천으로 돌아왔을 때 세월호에 복원성 계산서가 전달됐지요.

이준석 : 예.

검사 : 그 복원성 계산서에는 평형수와 화물을 얼마나 실어야 할지가 기재돼 있지요.

이준석 : 예.

검사 : 복원성 계산서에는 세월호가 안전 운항을 하기 위해서는 화물을 최대 1,077톤까지, 평형수는 거의 다 채우게 돼 있는데 피고인은 왜 복원성 계산서를 봤음에도 운항하면서 평형수와 화물

을 그에 맞게 적재하지 않았나요.

이준석 : 화물 관계는 물류팀에서 하기 때문에, 1항사가 화물 책임자로 일하고 최종 책임은 선장이 지지만 이를 어떻게 할 수가 없었습니다. 짐을 많이 싣기 위해서 그렇게 됐습니다. (선원 재판 23차, 피고인 신문, 2014.10.7.)

선원 안전 교육조차 없었다

화물 과적과는 별개로, 청해진해운은 안전 운항을 위한 자신들의 의무 하나를 또 소홀히 했다. 선원들에 대한 훈련과 교육을 제대로 하지 않았던 것이다. 청해진해운은 명절에 공무원들에게 상품권을 수천만 원씩 돌리면서도 훈련과 교육에 투자하지 않았다. 거기에 더해, 훈련과 교육을 담당할 해무팀과 선장도 이 책임을 방기했다. 화물 문제야 물류팀 때문에 어쩔 수 없었다 하더라도 이것마저 제대로 책임지지 않은 것은 변명의 여지가 없다.

세월호 운항 관리 규정은 훈련 내용과 주기를 상세히 밝히고 있다. 선장은 매 10일마다 '해상 인명 안전 훈련'을, 3개월마다 '비상조타 훈련'을, 6개월마다 각종 해양 사고 대응 훈련을 시행해야 한다. 10일마다 반복하는 훈련에는 화재 진압, 승객 구조, 퇴선이 포함되어 있다. 이번 사고처럼 승객을 선내에 대기시켜 참사를 만드는 일은 이런 훈련이 잘 이루어졌으면 있을 수 없는 일이다. 안전 관리 담당자인 해무 이사, 해무팀장은 3개월마다 안전에 관한 소집 교육을 해야 한다.

구 분		시행주	대상자	교관
선내숙지 훈련		수 시	전 선원	선장
해상인명 안전훈련 및 대응훈련	– 소화훈련(필수) – 인명구조, 퇴선, 방수	매 10일마다	전 선원	선장
해양 사고 대응훈련	선체손상 대처훈련 – 충돌 및 좌초 – 추진기관 고장 – 악천후 대비 등	6개월	전 선원	선장 기관장
	인명사고시 행동요령 해상추락	6개월	전 선원	선장
	인명사고시 행동요령 밀폐공간에서의 구조	6개월	전 선원	선장
	비상조타훈련	3개월	전 선원	선장
기름유출 대처 훈련		매 월	전 선원	오염방지관리인
선박의 안전, 여객 및 선원의 안전을 위협하는 대테러 훈련/교육, 해상안전 관계법령		매 3개월	소집 교육	안전관리담당자

세월호 운항 관리 규정에 있는 훈련 내용과 주기.

2014년에 들어와 세월호 승무원들은 딱 한 번, 유관 기관 합동 점검에 대비하여 2월에 선장 신보식이 주도한 형식적인 소화 훈련을 1회 받았을 뿐이다. 해무 이사 안기현, 팀장 박희석은 해무팀 업무인 분기별 안전 교육 계획을 수립하지 않았고 선장이 훈련을 제대로 하는지 감독하지도 않았다. 이준석은 자신은 계약직 선장이라서 훈련을 주도할 권한이 없었다고 하고, 신보식은 훈련을 하지 않고도 마치 한 것처럼 기재하라고 지시했다.

〔세월호 3등 항해사 박한결〕

검사 : 피고인은 2014년 2월 세월호에서 비상 상황에 대비한 소화, 퇴선 훈련을 받았지요. 당시 훈련 내용과 피고인의 역할은 무엇이었나요.

박한결 : 불이 나면 초기 진압을 하고, 초기 진압이 안 돼서 마지막에 퇴선 명령이 떨어지면 퇴선 장소에 모이는 것으로 하여 끝났습니다. 훈련 시나리오를 나눠 준 것으로 기억합니다. 역할이 일일이 기재돼 있지는 않은 것 같고, 전체적인 대본 식으로 돼 있었습니다. 저의 역할은 선장님의 오더가 있으면 "비상 배치 붙어!" 명령을 하고 퇴선 명령이 있으면 퇴선 방송을 하는 것이었습니다. 선장님이 무전기로 "3항사, 퇴선 방송을 해라."라고 하면 제가 "총원 퇴선, 총원 퇴선, 총원 퇴선."이라고 방송했습니다.

검사 : 세월호 운항 관리 규정을 보면 10일마다 해상 인명 안전 훈련을 실시하는 등 주기적으로 훈련을 하도록 규정되어 있는데, 피고인은 2014년 2월에 받은 훈련 외에 몇 번 더 훈련을 받았나요.

박한결 : 전 세월호에서 딱 한 번 받았습니다.

검사 : 피고인은 1항사인 강원식으로부터 2014년 상반기 훈련 일정표를 받아 그 일정표에 맞춰 훈련 실시 여부와 관계없이 항해일지에 훈련 사항을 기재했지요.

박한결 : 예.

검사 : 누가 그렇게 하라고 했나요.

박한결 : 신보식 선장님께서…….

검사 : 인천 운항 관리실, 항만청, 해경 등이 세월호 점검을 나왔을 때 세월호 항해 일지를 점검하면서, 항해 일지에 기재된 훈련 사항을 보고 실제 훈련을 시행했는지 묻던가요.

박한결 : 묻지 않았습니다. (선원 재판 21차, 피고인 신문, 2014.10.6.)

선박이 안전 운항하기 위해 선원들의 비상 대처 능력을 높여야 함은 두말할 필요도 없다. 이는 단순한 희망 사항이 아니라 국제협약으로 각 나라의 법에 포함되어 있다. 선원 교육, 의무, 준칙 등과 관련한 국제협약은 STCW 협약*과 솔라스 협약**이 대표적이다. 우리나라도 이 협약에 근거해 선원법과 해운법에 선원 교육 훈련에 대한 규정을 둔다. 세월호 운항 관리 규정은 임의로 만든 것이 아니라 국제협약과 국내법에 따라 만들어졌다. 국제협약과 국내법이 최소한 10일마다 선원들에게 비상 훈련을 하라고 요구하는 셈이다. 왜 이렇게 주기적이고 반복적인 훈련이 필요할까. 정부 위탁 선원 교육 기관인 한국해양수산연수원 김영모 교수는 법정에서 이렇게 증언했다.

"한 번 교육을 받았다고 해서 그것이 본인의 지식이 되는 것이 아닙니다. 특히나 비상 상황의 경우에는 평소 자기가 가지고 있는 지식에 의한 이성적인 행동보다는 공포에 질리기 때문에 자기 몸에 배어 있는 습관이 앞서게 되어 있습니다. 그렇게 때문에 비상

---

* Standard of Training, Certification and Watch Keeping for Seafarers. 선원의 훈련, 자격 증명, 당직 준수 기준에 관한 국제협약.
** Safety Of Life At Sea. 국제 해상 인명 안전 협약.

상황에서도 평상심을 가지고 이성적인 행동을 할 수 있게끔 교육 훈련을 반복적으로 실시할 것을 요구하고 있습니다."

피고인인 선장, 선원들은 공통적으로 "이런 사고가 처음이라 공포로 인해 무능력해졌다."라고 했다. 학생들의 동영상에서 사고 초기 학생들이 웃기도 하고 농담도 하는 모습과 대비된다. 항해 경험이 많을수록 위험을 더 구체적으로 인지하는 것은 아닐까. 그렇다고 전문 인력인 선원들이 무책임하게 배를 버리고 도망가도 된다는 이야기는 아니다. 두려움을 극복하고 승객 구조라는 맡은 책임을 다해야 한다.

하지만 김영모 교수의 말처럼, 비상 상황에서는 이성으로 통제할 수 없는 감정 상태에 휩싸일 가능성이 있고, 일상의 반복 훈련만이 그러한 공포감을 제어하고 맡은 바 임무를 효율적으로 수행하게 만들 것이다. 그러나 청해진해운은 2013년에 향응 접대비를 6천만 원 이상 쓰면서도 선원 교육에는 달랑 54만 원을 투자했다.*

선원들은 "상부의 지시, 명령이 없어서 쉽사리 행동할 수 없었다."고 한다. 사관들은 선장을, 하급 선원들은 선장과 사관을 탓한다. 기관부 선원들은 조타실에서 명령이 없었다고 말한다. 즉 선박의 상명하복식 명령 체계를 거슬러 행동하기 힘들었다는 이야기다. 이 문제는 배나 비행기의 지휘 체계를 아는 사람들에게는 쉽게 반박

---

* YTN, "청해진해운, 선원 안전 교육비 1년에 54만원", 2014.4.19.

세월호를 기록하다

하기 힘든 면이 있다. 미국의 베스트셀러 작가 말콤 글래드웰이 쓴 『아웃라이어』에도, 기장에게 직접 이의 제기를 못 하고 에둘러 말해야 하는 조종실 분위기 때문에 결국 여객기가 추락한 사례(1997년 대한항공 801편 괌 추락 사고)가 나온다. 김영모 교수는 이에 대해 법정에서 중요한 의견을 들려주었다. 약간 길지만 인용해 본다.

[한국해양수산연수원 교수 김영모]

김영모 : 선장은 비상사태에서 어떻게 대처할지 지휘하고 지시를 해야 할 당사자입니다. 그런데 많은 여객선 사고를 조사해 보면 사고의 모든 책임을 진 선장은 책임의 중압감 때문에 일시적으로 공황 상태에 빠질 수 있다고 합니다. 그러면 선장이 자신의 능력을 발휘하지 못하거나 잘못된 판단을 내릴 수가 있습니다. 이 때문에 항공기도 그렇고 선박도 그렇고, 책임자가 제 역할을 하지 못하면 차상급자가 선장의 지휘를 대신한다기보다 선장이 제대로 판단을 할 수 있도록 조언을 하는 역할을 요구하고 있습니다. 항공기에서 '칵핏 리소스 매니지먼트(Cockpit Resource Management. 조종실 자원 관리)'라고 해서 기장이 잘못된 판단을 했을 때 부기장이 조언을 주도록 하고 있듯이, 해운 분야에서는 '브리지 리소스 매니지먼트(BRM. 선교 자원 관리)'라는 과정을 통해 선장이 잘못 판단하면 다른 차상급자가 선장에게 조언을 하는 제도를 가지고 있습니다. 책임자인 선장이 재선하고 있을 때 다른 사람이 선장의 역할을 하기란 현실적으로 어렵습니다. 그러나 이런 어려움 때문에 사고 초기에 대처하지 못하는 것이 항공산업이나 해운산업의

문제이므로 CRM이나 BRM 같은 교육 과정이 필요합니다. 이번 경우도 예상치 않은 사고가 발생하였다면, 선교에 모인 선원들 중 누구라도 선장이 제대로 판단을 하고 행동을 하도록 조언을 주었어야 한다고 생각합니다. 선장으로부터 특별한 지시가 없었다고 해서, 국제법과 국내법, 회사의 운항 관리 규정에서 요구하는 인명 구조 행위를 선원들이 하지 않아도 되느냐에 대해서 동의하지 않습니다. 실제로 1991년 '오세아노스'호라는 여객선이 침몰하는 사고가 있었는데, 그 당시도 선장이 이성을 잃고 지휘를 하지 못했습니다. 이때 오히려 사무장이 선장을 대신하여 선박을 지휘해서 571명 전원을 대양에서 구조했던 사례가 있습니다. (선원 재판 17차, 증인 신문, 2014.9.23.)

기초적인 안전 교육에조차 투자하지 않았던 것이 이윤에 눈먼 기업의 현 실태라면, CRM이나 BRM 같은 교육이 어서 자리를 잡도록 하는 것이 항공산업과 해운산업의 미래를 위해 절실한 과제인 듯하다. 정부 교육 기관에 종사하는 김 교수는, 세월호 사고를 계기로 정부 차원의 교육도 개선해야겠지만 기업들이 의식을 바꾸어야 한다고 강하게 질타했다.

김영모 : 우리나라 내항 쪽 사업주들이 선원들에 대한 교육을 해운업을 유지하기 위한 투자라고 생각하지 않고 비용으로 생각하면서 투자를 하지 않습니다. 어떤 의미에서 보면 선원들은 선주에게 '을'의 입장입니다. 선주가 교육을 실시하지 않고 교육비를 투

세월호를 기록하다

자하지 않는데 선원들이 어떻게 더 나은 교육을 할 수 있겠습니까? 저희들도 보다 현실적이고 알찬 교육을 해야 되겠습니다만 우리 산업계 자체가 이런 사고를 예방하기 위해서 앞으로 좀 더 많은 교육에 대한 투자와 노력이 있어야 할 것이라고 생각합니다.

과적과 부실 고박 : 침몰로 이어지다

일본수산공학연구소에서는 화물의 이동이 선박 안전에 어떤 영향을 미치는지 보여 주기 위해 모형 선박 실험을 했다.* 길이 60미터의 대형 수조에 약 2.8미터의 모형 선박을 띄우고, 배 안에 추를 단단히 고박할 때와 고박하지 않을 때를 비교하였다. 단단히 고박한 모형 선박은 선회하더라도 안정적으로 운항하였지만, 고박하지 않은 경우에는 선회를 시도하자 추가 한쪽으로 쏠리면서 배가 전복되었다. 화물의 이동은 선박의 무게중심을 변화시켜 복원성을 악화한다.

그래서 해운사는 법규에 맞게 화물과 차량을 적재하고 고박해야 한다. 또 선박 내부의 눈에 잘 띄는 곳에 '화물 차량 적재 배치표'도 부착해 놓아야 한다.

해양수산부의 고박 기준에 의하면, 차량 사이는 최소 60센티미터 이상 띄워야 하며 승용차와 소형 화물차는 앞뒤 두 개씩 네 개의 라싱 밴드로 고박하고 대형 트럭은 전후좌우 열 개의 체인으로 고정해야 한다. 컨테이너는 반드시 콘베이스(바닥에 튀어나와 있는 화물 고

---

* SBS, ""이렇게 화물 실으면 침몰" 日 방송 부끄러운 실험", 2014.4.22.

정 장치)에 맞춰 실어야 하고, 상하좌우로 컨테이너 여러 개를 적재할 때는 트위스트락(위아래로 맞닿은 컨테이너를 고정시키는 장치), 브리지피팅(수평으로 맞닿은 컨테이너를 고정시키는 장치), 라싱바, 턴버클 같은 장치를 활용해 단단히 연결해야 한다. 일반 화물은 팔레트(화물 거치대) 위에 올려 그물로 덮고 화물 크기에 따라 6~10개의 고박점에 지름 2센티미터 이상의 로프로 묶어야 한다. 고박점이 아닌 곳에 임의로 묶어선 안 된다. 고박이 버티는 정도를 안전율이라고 하는데, 해수부 기준은 선체가 20도 기울 때 안전율이 4 이상 되어야 한다고 정한다. 가령 화물 중량이 1톤이라도 고박은 최소 4톤은 버티도록 해야 한다는 이야기다.

세월호는 평소에도 고박 규정을 지키지 않았다. 지킬 수가 없었다. 정상적으로 고박하려면 화물과 화물 사이에 일정하게 거리를 두어야 하는데 청해진해운에서 고박 종사자들에게 빈 공간 없이 빡빡하게 적재할 것을 요구했기 때문이다.

이는 4월 15일에도 마찬가지였다. 컨테이너가 105개 실렸는데, 콘베이스가 있는 선수 갑판에만 실어야 했지만 실제로는 콘베이스가 없는 D데크, E데크에도 실렸다. 컨테이너도 철이고 바닥도 철이라 배가 기울어지면 미끄러지기 십상이었다. 선수 갑판이라고 컨테이너들이 제대로 고박된 것도 아니었다. 콘베이스가 10피트 컨테이너를 기준으로 설치되었는데, 선적된 컨테이너는 10피트짜리와 8피트짜리가 섞여 있어 귀가 맞지 않았다. 트위스트락은 대부분 고장났고 브리지피팅, 라싱바, 턴버클 같은 장치도 없었다. 2단으로 쌓은 컨테이너들은 그저 로프를 컨테이너 모서리 구멍으로 통과시켜 잡아당겨 묶었다. 설상가상으로 컨테이너 사이에 방수포를 깔고 철근 150톤, H빔 20톤을 올렸다. 운항 관리 규정상으로 이 정도 중량의 철근을 실으려면 컨테이너는 싣지 말아야 한다. 게다가 철근은 로프로만 대충 고박했다.

D데크에는 목재 및 화물이 이중, 삼중으로 빈틈없이 적재되었는데, 어떤 화물은 고박할 공간이 나오지 않아 옆의 다른 화물들에 로프로 연결했다. 한 화물이 이동하면 당연히 따라 움직이게 된다. 선원들은 고장난 고박 장치를 수리해 달라고 여러 차례 요청했지만 회사에서는 "운항에 특별히 지장이 없는 한 수리비를 줄여라. 경비 절감 차원에서 불가피하다."고만 답했다.

세월호가 입항한 오전 8시부터 고박 해체와 양하(揚荷. 화물을 내림) 작업이 진행되었고, 오후 1시부터는 출항을 위한 선적과 고박 작업이 시작되었다. 출항 직전까지 차량이 들어갔고, 하역업체 직원은 경광봉을 흔들며 차량을 주차시켰다. 60센티미터 공간은 고사하고 사람 지나갈 틈도 없이 차들이 따닥따닥 붙었다. 앞뒤로 밴드를 묶을 시간도 없고 공간도 나지 않아 고임목만 바퀴 뒤에 붙여 놓았다. 심지어 선적이 금지된 선내 슬로프웨이(램프로 들어간 차량이 C데크로 이동하는 경사로)에도 차들을 연이어 세웠다. 세월호에 실을 수 있는 승용차 대수는 한국선급 승인 기준에 따르면 81대이고 세월호 운항 관리 규정으로도 88대이다. 이날 세월호에 실린 승용차는 124대였다.

세월호의 화물 고박 작업은, 청해진해운에서 선적 및 고박을 도급받은 우련통운이 다시 재도급한 원광공사가 서류상의 담당 주체이다. 하지만 원광공사는 실제 작업 현장에는 나오지 않고 인천 항운 노조 조합원들을 동원하기만 한다. 인천 항운 노조에서는 고박 담당 인원 3백여 명이 18개 반으로 나누어 작업에 들어간다. 이날 고박 작업을 한 인천 항운 노조 노동자의 증언이다.

[인천 항운 노조 조합원 장광영]

장광영 : 국제선은 자재, 고박 작업 공간 그러니까 라싱하는 포인트(고박점)가 100퍼센트 다 되어 있습니다. 컨테이너 같은 경우에는 턴버클과 라싱바가 있어서 컨테이너는 2단 바에 끼워서 턴버클로 라싱을 합니다. 그런데 세월호에는 전혀 공간도 없고, 포인트도 없고, 자재도 없습니다.

검사 : 원래 화물을 적재하고 고박한 다음에 다시 화물을 적재해야 함에도 불구하고, 세월호에서는 짐을 최대한 적재하느라 로프로 고정할 공간도 나오지 않고, 고정할 고리 위로도 짐이 실려서 선체와 고박을 하지 못하고 화물끼리 고박하는 정도였지요.

장광영 : 예, 맞습니다.

검사 : 사고 당시에 차량의 간격이 얼마나 되었나요.

장광영 : 간격이 거의 없었습니다.

검사 : 승용차의 경우 앞뒤로 고박을 두 개씩 해야 하는데 몇 가닥이나 하였나요.

장광영 : 기본적으로 앞뒤로 한 가닥씩 하고, 나무로 된 고임목을 차량 바퀴에 앞뒤로 두 개씩 고정하고 있었습니다.

변호인(피고인 문기한, 이준수) : 우련통운의 현장 감독이 독자적으

로 작업 지시를 하였나요 아니면 청해진해운이나 선원의 지시를
받아 조합원들에게 다시 지시를 하였나요?

장광영 : 청해진해운이 직접 저희에게 고박 작업을 이야기하지는
않습니다. 고박하다 공간이 부족하면 우련통운 감독자와 문의하
고 작업합니다.

변호인 : 4월 15일에 60톤에 해당하는 특수 장비가 선적되어 있
었다고 하던데, 그 특수 장비를 어떻게 고박하였는지 기억이 나는
가요.

장광영 : 체인으로 앞뒤 두 가닥씩 라싱을 했습니다.

변호인 : C데크 외에도 다른 곳에 컨테이너가 적재되었나요.

장광영 : 예. 지하(E데크), 메인(D데크) 이렇게 들어갔습니다. (청
해진해운 재판 4차, 증인 신문, 2014.8.22.)

우련통운은 청해진해운으로부터 선적 및 고박 비용을 받아서 원
광공사에 지불하고, 원광공사는 그중 7퍼센트의 수수료를 떼고 나
머지를 인천 항운 노조에 보내 고박 노동자들의 임금으로 지불한
다. 작업 현장에서 고박 노동자들을 감독하고 지휘하는 주체는 우련
통운이고, 그 우련통운에게 지시를 내리는 주체는 청해진해운이다.
우련통운이 원광공사를 끼고 작업하는 이유는, 우련통운은 화물 하
역 전문업체이지 고박 전문업체가 아니기 때문이다.(고박업체는 별도
의 면허가 필요하다.) 그리고 청해진해운이 이 복잡한 시스템을 좋아
하는 이유는 '갑'의 지위를 이용해 작업 비용을 하청 회사들에 분담
하고 노동조합의 관리도 떠맡기기 위해서다. 이 전형적인 다단계 및

간접고용 구조로 가장 큰 이익을 보는 이는 청해진해운이다.

　우련통운 측 변호인은 청해진해운이 인천-제주 항로를 독점한 지위를 이용해 우련통운에 불리한 하도급 조건을 강요했으며, 화물을 빽빽하게 실으라는 청해진해운의 요구를 우련통운은 거부할 수 없었다고 주장했다. 청해진해운은 고박 면허가 없는 우련통운에 고박까지 알아서하라고 강요했고, 우련통운은 별도의 고박업체와 형식적인 도급계약을 맺어 놓고 실제로는 선적과 고박을 모두 담당했다. 거기에 더해 청해진해운은 화물주로부터 받아야 할 운송료를 우련통운이 수금하여 그중 60퍼센트를 현금으로 청해진해운에 선지급하라고 요구했다. 지급 방법은 매달 첫째 주와 셋째 주에 5천만 원씩 입금하고 월말에 잔액을 청산하는 방식이었다. 대형 화물의 경우 운송료가 어음으로 결재되기도 하는데, 청해진해운은 대금을 수금하는 부담을 우련통운에 떠넘기고 자신들은 현금을 확보했다. 또한 청해진해운은 선박 소유자가 마땅히 마련해야 할 트위스트락 등의 고박 장치도 우련통운이 절반씩 공동 구매하도록 강요했다. 우련통운 직원들에 의하면, 남호만 부장은 "하역업체가 당신들만 있는 거 아니다."라고 하면서 해운사의 지시에 따를 것을 종용했다.

　화물 선적은 준비된 선적 계획대로 진행된 적이 없었다. 차량을 예로 들면, 청해진해운이 차량 예약을 받고, 우련통운은 승객들이 차량을 가지고 오면 접수를 받아 배에 실었다. 청해진해운 물류팀 차장 김정수가 와서 "이쪽에는 승용차 몇 대를 싣고 큰 차는 저쪽에 실어라."는 식으로 그때그때 지시를 했다.

　　　　　　　　　　　　　　　　세월호를 기록하다

〔우련통운 현장 감독(일명 '포맨') 윤성민〕

변호인(피고인 강원식) : 증인은 차량 적재 전에 김정수 차장으로부터 화물 적재 배치도를 받은 적이 있나요.

윤성민 : 없습니다.

변호인 : 증인은 세월호 운항 관리 규정에 첨부된 화물 적재 배치도에 따라 규정대로 고박하였나요.

윤성민 : 규정대로는 하지 못했습니다. 승용차의 경우 구형 승용차는 차량 하단부에 걸 수 있는 고리가 앞뒤로 있는데, 신차는 앞에 고리가 거의 없고 뒷부분만 있습니다. 외제차나 고급차는 앞뒤에 고리를 걸 수 없는 게 많아서 타이어 안에 있는 휠에 걸었습니다. 그런데 조그만 상처만 있어도 다음 날 저희에게 클레임이 들어옵니다. 그래서 김정수 차장에게 이야기를 했더니, "누가 책임질 거냐?"며 (고박)하지 말라고 해서 그로 인해 저와 몇 번 트러블이 있었습니다.

변호인 : 그 경우 김정수 차장이 증인에게 "어차피 고박을 못 하니까 많은 차량을 실을 수 있도록 간격을 붙여서 적재하라."고 지시한 사항이 있었지요.

윤성민 : 그렇게 이야기한 적은 있습니다.

변호인 : 증인은 차량 적재 장소, 위치라든지 고박 방법 등 김정수 차장이 지시하는 내용에 대해 문제가 있다고 생각하지는 않았나요.

윤성민 : 있었습니다. 디링이 많이 부족했는데, 제가 "디링이 있어야 고박을 더 단단히 할 수 있다. 안 그러면 차량 간격을 띄워야

하는데 그러면 차량을 더 많이 못 싣지 않느냐."라고 이야기해서 그 정도로 (갯수가) 채워진 것입니다. (선원 재판 11차, 증인 신문, 2014.8.26.)

윤성민은 고박 불량을 시정하려고 청해진해운과 다투었던 것처럼 말하지만, "디링을 구비해 달라"는 요청은 디링이 있어야 당신들 요구대로 차량을 많이 선적할 수 있다는 것이지 왜 차량과 화물을 과적하느냐는 문제 제기는 아니다.

우련통운은 '갑'인 청해진해운의 압박 때문에 고박을 부실하게 할 수밖에 없었고, 세월호의 최대 적재량을 몰라 과적 여부를 인식하지 못했다고 주장했다. 화물을 실을 때마다 배가 출렁거리는 현상을 보았음에도 말이다. 이로 인해 청해진해운 관계자 재판은 청해진해운과 우련통운이 서로 책임을 떠넘기는 모양새가 반복되었다. 특히 법정에 제출된 전문가 보고서에 "화물 이동이 없으면 설령 조타수가 대(大)각도 조타를 한다 하더라도 선박이 전복되지는 않는다."는 시뮬레이션 결과가 나오면서 우련통운의 방어적 태도는 더 강해졌다.

하지만 아무리 청해진해운이 압력을 행사했다 해도, 하역 전문업체가 화물 선적의 법정 기준을 어겨도 되는 것은 아니다. 전문업체라면 당연히 해당 법규를 숙지하고 준수할 의무가 있으며, 해운사가 이를 어기려 할 때 도리어 법규를 기준으로 놓고 문제를 해결했어야 한다. 그러나 우련통운 본부장 문기한, 현장팀장 이준수는 법규도 잘 몰랐고 세월호 운항 관리 규정도 확인하지 않았다. 세월호 화물

세월호를 기록하다

화물 이동이 침몰에 어떤 영향을 미쳤나

• 세월호에 최대 적재량을 초과한 화물이 실린 점, 화물 중량이 최소 2,142톤이라는 점(최대 적재량보다 1,065톤 초과)은 청해진해운이나 우련통운 피고인들도 인정했다.

이 화물량에 근거하여 검경 합동수사본부 전문가 자문단에 참여한 크리소(KRISO. 한국해양과학기술원 부설 선박해양플랜트연구소) 연구진이 제출한 보고서는 이런 내용의 결론을 내린다. "세월호는 대각도 조타로 인해 급선회하면서 20도 내외의 초기 횡경사를 일으켰고, 이에 부실 고박된 화물이 풀려 이동하면서 횡경사가 약 30도까지 커져 복원성을 상실해 쓰러졌으며, 이후 침수가 진행되어 침몰하였다."(서울대 선박해양고도화연구사업단 보고서도 화물 이동에 따른 결과에 대해 같은 결론을 내렸다.)

화물 이동에 집중해 보면, 첫째 출항 당시 고박 상태가 어떠한가, 둘째 화물은 어느 정도 기울기에서 미끄러지는가(마찰계수가 얼마인가), 셋째 화물이 이동하며 선박 횡경사를 더 키워 침몰에 이르게 했는가 등이 쟁점이 된다.

• 현장 작업자들의 증언을 종합하면 출항 시 화물은 제대로 고박되지 않았다.

크리소 연구진이 어느 정도 각도에서 화물이 이동하는지 분석하였고, 차량은 고무 타이어 때문에 마찰계수가 높아(0.69) 경사각 34도까지는 미끄러지지 않는 것으로 나왔다. 컨테이너와 일반 화물은 바닥 상태에 따라 미끄러지는 시점이 달랐다. 바닥에 요철이 있는 곳도 있고, 먼지가 난다고 물을 뿌리며 작업했다는 증언도 있으며(물을 뿌리면 마찰계수가 매우 낮아진다), D데크와 E데크에는 콘베이스가 없는 바닥에 컨테이너를 올려 놓았다. 연구진이 마찰계수를 0.2~0.4로 다양하게 잡아 계산해 보니 컨테이너와 일반 화물은 빠르면 경사각 11도에서, 늦으면 경사각 21도에서 미끄러졌다. 따라서 세월호가 좌현으로 20도 정도 기울었을 때 이미 상당한 화물들이 이동하기 시작했다고 추정할 수 있다.

여기다 세월호가 고속으로 선회하면서 강한 원심력이 붙었으므로, 화물이 보다 빨리 이동했을 것이고 차량도 더 빨리 미끄러졌을 것이다. 먼저 이동한 화물이 다른 화물과 차량을 때려 이동시켰을 수도 있다. 배가 기울면서 거의 동시에 '끼이익', '우당탕탕' 하는 소리를 들었다는 증언, 배가 몇 초 간격을 두고 두 번 기울었다는 증언, 기울 때 선수 갑판의 컨테이너가 넘어지는 것을 보았다는 기관장 박기호의 진술 등이 이런 추정을 뒷받침한다.

화물의 고박 상태와 이동 시점을 다양하게 가정해서 시뮬레이션해 보니, 화물이 단단히 고정된 상태에서는 세월호가 20도 내외까지 기울다가도 천천히 정상으로 돌아온 반면, 화물이 이동하면 횡경사가 침수 한계선 이상으로 넘어가 결국 전복되는 것으로 나타났다.

• 이에 대해 우련통운 변호인들은 "화물 이동은 횡경사의 원인이 아니라 결과일 뿐"이라고 주장했다. 세월호는 복원성이 나쁜 배였기에 처음부터 약 39도의 횡경사가 발생했고 그로 인해 침수가 진행되어 침몰한 것이므로, 화물의 이동은 침몰에 영향을 미치지 않았다는 것이다. 하지만 재판부는 이 주장을 받아들이지 않았다. 재판부의 근거는 다음과 같다.

첫째, 세월호가 처음부터 39도나(검찰은 30도 정도로 추정) 기울었다고 할 증거가 없다. 둘째, 우련통운의 주장 "세월호가 안쪽으로 조금 기울었다가 (내방경사) 그 반동으로 바깥쪽으로 많이 기울었다(외방경사)."는 것은 선체 공학적 근거가 부족하다. 셋째, 우련통운은 "최초 경사에 승객들이 배의 좌현으로 굴러 결과적으로 기울기가 더 커졌다."라고 주장하지만 승객들의 횡이동은 대부분 자기 선실에 국한된다.

적재 배치표는 눈에 잘 띄는 선미 램프 주변에 부착되었으므로 우련통운 임직원이면 누구나 볼 수 있었고, 배치표대로 적재와 고박이 이루어지지 않는다는 것 역시 모두가 아는 사실이었다. 즉 우련통운 임직원들은 세월호에 과적이 된다는 사실을 알고도 이를 묵인했다. 그것은 단순히 갑을 관계 때문만은 아니며, 청해진해운과 우련통운이 본질적으로 같은 이해관계에 있기 때문이다. 검찰은 문기한에 대한 신문에서 "화물을 많이 실으면 청해진해운과 우련통운의 이익이 모두 늘어나는 것은 분명하지요?"라고 물었고, 문기한은 "예."라고 대답했다.

(우련통운 본부장 문기한)
검사 : 청해진해운과 우련통운 계약서상에 고박업체 선정 및 고박업체 관리가 우련통운 업무로 되어 있지요.
문기한 : 예.
검사 : 고박 업무가 우련통운 업무로 되어 있는 게 맞나요.
문기한 : 갑을 관계에서 계약서가 청해진해운에 유리하게 작성되었습니다. 고박업체 관리까지 우련통운에서 떠안는 걸로 작성된 것입니다.

검사 : 하역 회사가 항상 을인가요.

문기한 : 인천항에서 모든 하역사는 을입니다.

검사 : 우련통운이 구멍가게처럼 그런 회사는 아니지요.

문기한 : 예.

검사 : 증인은 이준수로부터 "물류팀에서 자동차 두 가닥만 고박하라고 하여 두 가닥만 하고 있다."는 이야기를 듣고 고박 규정을 잘 몰라서 '그렇게 해도 되는구나.'라고 생각했다는데, 모든 업무를 감독하는 사람으로서 규정을 모른다고 넘어가도 되는 것인가요.

문기한 : 죄송합니다. 문제없이 잘 되고, 규정을 잘 모르는 상황이어서……

검사 : 규정을 찾아볼 생각도, 실제로 고박이 잘 됐는지 점검도 안 했지요.

문기한 : 예. (청해진해운 재판 18차, 피고인 신문, 2014.10.29.)*

청해진해운과 우련통운 관계자들은 재판 내내 자신들이 해 온 방법은 관행이고, 책임은 상대방에게 있으며, 갑을 관계에 의해 어쩔 수 없었다고 주장했다. 그러면서 "사고 희생자들에게 진심으로 죄송하다."는 말은 덧붙였다. 이 말이 수천 킬로미터 밖에서 지진 피해를 당한 그 나라 국민을 위로한다고 한마디씩 하는 정치인들의 말처럼 들린 것은 나뿐일까.

---

* 항소심 재판부는 문기한이 세월호 하역 현장에서 벌어진 화물과적 · 부실고박에 관해 자세히 파악하기 힘든 위치였다는 이유로 무죄를 선고했다. 최종 판결은 대법원으로 넘어갔다.

세월호를 기록하다

안일한 운항 관리 : 마지막 보루도 무너지다

세월호가 출항하기 전날인 4월 14일 오후 6시, 오하마나호 출항을 앞두고 인천 부두에서 실랑이가 벌어졌다. 이미 화물 작업이 끝나 선미 램프가 닫혔고 승객도 승선해 갱웨이도 치운 상황이었다. 한국해운조합 인천 지부 운항 관리실 소속의 당직 운항 관리자가 오하마나호의 만재흘수선이 잠긴 것을 보고 조타실을 향해 팔을 X자로 엇갈리게 하여 신호를 보냈다.

"배 출항 못 합니다."

만재흘수선이 잠겼다는 것은 재화 중량을 초과해 짐을 실었다는 이야기다. 그 자리에 있던 청해진해운 상무 김영붕이 운항 관리자에게 화를 내며 선장 박진환에게 지시했다.

"저 따위 놈 말 한 마디에 이 큰 배가 못 가는 게 말이 돼? 야, 빨리 가. 저 새끼는 도대체 누구 말을 듣는 거야? 빨리 가라고, 가."

해운법과 한국해운조합법의 규정대로, 내항 여객선은 한국해운조합이 선임한 운항 관리자로부터 안전 운항에 대한 지도 감독을 받아야 한다. 운항 관리자는 선박이 운항 관리 규정을 준수하는지 점검하며 과승 또는 과적 여부를 살필 의무가 있다. 필요하면 운항 관리자는 선장에게 출항 정지를 명령할 수도 있다. 세월호 운항 관리 규정에도 "운항 관리자가 안전 운항에 저해요소가 있다고 판단하여 운항 중지를 요구한 때에는 운항을 중지한다."라고 되어 있다.

그러나 이런 일이 어려운 것은 운항 관리자가 정부 직속이 아니라 한국해운조합 소속이라는 점과 무관하지 않다. 한국해운조합은 해운사들의 조직이며, 해운사들이 내는 운항 관리 부담금으로 운항 관리실과 운항 관리자를 유지한다. 운항 관리자가 자기들에게 월급을 주는 해운사들의 법규 위반을 꼼꼼하게 따지기 힘든 구조다.

인천항 운항 관리자 전정윤은 세월호 운항 관리 규정도 알았고 세월호가 화물을 싣는 방식도 보았으므로 과적의 위험이 있다는 것을 인지했다. 하지만 그는 4월 15일에도 선미 램프에만 잠시 머물렀을 뿐 배 안으로 들어가 적재, 고박 상태를 확인하지 않았다. 그리고 운항 관리실에 돌아와 '여객선 방문 기록'에 '양호'라고 기재했다. 평소에도 전정윤이 과적을 확인하는 방식은 만재흘수선이 잠겼는지만 보는 것이었다.

여객선의 선장은 '출항 전 여객선 안전점검보고서'를 작성해 운항 관리자에게 제출하고 확인을 받아야 한다. 운항 관리자는 이 점검 보고서를 3개월간 지정된 장소에 보관했다가 이후 폐기하게 되어 있다.(해양경찰청 고시 '여객선 안전 관리지침'에 따른 의무사항.) 그러나 세월호, 오하마나호 선원들은 안전 점검 보고서를 편법으로 작성해 제출했다. '선체상태', '기관상태', '통신상태', '화물적재상태' 등에는 일괄적으로 '양호' 표시를, '구명설비', '소화설비', '항해용구' 등에는 '완비' 표시를 했다. 가장 중요한 '현원'란과 '화물'란은 빈 칸으로 비워 제출하고, 배가 출항한 후 무전으로 운항 관리실에 연

출항 전 여객선 안전점검 보고서

운항관리자	전정윤	2014 년 4월 15일 8시 30분 출항			
선 명	세월호	항해구간	인천-제주	항해 예정시간	14 00 시간 분

정원·현원	정 원	956 명	여객	921 명	선원	35 명
	현 원	474 명	여객	450 명	선원	24 명
화물	일반화물	657 M/T	컨테이너	— TEU	자동차	150 대

점검사항	선체상태	양호·불량	기관 상태	양호·불량	통신상태	양호·불량
	화물적재상태	양호·불량	선박흘수상태	양호·불량	위험물	있음·없음
	구명설비	완비·미비	소화설비	완비·미비	항해 용구	완비·미비
	여객명부	있음·없음	객실 내 화물 적재	있음·없음	객실 청소 장비	양호·불량
	기상·해상 상태 확인	있음·없음	갑판 상 화물 적재	있음·없음	연료적재 상태	양호·불량

「해운법 시행규칙」 제15조의8제4항에 따라 인명과 화물의 안전을 위하여 출항 전 점검을 하고 제출합니다.

2014 년 4월 15일

선장 이 준 석

(서명 또는 인)
M/V SEWOL MASTER

운항관리자 귀하

사고 전 세월호가 인천항 운항 관리실에 제출한 '출항 전 여객선 안전점검 보고서'.

락하여 "승객 수 몇 명, 선원 몇 명 합이 몇 명입니다.", "일반 화물 얼마, 차량 몇 대입니다."라고 보고했다. 그러면 운항 관리자는 미리 제출받은 안전 점검 보고서에 이 숫자를 기입했다. 안전 운항과 직결되는 점검 사항을 배가 떠난 뒤 선원들의 보고에만 의존해 형식적으로 확인했던 것이다.

3등 항해사 박한결은 처음 세월호를 탔을 때부터 선임자로부터 이런 식의 업무 처리를 배웠다. 사고 전날도 평소처럼 안전 점검 보고서를 운항 관리실에 제출했고, 출항 후 "승객 450명", "일반 화물 657M/T(부피톤)", "컨테이너 X(없음) TEU", "자동차 150대"라고 보고했다. 실제로 실린 차량은 대형 트럭을 포함해 185대였고, 선수 갑판과 D데크, E데크에 컨테이너 105개가 적재되어 있었다.(TEU는 20피트 컨테이너를 가리키는데, 세월호에는 20피트 대신 10피트와 8피트 컨테이너가 실려 있기는 했다.) 박한결에게 화물 선적 상황을 불러 주어서 운항 관리실에 전하게 한 1등 항해사 강원식은 평소 부피톤수의 5분의 1을 실제 중량으로 추정해 왔다고 한다. 이 기준에 따르면 박한결이 기록한 657부피톤은 대략 실제 중량 130톤이다. 세월호의 화물이 차량을 빼고 1천 톤이 넘었으므로, 얼토당토않게 적게 잡은 수치다.

〔세월호 3등 항해사 박한결〕

검사 : 피고인은 세월호 출항 전에 안전 점검 보고서에 먹지를 대고 운항 관리자란, 현원란, 화물란 외에는 항상 동일한 내용으로 기재한 후 날짜와 선장의 서명을 하여 안전 점검 보고서를 2부 작성하고, 운항 관리실로 가서 1부는 제출하고 나머지 1부에는 운항 관리자로부터 서명을 받아 세월호로 가져와 서류철에 편철하지요.

박한결 : 예.

검사 : 피고인은 세월호 출항 후에 무선으로 운항 관리실에 연락하여 1항사와 사무부원으로부터 들은 여객 수, 화물량, 자동차 대수 등을 알려 주지요.

박한결 : 예.

검사 : 출항 후 운항 관리자인 전정윤에게 불러 준 여객 450명, 일반화물 657M/T, 자동차 150대는 사실과 다른데 어떻게 된 것인가요.

박한결 : 저는 그냥 불러 주는 대로만 적어서 그것이 맞는 줄 알았습니다.

검사 : 선장 이준석이 안전 점검 보고서를 보기는 했나요, 아니면 보여 달라고 한 적이 있나요.

박한결 : 보여 달라고 이야기하지 않았습니다.

검사 : 피고인은 4월 15일 세월호 출항 당시 화물이 많이 실렸다는 사실을 알았나요.

박한결 : 화물이 많이 실렸다는 것은 알았는데 과적이라는 것까지는 몰랐습니다. 제가 선장님에게 안 가면 좋겠다는 식으로 이야기하자 선장님이 안 된다면서 화물이 많이 실려서 가야 된다는 식으로 말씀하셨습니다. 만약 안 가면 화물 기사들로부터 클레임이 들어오기 때문에 가야 한다는 식으로 말씀하셔서 화물이 많이 실렸다는 것을 알았습니다. (선원 재판 21차, 피고인 신문, 2014.10.6.)

해운사, 선원, 운항 관리자가 이런 관행으로 일한다면 안전 점검 보고서는 아무 의미가 없다. 검찰은 운항 관리자 전정윤이 세월호에 대한 관리 감독을 소홀히 하여 사고 발생에 하나의 원인을 제공했다고 보아 업무상 과실치사죄를 적용했다. 검찰은 2011년 9월 현대 설봉호 화재 사건을 계기로 한국해운조합에서 운항 관리실에 "출항 전 점검보고서 점검란에 승객, 화물이 기입되어 있지 않으면 서명하지 말라."고 지침을 내렸는데도 전정윤이 세월호에서 제출하는 점검 보고서를 받아 서명한 것은 '한국해운조합의 운항 관리업무에 대한 업무방해'라고 주장했다.

전정윤의 변호인은 당일 승선원 수는 5백 명이 안 돼 정원 초과가 예상되지 않았고, 화물 적재량 초과는 만재흘수선을 보고 확인하는 것이 기본이며, 선내에 들어가 적재 상태나 고박 상태를 점검하는 것은 필요하다면 해야 하지만 운항 관리자의 의무는 아니라고 주장했다. 또한 운항 관리 업무는 한국해운조합의 업무가 아닌 운항 관리자 본인의 업무이므로, 설령 전정윤에게 잘못이 있다손 치더라도 자기 업무를 소홀히 한 것이지 한국해운조합의 업무를 방해한 것은 아니라고 했다.

변호인은 현대 설봉호 사건 이후 출항 전 점검 보고서를 엄격하게 관리하라는 한국해운조합의 지침은 현실에 적용하기 어려웠다고 주장했다. 지침이 내려온 후 목포 운항 관리실에서 2~3일간 여객선 출항 10분 전에 승선권 발매와 화물 선적을 중단시키고 승선원 숫자와 화물 상태를 점검했는데, 여객선 출항이 지연되면서 화물 기사와 승무원이 운항 관리자에게 항의했다. 이런 애로 사항이 한국해운조합에 보고되었고, 사실상 현장에서는 출항 전 만재흘수선으로만 과적 여부를 파악하고 정확한 화물량과 승객 숫자는 출항 후 보고받는 방

　　　　　　　　세월호를 기록하다

식으로 되돌아갔다. 그럼에도 별다른 추가 지시가 내려오지 않았다.

재판부는 전정윤의 주장을 받아들이지 않았다. 전정윤은 평소에 세월호 선수 갑판에 규격이 다른 컨테이너가 적재되고 있음을 보았고, 컨테이너를 적재할 수 없는 선내로도 컨테이너가 들어갔음을 알았다. 전날 오하마나호가 과적 시비로 출항이 지연되기도 했던 만큼, 조금만 주의를 기울여 당일에 싣는 화물 목록과 세월호의 최대 적재량을 비교해 보았다면 과적을 적발할 수 있었다. 게다가 한국해운조합이 "출항 전 안전점검 보고서를 꼼꼼히 확인하라."는 지침을 철회한 적이 없고, 승선원과 화물량처럼 안전 운항에 결정적으로 중요한 요인을 형식적으로 기재하여 한국해운조합이 여객선의 안전 상태를 오인하도록 만들었으므로 업무방해죄도 성립한다는 것이다.[*]

운항 관리자는 세월호가 4월 16일의 그 바다로 가지 못하게 막을 마지막 보루였다. 그러나 다른 관련자들과 마찬가지로 운항 관리자도 관행이라는 마약에 중독되어 있었고, 결국 세월호는 돌아올 수 없는 항해를 떠나고 만다.

출항 : 평형수는 빼고 문은 덜 닫고

세월호가 운항 관리자에게 제지되지 않고 출항하려면 만재흘수선 이상으로 배를 띄워야 한다. 만재흘수선 이상으로 배를 띄우려면 짐

---

[*] 항소심 재판부는 업무방해죄에 무죄를 선고했다. 운항 관리자의 지위가 공공적 성격이 있고 해경의 감독을 받으므로, 그 업무는 한국해운조합의 업무가 아니라 운항 관리자 본인의 업무라는 것이다.

을 줄여야 하는데 회사는 화물을 더 실으려고만 했으므로 유일하게 뺄 수 있는 짐은 평형수였다.

그러나 세월호는 4월 15일에야 평형수를 빼서 흘수선을 높였던 게 아니다. 이전부터 일상적으로 평형수를 기준보다 훨씬 적게 채워 운항해 왔다.

4월 15일 오후 4시경, 1등 항해사 강원식은 세월호 선미 램프 뒤 편에 있는 컨트롤박스로 갔다. 컨트롤박스 계기판에는 오른쪽에서 왼쪽으로 선수 피크 탱크부터 선미 피크 탱크까지 평형수 탱크의 상태를 표시하는 게이지가 있다. 그는 세월호 선미 쪽에 짐이 너무 많이 실려서 선미 흘수선이 물 밑으로 내려가고 선수 흘수선은 물 위로 올라온 것을 알았다. 배의 만재흘수선이 6.26미터인데 선수는 5.8미터쯤 잠기고 선미는 6.7미터쯤 잠겨, 선수가 하늘로 약간 솟고 선미는 물 밑으로 약간 가라앉은 형태였다. 강원식은 선미를 흘수선 위로 띄우기 위해 선수 쪽 평형수 탱크에 바닷물을 주입하기로 했다. 선수에 물이 들어가면 선수가 가라앉으면서 선미가 뜨게 된다.

246톤을 채울 수 있는 선수 피크 탱크에는 평형수가 이미 반쯤 들어 있었다. 여기에 평형수를 채우려면 꽉 채우다시피 넣어야 했다. 물을 어중간하게 넣으면 자유 표면 효과(액체가 이동하여 선박의 무게 중심이 바뀌는 것)가 일어나 배가 불안해진다. 그런데 경험상 강원식은 선미를 띄우는 데 평형수가 그리 많이 필요하지 않음을 알고 있었다. 그래서 우선 90톤을 채울 수 있는, 비어 있는 1번 탱크에 물을 주입했다. 10톤, 20톤, 30톤……. 10분당 20톤가량 채워지는 속도

세월호를 기록하다

세월호의 평형수 탱크

세월호가 복원성을 유지하면서 인천-제주를 안정되게 운항하려면, 평형수를 최소한 1,694.8톤, 연료유는 560.9톤, 청수 290.9톤을 적재해야 한다. 최대 재화 중량이 3,794톤이므로 이때 가능한 최대 화물량은 1,077톤이며, 이런 조건이 맞을 때 출항 시 세월호의 만재홀수선은 6.26미터가 된다.

세월호 E데크에는 선수에서 선미까지 12개의 평형수 탱크가 있다. 각 탱크의 명칭과 용적은 다음과 같다.

명칭	탱크 용적(m³)
선수 피크 탱크(F.P.T. Front Peak Tank)	240.2
1번 탱크	88.4
2번 탱크	201.3
3번 탱크(좌현, 우현)	216.8, 216.8
4번 탱크	143.9
5번 탱크(좌현, 우현)	108.2, 109.3
6번 탱크	202.8
힐링 탱크(좌현, 우현)*	226.3, 226.3
선미 피크 탱크(A.P.T. After Peak Tank)	460.6
합계	2440.9

평형수로는 바닷물을 쓰므로 탱크의 용적에 바닷물의 비중인 1.025를 곱

하면, 탱크를 가득 채울 때 들어가는 평형수량은 2,501톤이다. 평형수 탱크의 크기가 다양한 까닭은 화물의 종류나 위치, 바람이나 조류의 영향 등 내외의 조건을 고려하여 평형수를 조절해 선박을 안전하게 운항하기 위해서다.

검찰 수사에 따르면, 세월호는 증개축을 끝내고 취항할 때 2번, 4번, 5번 (좌, 우), 힐링 탱크에는 평형수를 채워 유지했고 나머지는 그때그때 채우거나 빼면서 운항했다. 4월 15일 출항 시 세월호는 평형수 761.2톤, 연료유 150.6톤, 청수 259톤만을 적재하였다.

• 힐링 탱크에 든 평형수는 힐링 펌프를 가동해 좌현에서 우현, 우현에서 좌현으로 옮겨 배의 복원성을 조절할 수 있다.

로 컨트롤박스의 게이지가 올라갔다. 게이지는 탱크의 깊이인 미터로 나타나기 때문에 미터로 표기된 물의 양이 부피로 어느 정도 되는지는 게이지 옆에 부착된 '사운딩 테이블'을 봐야 정확히 알 수 있다. 사운딩 테이블이란 유체의 깊이를 부피, 중량 등 다른 단위로 변환하여 계산해 놓은 표다.

1번 탱크를 82톤쯤 채우자 선미 흘수가 수면 위로 올라왔고, 대신 선수가 가라앉았다. 강원식은 선수 피크 탱크의 물을 빼기 시작했다. 물이 빠지면서 선수 흘수도 조금씩 올라왔다. 선수 피크 탱크의 물이 다 빠지자 강원식은 밸브를 잠갔다. 1번, 2번, 4번, 5번(좌, 우), 힐링 탱크에 761.2톤의 평형수가 찼고 나머지 탱크는 '0'이 됐다. 강원식이 나름대로 배의 균형을 맞추기 위해 한 일이었지만, 세월호의 복원성 계산서에 따른 필요한 평형수 양에는 절반도 못 미쳤다.

강원식은 출항하기 위해 선미 램프를 닫았다. 내부 조명 외에는 빛이 사라져야 하는데, 램프 문틈에서 반짝 햇빛이 비쳤다.

〔세월호 1등 항해사 강원식〕

검사 : (강원식이 수사 과정에서 그린 램프 수밀 장치 그림을 제시한다.) 이 그림은 피고인이 세월호 선미에 설치된 램프를 그린 것이지요.

강원식 : 예, 맞습니다.

검사 : 이 선미 램프는 물이 들어오지 못하도록 수밀(水密) 장치가 되어 있지요.

강원식 : 예. 물이 들어오면 안 됩니다.

검사 : 2014년 4월 15일 화물 적재를 마치고 출항하기 위하여 선미 램프를 닫았더니 램프 아래쪽에 빛이 들어왔고, 이는 수밀이 되지 않는 상태라는 것이지요.

강원식 : 예, 맞습니다. 수리를 요구했는데 작업이 이루어지지 않고 넘어갔습니다.

검사 : 4월 15일에 그에 대한 조치를 취한 것은 없었나요.

강원식 : 예. 조치를 취할 수 없었습니다.

검사 : 로로선의 경우에 선미 램프에 수밀이 되지 않는다는 것은 상당히 위험한 것 아닌가요.*

강원식 : 고무 마개가 오래돼서 그런 것 같은데, 그래서 수리를 해 달라고 말했는데 안 해 줬습니다. 안 해 주니까 그렇게 다닐 수

밖에 없었습니다.

(선원 재판 23차, 피고인 신문, 2014.10.8.)

세월호는 짐을 가득 싣고 문조차 제대로 닫지 않았던 것이다. 기업이 어느 정도나 탐욕에 눈이 멀면 이런 배에 승객을 태울 수 있을까.

세월호 사고 직후, 전 국민이 단 한 사람이라도 살아오라고 간절히 기도하고 있던 그날, 청해진해운 간부들은 책임이 자신들에게 돌아올 것을 예감하고 기록된 화물량을 '다운'시키느라 바빴다. 물류팀 남호만 부장은 김정수 차장에게 "승용차를 100여 톤 낮춰라.", "문제가 될 서류를 없애라."고 지시했다. 규정보다 1천 톤 이상 과적한 것조차 모르고 100톤 정도 빼면 책임에서 벗어나리라 생각했던 것이다. 입증되지는 않았지만 이런 은폐 지시가 유병언, 김한식 등으로부터 내려왔을 가능성도 충분하다. 청해진해운은 우련통운이 알아서 한 일이라고 책임을 미루려고 했고, 비슷한 시각 우련통운도 대책 회의를 소집해 청해진해운이 시키는 대로 했다고 대응하기로 방향을 잡았다.

원칙이 없는 것도, 규정이 없는 것도 아니었다. 원칙과 규정을 존중하지 않았기에 이 모든 일이 일어나고 말았다. 원칙과 규정을 이

---

* 크리소 연구원 이동곤 교수는 로로선이 침수에 취약해 위험하다고 법정에서 진술했다. 세월호도 램프 등이 제대로 방수되었다면 30도 경사에서 배가 계속 떠 있었으리라는 것이다. 로로선은 내부 격벽이 없어서 물이 들어가면 급속히 전파되고, 자유 표면 효과에 의해 순식간에 배가 넘어갈 수 있다. 선수 램프로 물이 들어와 90초 만에 전복된 '헤럴드 오브 프리 엔터프라이즈'호, 800명 이상 수장된 '에스토니아'호도 모두 로로선 유형의 선박이다.

국정원 개입 의혹은 왜 일어났나

• 2014년 7월 25일 세월호 가족대책위는 기자회견을 열어 '국정원이 세월호 실소유주인가'라는 의혹을 제기했다. 세월호 선내에서 발견된 노트북 컴퓨터를 복구했더니 2013년 2월 26일에 작성된 '국정원 지적사항'이라는 문서가 나왔기 때문이다. 이 문서는 '전시실 천정 도색작업', '재떨이 위치 선정', '레스토랑 유리 썬팅 보수', '화장실 타일 공사'부터 '직원 휴가계획서', '작업수당 지급' 같은 고용주의 고유 업무에 해당하는 내용까지 99개에 달했다. 노트북에는 세월호의 공연용 음악 파일도 들어 있어서 세월호 직원이 쓰던 것으로 추정된다. 직원에게 이런 세세한 지적사항을 전달한 것으로 보아 국정원은 세월호와 '특별한 관계'였던 것일까.

• 검찰은 최종 수사 결과 발표에서 '국정원 개입설'은 사실이 아니라고 했다. 지적사항 문서는 국정원이 국가정보원법, 보안업무 규정 등 관련 법령에 근거해 세월호를 '국가 보호 장비'로 지정하고 실시한 보안 측정 업무의 하나라는 것이다. 1만 5천톤 급의 씨스타크루즈호 등 다른 대형 여객선도 마찬가지로 보안 측정을 실시했다고 한다. 또 국정원 지적사항 가운데 실제 국정원이 지적한 것은 CCTV 추가 신설, 탈출 방향을 표시하는 화살표 제작 등 보안과 관련된 아홉 개에 불과하고 나머지는 항만청, 해경, 해운조합 등이 지적한 내용이라고 했다.
세월호 정식 선장 신보식, 오하마나호 선장 박진환, 청해진해운 해무팀 대리 홍영기가 법정에서 증언한 내용에 의하면, 청해진해운이 보유한 여객선인 세월호, 오하마나호, 데모크라시호는 이전에도 국정원의 보안 측정을 받았다고 한다. 이들의 말에 따르면 국정원의 보안 점검은 서북지방 항로를 운항하는 선박들이 받아야 하는 일반적 업무이다. 하지만 실제로 그러한지 국정원과 다른 해운사들을 조사해 보면 확인할 수 있을 텐데, 검찰은 발표에서 이 점을 구체적으로 언급하지 않았다. 또 여러 기관이 합동 점검한 내용이라면 그것이 왜 국정원 이름으로 전달되었는지도 해명이 필요하다.(국정원은 지적사항 문서를 작성한 세월호 직원이 침몰로 사망했다고 한다.)

국정원 개입 의혹의 또 다른 근거는 세월호 운항 관리 규정상 '해양사고 보고계통도'에 국정원 인천지부와 제주지부가 명기되어 있다는 것이다. 야당과 민변(민주사회를 위한 변호사 모임)은 해양 사고 발생 시 국정원에 보고하는 체계는 다른 선박에는 없고 세월호가 유일하다고 주장했다. 그런데 이 보고 계통도에는 국토해양부(현 해양수산부)도 명기되어 있다. 그 말은 세월호가 국정원 외에 정부에도 직접 보고를 한다는 뜻일까. 일개 선박의 보고 체계로는 과도한 듯하다. 한편 세월호 운항 관리 규정에는 보고 계통도와 별도로 '비상상황 연락기관'이라는 표가 있는데 이것은 그동안 언급되지 않았다. 이 표에는 정부와 국정원은 빠지고 인천해경, 인천항만청 운항 관리실 등 비상시 실질적 협조가 필요한 유관 기관들만 적혀 있다. 이와 달리 보고 계통도는 형식적인 유관 기관을 전부 명기하다 보니 정부, 국정원까지 포함된 것으로 추정된다.

2014년 5월 5일자 『경향신문』은 청해진해운 관계자가 사고 직후 국정원에 문자메시지로 보고했다고 보도했다. 이것이 단순히 보고 계통에 따른 업무인지 다른 이유가 있는지는 아직 확인되지 않았다. 또 2014년 12월호 『월간중앙』이 국정원 직원 상조회인 '양우공제회'가 출처가 불분명한 자금으로 골프장, 항공기펀드, 선박펀드 등에 투자해 왔다고 보도하면서 국정원과 세월호의 유관성 의혹이 다시 불거지기도 했다.

세월호를 기록하다

> • 위의 의혹들이 커진 이유는 국정원이 국민들의 합리적인 의문에 투명하게 답하지 않았기 때문이다. 검찰도 어떤 수사 과정을 거쳐 "사고와 무관하다."고 결론을 내렸는지 밝혀야 한다. 세월호 사고의 진실 규명에 성역은 있을 수 없다.

해관계에 따라 뒷전으로 미루었기에 이렇게 되었다. 또한, 원칙과 규정을 지키려고 용기 있게 싸우는 사람이, 원칙과 규정에 따른 불편을 흔쾌히 감수할 사람이 부족했다. 우리는 이 진실 앞에 무엇을 깨달아야 할까.

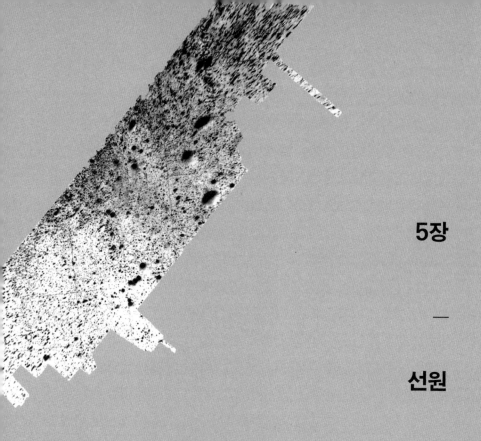

5장

—

선원

—

조타실, 7시 30분 : 맹골수도로 다가가다

4월 16일 7시 30분, 세월호는 잔잔한 바다를 19노트(시속 35킬로미터)로 가는 중이었다. 오른편으로 무인도인 매물도가, 왼편으로는 멀찍이 우이도가 보였다. 배 뒤로는 흰 거품의 띠가 풀려 났다. 한 시간쯤 후에는 협수로인 맹골수도에 다다를 예정이었다.

조타실에서는 당직 근무를 인계했다. 세월호의 당직 근무는 한 번에 4시간씩 하루 두 번 근무하는 체계로, 다른 선박들도 이와 비슷하다. 오전 3시 30분부터 7시 30분까지 당직은 1등 항해사 강원식(41세, 남)과 조타수 박경남(60세, 남)이었고, 7시 30분에서 11시 30분까지는 3등 항해사 박한결(26세, 여)과 조타수 조준기(56세, 남)의 차례였다. 시간이 되자 박한결은 레이더 모니터 앞에, 조준기는 조타기 앞에 섰다. 항해사와 조타수가 짝을 지어 근무하는 것이다.

맹골수도는 폭이 5킬로미터 남짓으로 좁고, 조류가 빠른 시간이나 출어(出漁) 시간에는 신중히 조선(操船)해야 하는 위험 구간이다. 평소에는 강원식과 박경남이 오전 6시에서 6시 30분 사이 맹골수도를 통과했으나, 안개로 출항이 지연되면서 박한결과 조준기의 당직 시간에 통과하게 되었다. 박한결은 제주에서 인천으로 돌아오는 길에는 늘 이 구간에 당직을 맡아 수십 번 항해했으므로 특별히 긴장하지는 않았다. 다만 인천에서 내려가는 길에 통과해 보기는 처음이었다.

하지만 강원식은 박한결에게 당직을 넘기면서 별다른 주의 사항을 전하지 않았다. 그 시각에 선장 이준석도 조타실에 있어서 '주의 사항이 있으면 선장님이 이야기하겠지.' 싶었던 것이다. 이준석의 진술에 의하면, 그는 평소처럼 오전 5시 30분에 일어나 6시에 식사를 하고 조타실로 가 강원식의 식사 교대를 해 주었으며, 강원식이 밥을 먹고 돌아온 후에도 조타실에 머물렀다.

하지만 이준석은 8시 15분쯤 박한결에게 아무 말도 없이 조타실에서 나갔다. 선원법에 따라 협수로 등 위험 구간에서는 선장이 조타실에 머무르며 항해를 지휘할 의무가 있다. 이준석은 말없이 조타실을 벗어나 맹골수도 진입 후에도 들어오지 않았으니 이를 위반한 것이다. 하지만 바람이나 파도도 없었고, 박한결은 항해사 경력이 1년 2개월으로 비교적 짧지만 그다지 불안한 데는 없었다. 박한결도 사라진 선장을 찾지 않았다. "무슨 일 있으면 바로 선장에게 연락하라."는 당부는 여러 번 들어 기억하고 있었다.

세월호 조타실 사진. 위는 좌현에서 우현을 향해 찍은 것이고 아래는 우현에서 좌현을 향해 찍은 것이다. (416가족협의회 제공)

세월호 조타실의 구조

조타실에 대해 일반인들은 아는 것이 별로 없다. 흰 제복을 입은 선장과, 영화《캐러비안의 해적》에 나오는 커다랗고 둥근 키를 누군가 돌리고 있을 것이라는 정도? 그러나 세월호 사고를 이해하려면 조타실이라는 공간을 구체적으로 떠올려 볼 필요가 있다.

6천 톤급 여객선 세월호의 조타실은 비슷한 급의 오하마나호보다 크다. 조타실은 배의 가장 높은 곳에 자리 잡고 있으며 선수 쪽으로 불룩 나와 있다. 조타실의 주 활동 공간은 좌측 끝에서 우측 끝까지의 거리가 12.5미터, 정면 창에서 뒤까지의 거리가 4.2미터다. 주 활동 공간 뒤로 해도대와 CCTV 모니터 테이블이 놓여 있고 그 사이의 통로가 뒤쪽 출구까지 이어진다. 뒤쪽 출구부터 정면 창문까지의 거리는 약 7미터다.

조타실 중앙에는 조타기가 있다. 조타기를 기준으로 오른쪽에는 레이더 모니터가, 왼쪽에는 엔진 텔레그래프라고 하는 계기판이 있다. 조타기의 중심에는 조타 핸들이 달려 있고 상단에는 '자이로 컴퍼스'라는 일종의 나침반이 있다. 핸들은 선미 방향타를 움직이는 장치이고, 자이로 컴퍼스는 360도의 방위를 나타내는데, 배가 진행하는 방위가 언제나 12시에 오도록 원판이 움직인다. 가령 배가 정남쪽으로 가고 있다면 자이로컴퍼스의 12시 방향에는 180도가 와 있게 된다. 180도로 가던 배가 왼쪽으로 약간 돌아 170도를 향하면, 자이로 컴퍼스는 선수와는 반대로 오른쪽으로 돌아 170도가 정면에 오게 만든다. 미숙한 조타수들은 때때로 자이로 컴퍼스가 도는 방향

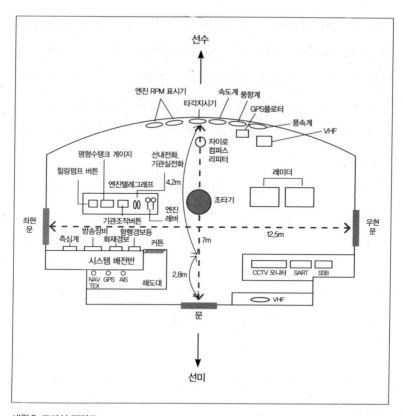

세월호 조타실 평면도.

을 선수가 도는 방향이라고 착각하여, 타효를 줄이려고 반대 타를 넣는다는 것이 앞서 돌린 방향으로 추가적인 타를 넣는 경우가 있다고 한다. 그러면 배가 그 방향으로 더 크게 선회하게 된다.

조타기 핸들 위에는 방향타의 각도를 나타내는 '타각 지시기'가 있다. 조타실 정면 창 위에 벽시계처럼 생긴 여섯 개의 표시기 중에도 타각 지시기가 있다. 조타기의 타각 지시기가 핸들을 돌려 방향타에 보내는 명령 각도를 표시한다면, 정면의 타각 지시기는 방향타가 실제로 움직인 각도를 표시한다. 방향타를 우현 5도로 꺾으려고 핸들을 우측으로 돌리면 조타기의 타각 지시기에 달린 바늘이 바로 움직여 우현 5도에 온다. 하지만 정면의 타각 지시기 바늘은 몇 초 지난 후에 우현 5도를 가리킨다. 방향타가 도는 데 수압이 작용하기 때문이다.

선박에서는 좌현 우현을 가리키는 용어가 따로 있다. 우현은 스타보드(Starboard), 좌현은 포트(Port)라고 한다. 옛날에 별을 보는 갑판이 주로 우현이어서 스타보드가 우현의 의미로, 배를 부두에 댈 때 주로 좌현으로 댔기 때문에 포트(항구)가 좌현이 되었다. 선미 방향타는 좌우로 최대 35도까지 꺾을 수 있다. 따라서 타각 지시기도 스타보드와 포트 양쪽 35도까지 표시된다.

정면 창 아래 '자이로 리피터'는 자이로 컴퍼스의 방위각을 한 번더 보여 주는 기기다. 자이로 리피터 우측으로 GPS 플로터(전자 해도를 표시하는 장치)와, 그 아래에는 VHF(초단파 무선 전화)가 있다. VHF는 버튼식 전화기라고 보면 된다. 전화기를 들고 버튼으로 채널 번호를 누르면 교신이 되는데, 같은 채널을 쓰는 사람들이 동시에 이야기할 수 있다. 세월호와 오하마나호는 모두 조타실 정면의 VHF는 해당 관제 수역의 채널에 맞추고, 뒷면의 VHF는 비상시 긴급 채널인 16번에 고정해 두었다.

엔진 텔레그래프 판에는 힐링 펌프와 평형수를 조작하는 버튼들, 두 대의 선내 전화, 좌우 엔진의 회전 수를 높이거나 낮추거나 정지할 수 있는 두 개의 레버가 있다. 세월호의 엔진 시스템은 '스리 포지션 스타팅' 시스템으로 기관실 컨트롤룸, 조타실, 엔진 이 세 곳 어디에서도 시동을 걸거나 끌 수 있다. 선내 전화 하나는 구역 버튼을 누르고 선내 어디든 전화를 걸 수 있고 또 하나는 기관실에 직통으로 연결된다. 선내 전화의 '0번'을 누르면 선내 전체에 방송을 할 수 있다.

엔진 텔레그래프와 2미터 정도 떨어진 뒤쪽 벽면은 '시스템 배전반'인데, 여기에도 선내 방송 장치가 있다. 방송 장치는 전원을 켜고 비상 버튼과 알람 버튼을 눌러 '딩-동-댕' 하는 알림음이 나오면 마이크를 들고 마이크 버튼을 누른 채 방송을 하면 된다. 방송 장치 밑에는 비상벨이 있다.

해도대 옆에는 AIS(선박 자동 식별 장치), GPS, 나브텍스(해상 훈련이나 기상 상태 등 항행 정보를 텔렉스로 받는 장치) 등이 설치되어 있다. CCTV 모니터로는 선내 64개 장소의 화면을 볼 수 있는데, CCTV를 통제하고 영상을 저장하는 본체(DVR)는 3층 안내 데스크에 있다. 그 밖에도 SSB(중단파 무선 전화), SART(Search And Rescue Transponder. 조난 시 외부 선박의 레이더에 본선의 위치를 알리는 장치), 작동 가능한 무전기 3대, 확성기가 비치되어 있다. 요컨대 인류가 항해를 한 이래 안전성과 편안함을 높이기 위해 만든 수많은 첨단 기기들이 세월호에 실려 있었다.

조타실, 8시 48분 : "타가 안 돼요"

세월호는 8시 30분경 맹골수도에 진입하여 8시 35분경 빠져나왔다.

맹골수도 진입 전 세월호는 유조선 둘라에이스호를 앞질렀고, 맹골
수도 안에서는 반대편에서 올라오는 상선 삼영호와 서로 좌현을 마
주보며 지나쳤다.

재판 초기에 3항사 박한결의 변호인이 법정에서 변론 요지를 설
명하다가, "앞에서 배 한 척이 올라와 변침을 했다."는 박한결의 말
을 마치 사고 시점에 그렇게 행동한 것처럼 전달해 오해를 불러일으
켰다. 공개된 레이더와 AIS 기록을 아무리 봐도 사고 지점에 세월호
외의 배가 보이지 않았으므로, 수면 아래 숨은 잠수함이나 레이더를
피할 수 있는 '스텔스 군함' 같은 물체가 나타난 게 아니냐는 의혹이
증폭되었다. 이에 대해 박한결은 법정에서 진술했다.

〔세월호 3등 항해사 박한결〕

재판장 : 맹골수도를 통과할 때 반대편에서 배 한 척이 올라오고
있었지요.

박한결 : 예.

재판장 : 그 배와 충돌하지 않게 비켜가기 위해 급변침을 한 것인
가요.

박한결 : 그 배와는 안전하게 통과를 했습니다. (선원 재판 22차,
피고인 신문, 2014.10.7.)

맹골수도를 통과한 시각, 당직자를 제외한 다른 선원들은 자기 선
실에서 잠을 자거나 쉬고 있었다. 그 가운데 세월호에서 처음 아침
을 맞는 선원은 두 명이었다. 한 명은 견습 1등 항해사 신정훈(34세,

항해와 조타 용어

• 항해사가 조타수에게 내리는 조타 명령은 크게 두 가지 방법이 있다. 첫째 도수 지시법, 둘째 타각 지시법이 그것이다. 도수는 선수 방위(헤딩)의 각도를 말하고, 타각은 방향타의 각도를 말한다. 도수 지시법은 "140도", "210도" 이렇게 가야 할 방위각을 도수로 알려 주는 것이다. 타각 지시법은 "스타보드 파이브(방향타를 우현 5도로)", "포트 텐(방향타를 좌현 10도로)", "미집(midship. 방향타를 중립 즉 0도로)" 등의 타각 명령으로 지시하는 것이다.

항해사의 명령을 들으면 조타수는 "140도 써(sir)" 또는 "스타보드 파이브 써"라고 복명 복창을 해야 한다. 도수로 지시하면 조타수가 알아서 뱃머리를 그 방위각에 맞추어야 한다. 타각으로 지시하면 조타수는 핸들을 명령만큼만 돌려 지시된 타각에 맞추면 된다. 즉 도수 지시법은 조타수의 재량에 더 많이 의존하는 방법이다. 세월호 선원들의 증언에 따르면 입출항 시나 위험 구간에서는 선장과 항해사가 타각으로 지시하고, 일반적인 항해 중에는 도수와 타각을 혼용해 지시하였다고 한다.

135도로 항해하다가 항해사가 "140도"라고 변침을 지시하면 조타수는 조타기 핸들을 조작해 선수를 그 각도에 맞추고 유지한다. 이렇게 일정한 침로를 유지하는 것을 '정침'이라고 하며 정침이 되면 조타수는 "140도 스테디(steady)"라고 말한다.

• 조타수가 항해 지시를 잘 따르는지 항해사가 확인하는 방법은 크게 세 가지다.

첫째, 전방을 주시하여 선수의 움직임을 확인한다. 둘째, 레이더를 통해 선수 방위와 대지 침로를 확인한다. 조류나 바람이 세면 배가 밀리면서 선수 방위와 대지 침로 사이에 편각이 발생한다. 셋째, 정면의 타각 지시기를 보고 방향타의 각도를 확인한다. 여기에 하나를 더하면 조타수에게 물어서 확인하는 것이다. 즉 항해사는 선수, 레이더, 타각 지시기 그리고 조타수를 번갈아 또는 동시에 빠르게 확인해야 한다. 평온한 항해에서는 별 문제가 없겠지만, 악천후나 비상시에 항해사의 이 능력은 결정적인 요소가 된다.

남)이고, 한 명은 조기장으로 승선한 전영준(61세, 남)이다. 두 사람 모두 근로계약서를 작성하지 않은 채 배에 올랐다.

신정훈은 다른 배에서 무릎을 다쳐 쉬다가 평소 알던 신보식으로부터 "청해진해운이 보조 1등 항해사를 구한다니 와 봐라."는 제안을 받았다. 그런데 출항 전 해무팀 대리 홍영기가 "고용 여부에 대해 아직 결재가 떨어지지 않았는데, 일단 한 항차 다녀오고 급여는 일할로 계산해 주겠다."고 하여 찜찜한 마음으로 승선했다. 전영준은 이전 회사보다 월급을 더 준다고 하여 와서 면접을 보고 채용이 결정되었는데, 근로계약서를 담당한 직원이 자리를 비우는 바람에 역시 "한 항차만 먼저 다녀오라."는 말을 듣고 승선했다. 전영준은 선실에 짐까지 풀었는데 다시 쌀 수도 없어서 그냥 타기로 하고, 기관장 박기호에게 "이 회사가 원래 이런 회사입니까?"라며 불만을 토로했다. 하필이면 사고 전날 세월호에 승선한 것도 의혹을 불러일

세월호를 기록하다

으키기 좋은 소재였다. 그러나 선원 생활은 보수에 비해 힘이 들어 일반적으로도 이직률이 높은데 세월호 승무원들은 유독 심해 갑판부와 기관부 선원 절반 이상이 세월호에 승선한 지 6개월이 채 되지 않았다. 배 자체가 위험했고 회사에서 선원들의 요구를 자주 묵살했던 탓이다.

8시 30분경 이준석은 자기 방에서 기관장 박기호(54세, 남)의 방으로 전화하여 "와서 커피나 한잔해."라고 말하고 8시 37분경 조타실로 들어간다. 잠결에 전화를 받은 박기호는 평소에도 이준석이 커피를 마시자든가 제주에 입항하면 해장국을 먹으러 가자 따위의 말을 했기 때문에 별 생각 없이 주섬주섬 옷을 입고 조타실로 향했다. 조타실에 들어간 박기호는 "선장님, 수고하십니다. 날씨가 좋네요."라고 인사하며 좌현의 커피포트로 향했다. 그때 이준석은 박한결에게 "앞의 배 뒤로 해서 잘 보고 가라."라고 지시를 내리고 조타실에서 나갔다. 박기호가 커피를 타서 돌아서는데 이준석이 보이지 않아 두리번거리다가 박한결에게 물었다. "노인네 어디 갔노?" 박기호는 조타실을 나와 공조실(환풍기, 냉난방기 등이 설치된 방)을 잠깐 열어보고 이준석의 선실 문을 열었다. 이준석은 팬티 바람으로 침대에 앉아 벽에 등을 대고 핸드폰으로 무언가 하고 있었다.

[세월호 선장 이준석]

그날은 유난히 날도 좋았고 바람도 없었으며 따스했고, 제가 휴가나 교대 등으로 14~15일 만에 세월호에 와서 기관장과 커피를 마시기 위해 오도록 하여 왔다 갔다 하다가, 앞에 배도 없고 넓은 곳으로 빠져나왔기에 박한결 3항사에게 앞을 잘 보고 가라고 얘기하고 제 방으로 들어왔습니다. 그리고는 옷을 갈아입으려고 침대에 앉아서 담배도 한 대 피웠고, 전화번호를 하나 찾으려고 핸드폰을 만지고 있었습니다. 기관장이 이를 보고 오락을 했다고 한 모양인데, 저는 오락 같은 것은 할 줄도 모릅니다. (선원 재판 23차, 피고인 신문, 2014.10.7.)

아마 이준석은 제주 입항을 앞두고 제복으로 갈아입으려고 한 것 같다. 이준석은 자신의 핸드폰에 게임이 깔려 있는 것에 대해 추궁을 받자, 박한결이 전에 깔아 주었는데 자신은 할 줄 몰라 지우려고 했으나 지우는 방법을 몰랐다고 진술했다. 검사는 박기호에게도 "혹시 이준석과 도박을 한 것은 아닌가?"라고 물었다. 박기호는 이를 부인했다.

박기호는 조타실로 돌아와 박한결에게 "(손가락으로 게임하는 시늉을 하며) 노인네 이거 한다. 노인네 이런 거 가르쳐주지 마라."라고 농담하면서 좌현 쪽에 있는 엔진 텔레그래프로 걸어갔다. 박한결은 레이더를 보고 있었고 조준기는 조타기 핸들을 잡고 있었다. 덩치가 큰 조준기가 가운데, 키가 작은 박한결이 오른쪽에, 중간 정도 몸집의 박기호가 왼쪽에 나란히 섰다. 박기호는 기관실에 전화를 걸어 이수진이 받자 "공조실이 지저분하니 사람들 데리고 와서 청소해."라고 지시했다.

8시 45분경 병풍도 변침 구간에 가까이 오자 박한결은 "아저씨, 140도요."라고 조준기에게 변침을 지시했다. 135도에서 145도로 변침하는 구간이었는데, 선장 신보식이 세월호는 복원성이 나쁘므로 변침할 때 5도씩 끊어서 변침하라고 입버릇처럼 말하는 것을 모든 갑판부 선원들이 들어왔다. 그래서 박한결은 중간 단계인 140도로 먼저 변침하라고 지시한 것이다. AIS 항적상 세월호는 8시 46분경에 140도로 변침을 완료하여 약 2분간 항로를 유지한다. 앞에 다른 배도 없었고 바다는 잔잔했다. 8시 48분에 박한결은 "아저씨, 145도요."라고 다음 변침을 지시했다. 48분에서 49분으로 넘어가는데, 조준기가 당황해하며 말했다.

"어, 어…… 안 돼."
"뭐가요?"
"뭐가 안 돼?"

박한결과 박기호가 동시에 물었고, 조준기는 "타가 안 돼요!"라고 소리쳤다. 세월호의 선수가 오른쪽으로 점점 빠르게 돌았다. 배가 부르르 떨면서, 처음에는 천천히 곧 급격하게 왼쪽으로 기울었다. 정면 창에 이미 지나온 병풍도가 다시 나타났고 선수 갑판의 컨테이너가 굉음을 내며 한쪽으로 쏠리더니 상단에 쌓인 컨테이너가 바다로 떨어졌다. 선회하기 시작한 지 1분 남짓한 시간에 벌어진 일이었다.

이 장면이 세월호 사고의 원인 규명에 가장 중요한 부분일 것이다. 먼저 재판부의 결론을 보고 이어 조준기와 박한결의 주장을 살펴보도록 하자. 각각의 주장은 판결문과 증언을 토대로 재구성했다.

1. 선원 재판 판결문

피고인 박한결은 세월호가 8시 48분경 전남 진도군 병풍도 북방 1.8해리 해상에 이르자 침로 약 140도, 엔진 최대 출력을 유지한 채 145도 방향의 우현 변침을 시도하였다. 변침할 때 박한결은 주변 수역의 조류 특성 및 변화에 주의하여 피고인 조준기가 조타기를 안전하게 조작하는지 여부를 잘 살피고, 선수 방향이 지나치게 빨리 회전하는 경우 곧바로 정확한 정침 명령을 지시하여 대각도로 조타기를 조작하지 않도록 지휘하여야 한다. 그러나 박한결은 피고인 조준기가 어느 방향으로 몇 도 타각을 사용하는지, 세월호가 선수 방향대로 진행하고 있는지 확인하지 않아 이를 곧바로 시정하지 못하고, <u>피고인 조준기는 박한결의 지시에 따라 우현 변침을 시도하던 중 원하는 대로의 변침이 이루어지지 않자 당황하여 임의로 조타기를 우현 측으로 대각도로 돌리는 잘못을 저지르는 바람에</u> 선수가 급속도로 우회두하면서 외방경사(회전하는 반대편으로 원심력이 작용하여 기울어짐—저자.)의 영향으로 선체가 좌현 측으로 급속히 기울어졌다. (밑줄은 저자.)

2. 조준기의 주장

135도로 진행하던 중 항해사로부터 140도로 우현 변침하라는 명령을 받았다. "140도"라고 복창한 후, 타를 우측으로 5도 잠깐 돌렸다가 0도로 되돌리는 미집을 서너 차례 했다. 자이로 컴퍼스에 선수 방향이 140도로 맞춰진 것을 보고 "140도 써"라고 복창하고 키를 잡고 있는데 선수가 오른쪽으로 141도, 142도 이렇게 넘어갔다. 그래서 핸들을 반대쪽으로 좌현 3도까지 돌렸지만 배가 멈추지 않고 143도까지 넘어갔으며, 다시 왼쪽으로 2도를 더 돌려 좌현 5도에 맞췄으나 배는 계속 오른쪽으로 돌아 145도까지 갔다. 검찰은 145도 변침 지시가 내려온 후 내가 대각도 조타를 했다고 하는데, 나는 아예 145도 지시를 듣지도 못했고, 평소와 다름없이 소각도로 조타했는데 배가 우현 급선회하며 기울었다. 사고 시점에 조타기에 특별한 이상이 있었던 것 같지는 않다. 하지만 방향타에 이상이 있을지도 모른다. 분명히 좌현으로 핸들을 돌렸는데 배가 계속 우현으로 돌았으므로, 방향타가 고장으로 멈춘 것일 수 있다.

[세월호 조타수 조준기]

검사 : 피고인은 좌현으로 조타기를 돌렸음에도 세월호는 우회두를 멈추지 않았고 오히려 점점 더 빠른 속도로 우회두했다는 것이지요.

조준기 : 예, 그렇습니다.

검사 : 상식적으로 조타기를 좌현으로 돌려 러더(rudder. 방향타)가 좌현으로 틀어져 있는데 선박이 우회두를 하고, 그것도 점점 더 빨라질 수 있나요.

조준기 : 상식 선에서는 아니라고 봅니다.

검사 : 세월호가 점점 더 빨리 우회두하면서 좌현으로 약간 기울었다는 것이지요.

조준기 : 그때 당시에는 기울지 않았습니다.

세월호 조타기. 상단의 원은 자이로 컴퍼스이다.
(416가족협의회 제공)

검사 : 그때 박한결이 피고인에게 "아저씨, 반대로요, 반대로요!"
라고 말했다는 것인가요.

조준기 : 예, 그렇게 말했습니다.

검사 : 배가 기울지도 않고, 원래 우회두하라는 변침 지시를 내렸
는데, 박한결이 다급하게 "반대로요, 반대로요"라고 소리칠 이유
가 무엇인가요.

조준기 : 3등 항해사가 "반대로요"라고는 말했지만 다급하게 얘
기했다는 생각은 들지 않습니다. 배가 빠른 속도로 우현으로 돌아
가고 있어서 그렇게 얘기한 것으로 알고 있습니다.

세월호를 기록하다

검사 : 박한결이 얘기한 "반대로"라는 것은 좌현과 우현 중 어디를 말하는 것인가요.

조준기 : 좌현 쪽입니다. 그래서 제가 좌현 5도로 잡았던 키를 15도까지 돌렸습니다.

조준기 : 조타기를 이미 5도 잡고 있는 상태에서 15도까지 돌렸다는 것은 그 상태에서 10도를 더 돌려 총 좌현 15도를 돌렸다는 것인가요.

검사 : 예, 그렇습니다. (선원 재판 20차, 피고인 신문, 2014.10.1.)

3. 박한결의 주장

135도에서 140도로의 변침이 있고 나서 정침 상태를 확인한 후 145도로 다음 조타 명령을 내렸다. 조타 감독이나 조타 명령에는 문제가 없었다. 배가 우현으로 돌기 시작할 때 조준기에게 "아저씨 포트, 포트!"라고 좌현으로 반대 타를 넣으라고 지시했고, 선장에게 연락하려고 엔진 텔레그래프 전화기로 갔으나 통화가 되지 않고 배가 기울어 그만 쓰러졌다. 조준기가 대각도 조타를 하는 것을 보지 못했고 그 지점에서 대각도 조타를 해야 할 이유도 없다. 실제로 대각도 조타가 있었는지 의문이고, 세월호가 쓰러진 이유를 아직도 잘 모르겠다. 혹 타각을 15도 정도 썼다 하더라도 항해 중에 그 정도 타각을 쓰는 일은 자주 있다. 입출항 시, 또는 갑자기 나타난 배를 피할 때 15도는 쓸 수 있고 또 써야 한다. 만약 타각을 15도 준 것으로 배가 쓰러졌다면 그것은 배 자체에 결함이 있기 때문이지 항해사의 과실이 아니다.

[세월호 3등 항해사 박한결]

검사 : 피고인은 조준기가 타를 몇 도 정도 사용하여 135도에서 140도로 변침하는지 조타실 정면의 타각 지시기로 확인하였나요.

박한결 : 보통 5도 사용합니다. 그때 5도로 기억합니다.

검사 : 당시 타각 지시기를 봤나요.

박한결 : 예, 140도로 갈 때 봤습니다. 그 오더를 내릴 때 봤습니다. 그런데 145도일 때는 못 봤습니다.

검사 : 조준기는 5도(방위각)를 변침하려면 여러 차례 3도, 5도 타각을 써서 변침한다고 했는데, 당시 피고인은 선수 타각 지시기를 보면서 조준기가 오른쪽으로 여러 차례에 걸쳐서 몇 도씩 타각을 사용하는지 확인하였는가요.

박한결 : 그것은 잘 모르겠습니다. 기억이 안 납니다. 타각 지시기는 반응이 느리기 때문입니다.

검사 : 피고인은 145도 변침 지시를 하고 몇 초 지나 평소와 다른 롤링을 느껴 선장 이준석에게 연락하였으나 받지 않는 사이 세월호가 크게 기울었다고 했지요. 평소와 다른 롤링을 느꼈다면 선장에게 연락하러 갈 것이 아니라 당직 사관으로서 조준기에게 왜 그런지 묻거나 타각 지시기 등을 살펴 타를 어떻게 사용했는지 확인하고 세월호가 더 기울지 않도록 조치했어야 하는 것 아닌가요.

박한결 : 저는 조금이라도 위험이 있으면 바로 선장님께 연락하라고 배웠기 때문에 선장님에게 먼저 연락을 하는 것이 우선이라고 생각했습니다.

검사 : 피고인은 조준기에게 "포트, 포트"라고 지시했다고 진술하

고 있지요.

박한결 : 예.

검사 : 피고인은 조준기에게 "포트, 포트"라고 지시한 것 외에 다른 지시를 한 것이 있나요.

박한결 : 없습니다.

검사 : 세월호가 기운 뒤 조준기에게 왜 사고가 발생하였는지, 타를 어디로 사용하였는지 물어보았나요.

박한결 : 아니오.

검사 : 조준기나 박기호 둘 다 피고인이 "반대로, 반대로"라고 하였다고 진술하는데, 정말 "포트, 포트"라고 한 것이 맞나요.

박한결 : 몇 도라고 말을 못 해서 무조건 왼쪽으로 가야겠다는 생각에 그렇게 말했습니다. (선원 재판 22차, 피고인 신문, 2014.10.7.)

엔진 텔레그래프 앞에 서 있던 기관장 박기호는 당시 조타실의 유일한 목격자이다.

4. 박기호의 증언

박한결 3항사가 140인지 145인지, 140 어쩌고 하는 이야기를 들었는데 유지하라는 것인지 변경하는 것인지는 못 들었지만 조타지령을 내린다는 것을 느꼈다. 불과 10초가 지나지 않았는데, (엔진 텔레그래프) 게이지를 보고 있는데 조준기가 "어어, 안 돼. 안돼. 안 돼."라고 고함을 질러서 나도 깜짝 놀라서 "뭐가 안 돼?"라고 했고 3항사도 거의 같은 시간에 그 질문을 한 것 같다. 그때 조준기가 아주 당황하는 목소리로 "아, 조타기가 안 돼요!"라고 이야기한 것을 들었고 그 순간 선체가 기울었다. 나는 그곳에서 쭉 미끄러지면서 앞에 (엔진 텔레그래프) 핸드레일을 순간적으로 잡았다. 3항사가 저 끝으로 가서 처박혀 있다가, 내가 3항사를 일으켰는지는 정확히 기억나지 않지만, 3항사가 일어나면서 타를 반대로 쓰라고 "반대로, 반대로"라고 말하는 소리를 들었다. 그 상황에서 배는 벌써 기울고 있었다.

AIS 항적과 박한결, 박기호의 주장을 종합해 보면 140도 변침이 완료된 후 박한결이 "145도" 변침 지시를 내린 것은 사실로 보인다. 또한 조준기, 박기호 두 사람이 같은 진술을 한 것에 비추어 박한결이 "반대로요"라고 소리친 것도 사실인 듯하다. 박한결은 평소 자신은 항해 중에 포트, 스타보드 같은 명령어는 잘 쓰지 않았다고 했으므로 갑자기 그 순간 "포트"라고 외쳤을 가능성은 낮다.

세월호는 왜 급선회했는가

여하튼 그것은 세월호의 급선회가 시작되고 난 후의 일이다. 이 사고의 핵심, 급선회의 이유를 찾아야 한다.

2장 '침몰'에서 언급한 것처럼, 세월호의 항적은 충돌이나 좌초에 의해 그렇게 되기는 어렵다. 세월호 건조 당시(1994년)의 테스트 결과, 즉 배가 고속 운항하다가 우현 35도로 타각을 썼을 때 선회하는 궤적이 이번 사고 시 AIS 신호 및 레이더로 확인되는 J자 항적과 유사하게 나타난다.(선회 궤적의 후반부는 다소 차이가 있다.) 또한 사고 시 선수의 선회 속도가 증가하고 감소하는 추세도 테스트 때의 추세와 비슷하다.(테스트 시 선수의 최고 선회 속도는 초당 1.81도, 이번 사고 시의 최고 속도는 2.0도이다.) 게다가 배에 충돌이나 파공의 흔적도 없었다. 검경 합동수사본부 전문가 자문단은 이를 토대로 세월호의 급선회는 조타수가 35도는 아니더라도 그에 가까운 정도로 대각도 조타를 했기 때문이라고 결론 내렸다.

하지만 피고인 변호인들은 첫째, '대각도 조타'만이 유일한 이유인가, 일상적인 소각도 조타로는 그런 선회 곡선이 나올 수 없는가, 둘째, 대각도 조타를 했다면 도대체 왜 했는가, 셋째, 설령 조타가 급선회의 원인이라 해도 배가 쓰러진 데는 다른 원인이 있을 수 있는데 항해사와 조타수가 책임을 져야 하는가 등의 반론을 제기했다. 과연 조준기의 주장대로 핸들을 평소처럼 돌려 5~10도 정도의 타각만 주었는데 배가 갑자기 넘어가는 일은 있을 수 없는 일인가?

합동수사본부 전문가 자문단에 참여한 크리소 연구진은 세월호의 상태에 최대한 가까운 3차원 모델을 만들어 어떤 조건에서 이 모델이 세월호의 AIS 항적을 따라가는지 시뮬레이션해 보았다. 시뮬레이션의 주요 변수는 화물의 양(검찰이 추정한 수치 및 그보다 많을 경우의 수치), 화물 고박 상태(단단히 고박했을 때 및 부실하게 고박했을 때), 화물의 마찰계수, 조타 각도와 시간 등으로 잡았다. 특히 조타에서 각도만이 아니라 그 각도를 유지한 시간도 중요한 변수로 넣었다.

변수를 조금씩 바꾸어 가며 시뮬레이션해 보니, 첫째, 선박의 복원성이 나쁠수록 즉 화물이 많고 평형수가 적을수록, 둘째, 대각도로 조타를 할수록, 셋째, 마찰계수가 낮아 화물이 빨리 이동할수록 시뮬레이션 결과는 세월호가 실제 움직인 AIS 항적과 유사했다.

또한 검찰이 별도로 시뮬레이션을 의뢰한 서울대학교 선박성능고도화사업단도 보고서에서 같은 결론을 내놓았다. 서울대 연구진도 사고 시점에 세월호의 화물량, 적재 및 고박 상태, 평형수와 청수, 연료유 상태, 세월호의 복원성 자료를 시뮬레이션에 입력했고 소각도 조타부터 대각도 조타까지 다양한 조타 시나리오를 마련하여 시뮬레이션했다. 그 결과 초기에 타각을 우현 5도 정도로 주었다가 핸들을 더 돌려 우현 25도나 30도까지 타각을 주었을 때 선회 궤적이 세월호의 AIS 항적과 유사했다. 조준기가 말하는 '우현 5도→0도→다시 우현 5도→배가 빨리 돌아서 좌현으로 5도→그래도 배가 더 돌아 좌현으로 15도'의 시나리오로 시뮬레이션해 보니 AIS 항적에서 많이 벗어났다. 조타만 봤을 때 조준기의 주장은 가능성이 낮은 시나리오란 이야기다.

재판부는 판결문에서 조타수가 대각도 조타를 했다고 판단했다. 재판부는 조타수가 "우현 15도 이상 타각을 40초 이상 유지"했거나 그와 효과가 동등한 조타를 했다고 추정했다. 시뮬레이션 결과 중에 15도의 타각을 40초 이상 유지할 경우에 세월호 궤적처럼 급선회하는 사례가 있었다. 변호인은 이를 근거로 조타수가 대각도 조타를 한 게 아니라 소각도 타각을 "긴 시간 유지했을 수도 있다"고 주장했다. 하지만 사고 당시는 병풍도 앞에서 140도에서 145도로 5도만 변침하려는 참이었다. 변호인의 주장대로라면 조준기가 소각도의 타각을 40초를 넘어 50~60초씩 잡고 있었다는 이야기이고, 이것이야말로 몹시 부자연스러운 행동이다. 재판부는 그럴 가능성은 없다고 판단한 것이다.

또한 조준기가 주장하는 것처럼 세월호의 방향타가 고장 나서 우현으로 조작된 상태에서 멈추어 버렸고 핸들을 다시 좌현으로 돌렸을 때 말을 듣지 않은 것이 사실이라면, 확인된 대로 방향타가 '중립'에 가 있을 수는 없다. 세월호가 전복되었을 때 촬영한 동영상에서 선미 방향타는 좌우 한가운데 즉 0도에 가 있었다. 검찰은 이를 근거로 방향타가 고장 나지 않았고 조준기 본인이 조타 과실의 책임을 면하고자 다시 0도로 돌려 놓은 것이라고 주장했다.

그 외에도 선장 이준석이 사고 직후 조타실 정면의 타각 지시기를 봤을 때 시력이 나빠 흐릿하긴 했지만 침이 우현 15도를 가리켰다는 증언, 오하마나호 항해사가 "배가 30도나 기울었다면 전타(35도 끝까지 방향타를 돌림)였을 것"이라고 한 증언 등을 종합하면, 조타수 조준기가 대각도 조타를 했을 가능성이 무척 높다.

하지만 여러 시뮬레이션의 결론은 어디까지나 확률을 보여 줄 뿐이다. 배의 복원성이 더 나빴거나, 화물이 좀 더 많이 실렸거나, 바닥이 더 미끄러웠거나, 고박이 생각보다 훨씬 형편없었거나 하는 이유로 인해 작은 각도로 조타했는데 배가 쓰러졌을 가능성은 결코 없지 않다. 또 4장 '출항'에서 본 것처럼, 화물이 단단히 고박되기만 했더라면 설령 대각도 조타를 했더라도 배는 쓰러지지 않았을 것이다. 조준기의 주장처럼 방향타나 조타기에 기계적 결함이 있었을 가능성도 실물을 확인하기 전까지 완전히 부정할 수 없다. 방향타가 중립에 와 있는 이유에 대한 검찰의 추정은 그다지 설득력 있지 않다.

　재판부가 추정한 대각도 조타의 이유는 다음과 같다. 사고 시점에 조준기는 "아저씨, 145도요."라는 변침 명령을 받고 타를 우현으로 돌렸다. 그런데 예상보다 선수가 빨리 돌아갔다. 처음부터 조준기가 대각도 조타를 한 것은 아니겠지만 여하튼 자신이 평소에 해 온 것보다 키를 많이 또는 급하게 썼을 것이다. 박한결의 "145도" 명령을 기억하지 못하는 것으로 봐서 그는 딴 생각을 하고 있었을지도 모른다. 배가 빨리 돌아가자 당황한 조준기는 순간적으로 자이로 컴퍼스의 회전 방향을 선수의 회전 방향으로 착각하여 핸들을 우현으로 더 크게 돌려 버렸다. 아니면, 선수가 돌아가는 것을 보고 좌현으로 키를 돌리려는 순간 박한결이 "반대로, 반대로!"라고 외치자 좌현의 반대인 우현으로 돌려 버렸다.

　박한결은 레이더만이 아니라 선수, 타각 지시기 등을 보면서 배가 평소와 다르게 돈다는 것을 빨리 감지했어야 했다. 레이더는 선박의 여러 정보를 한 화면에 나타내 주지만 미세한 변화까지 실시간으로 보여 주기란 기술적으로 불가능하다. 선장 이준석도 "레이더는 속도 등에 에러가 많이 생긴다."고 인정한 바 있다. 늦게라도 이상을 느꼈다면 즉각 정확한 지시를 조타수에게 전달했어야 하는데, 박한결의 "반대로요"라는 지시는 모호해서 조타수에게 오해의 소지를 주었다. 거기다 선장에게 전화를 하러 엔진 텔레그래프로 움직이느라 아까운 시간을 써 버렸다. 재판부는, 이들이 세월호의 복원성이 나쁘다는 것도 알았고 선장 신보식으로부터 "타를 조금씩 나누어 쓰라"는 말도 들어 왔으므로 충분히 주의해야 했다고 여기고 이들의 행동이 '업무상 과실'에 해당한다고 판단했다.

세월호 전복의 원인은 이렇게 정리되었지만, 이를 백 퍼센트 흔쾌히 받아들이기는 힘들다. 여러 가지 가능성 가운데 가장 개연성이 높은 것을 재판부가 '사실'로 채택했을 뿐이다. 이것은 여러 요인이 복합적으로 뒤섞인 재난 사고의 원인을 형사 재판에서 규명하려고 할 때 생기는 한계이다. 미국 9.11 테러의 진상 조사를 위한 '9.11 국가위원회'는 1년 8개월을, 2009년 호주 빅토리아 주 산불 피해 사건 조사위원회는 1년 5개월을 활동했다. 여러 차례의 청문회 및 수많은 피해 사례 청취가 축적되어 결론으로 모아졌다. 세월호 사고는 단 6개월의 형사 재판 기간에 그것도 '검찰의 공소 사실 입증'이라는 결론을 정해 놓고 서둘러 진상 조사를 했고, 폭이나 깊이에 제약이 있을 수밖에 없었다.*

기관실, 8시 48분 : "그냥 무서웠습니다"

세월호 선내 CCTV 화면. 4월 16일 오전 8시경, 기관실에서 3등 기관사 이수진(26세, 여)이 엔진과 연결된 커다란 원통형 파이프에 청

---

* 항소심 재판부는 사고 당시 조타기가 정상적으로 작동하였는지에 관해 '합리적인 의심'이 있다고 했다. 조타기에 솔레노이드 밸브 고착 현상이 일어나, 조준기가 핸들을 크게 돌리지 않았는데 방향타가 계속 돌아갔을 확률도 있다는 것이다. 재판부는 검찰이 사고 원인을 명확히 입증하진 못했다고 보아 박한결과 조준기의 업무상과실 선박매몰 혐의에 무죄를 선고했다. 재판부는 사고 원인의 정밀한 조사를 위해 세월호 인양이 필요하다는 견해를 덧붙였다.

테이프를 잘게 잘라 붙이고 있다. 엔진이나 공기 흡입관에 어떤 중대한 결함이 발견된 것일까. 아니면 세월호에 대한 모종의 테러라도 꾸미고 있는 것일까.

기관실은 세월호의 최하부에 위치한다. 세월호의 양 프로펠러를 돌리는 두 엔진, 주 발전기, 펌프 등 주요 기관이 여기에 있다. 기관부 선원들은 당직 시간에 맡은 기관을 점검하여 기름이나 공기를 보충하고, 엔진 옆 컨트롤룸에서 배기판을 살피거나 휴식을 취한다. 컨트롤룸에는 냉장고, 탁자, 커피포트 등 편의 설비도 있다.

기관부 선원들은 4월 15일과 16일 사고 전까지 기관에 특별한 이상은 없었다고 진술했다. 16일 7시 30분부터의 당직은 3기사 이수진, 조기수 박성용(59세, 남), 조기수 이영재(56세, 남)였다. 세 사람이 잠시 컨트롤룸에 모였을 때 기관장으로부터 "5층 공조실 청소를 하라."는 전화가 왔고, 박성용이 "커피 한잔하고 가자."라고 하여 쉬고 있었다. 그때 세월호가 갑자기 기울었다.

커피 물을 따르던 박성용은 뒤로 휘청하다 쓰러졌고 몸 위로 냉장고가 넘어졌다. 이영재는 탁자를 잡고 겨우 버텼다. 집기며 서랍이 바닥에 어지럽게 떨어졌다. 바닥에 고정된 탁자 앞에 앉아 있던 이수진은 '바이킹 안전 장치'에 걸친 듯 탁자에 걸쳐 공중에 떴다. 배 어디선가 쿵쿵 소리가 났다. 이수진의 진술에 의하면, 세월호는 두 번에 걸쳐, 1차로 15~20도 정도 기울고 5초 정도 지나 더 많이 기울었다.

3분쯤 지나 전화가 걸려 왔다. 박성용이 전화를 받더니 "빨리 나가자."고 외치며 컨트롤룸 출구로 향했고 이영재도 엉금엉금 움직였다. 이수진은 탁자에서 내려가는 게 겁이 나 망설이는데 전화가 한 번 더 걸려왔다. 이수진이 겨우 내려가 수화기를 드니 기관장 박기호였다.

"빨리 올라와라!"

이수진은 수화기를 던지고 컨트롤룸을 나와 계단으로 갔다. 엔진은 어느새 멈추었고 기관 이상을 나타내는 알람들이 시끄럽게 울렸다. 기관실에서 여객실이 있는 3층 B데크까지 가려면 지그재그로 교차한 여덟 개의 철제 계단을 올라야 한다. 계단의 원래 각도는 62도인데 배가 좌현으로 기울면서 한쪽은 거의 90도 수직이 되고, 다른 쪽은 30도로 오히려 완만해졌다. 공포에 질린 이수진은 수직에 가까운 계단을 필사적으로 올랐다. 박성용이 이수진을 밀면서 따라왔고 이영재가 그 뒤를 따랐다. 이들이 3층에 도달한 시각은 9시 5분 무렵이었다.

이수진 등은 3층 문을 열고 나오자마자 다른 기관부 선원들이 있는 3층 좌현 선미 쪽, 기관부 선실 통로로 이동했다. 선실에 있다가 사고를 당한 기관부 선원들이 자기 방에서 나와 이수진 등과 만났다. 2~3분 뒤 기관장 박기호도 조타실에서 내려와 기관부 선원들과 합류했다. 일곱 명의 기관부 선원은 이때부터 탈출할 때까지 기관부 선실 통로에서 약 30분간 머무른다.

검사 : 피고인은 기관실을 지키는 당직 사관으로서, 세월호가 비정상적으로 기울었으면 무언가 해야겠다는 생각이 들어야 하는 것 아닌가요.

이수진 : 잘… 아무 생각이 안 들어서… 그냥 무서웠습니다.

검사 : 3층 B데크로 올라가는 계단을 실제 어떻게 올라갔나요.

이수진 : 계단이 거의 90도여서… 목장갑을 끼고 있었는데 미끄러워서 한 발자국도 위로 올라가지지 않았습니다. 그래서 장갑을 벗고 손의 마찰력을 이용해서 위로… 계단에 발이 닿기만 했지 거의 팔 힘으로 올라갔습니다. 중간에 힘이 달려서 박성용 아저씨에게 포기하겠다고 말하니까 박성용 아저씨가 포기하면 다 죽는다고 받쳐 주서서 올라올 수 있었습니다.

검사 : 엔진 컨트롤룸에서 나와 3층 B데크까지 올라와서 좌현 쪽으로 복도를 따라 기관장의 선실 방향으로 내려왔지요.

이수진 : 예.

검사 : 피고인은 최종적으로 어디에 머물렀나요.

이수진 : 제 방 앞에 있었습니다.

검사 : 선원으로서 4층 객실로 가서 승객들에게 급박한 상황임을 알릴 생각은 전혀 하지 않았나요.

이수진 : 예, 나오자마자 좌측으로 굴러서 기관부 사람들을 봤고 위로 올라가 볼 생각은 못했습니다. 다른 곳으로 갈 생각은 하지 않았습니다.

검사 : 비상시 승객을 대피시킬 의무가 있는 사람이 자기 방 앞에

가서 승객 대피 임무를 어떻게 수행하려고 했나요.

이수진 : (머뭇거리며) 승객 대피는 어떤 상황인지 알고 행동을 해야 하는데 그 당시에는 대피해야 되는지 어떻게 해야 되는지 전혀 몰랐기 때문에 그 생각을 못했습니다. (선원 재판 13차, 피고인 신문, 2014.9.2.)

세월호 선내 CCTV 영상을 저장하는 DVR(Digital Video Recorder. 디지털 영상 저장 장치)은 2014년 6월 사고 현장에서 인양되어 바지선 한 구석에 쓰레기처럼 팽개쳐져 있었다. 그것을 우연히 발견한 세월호 가족대책위가 서둘러 장치를 확보하여 법원에 증거 보전 신청을 했다. 법원은 증거물의 중요성을 고려해 이례적으로 당일에 증거 보전 신청을 받아들였다. 그 후 이 장치는 가족대책위의 감시하에 약 두 달 동안 전문적인 복원 과정을 거쳐 광주지법 목포지원에서 처음으로 재생되었다. 이 CCTV로 4월 15일 승선 시점부터 16일 사고 전까지 세월호 64개 구역의 모습을 확인할 수 있었다. 영상을 지켜본 유가족은 자식의 모습이 나타날 때마다 울음을 터트렸다.

영상을 복원해 보니 모든 영상이 8시 30분 59초에 정지되어 있었다. 검찰이 발표한 사고 발생 시점인 8시 48분보다 상당히 이른 시각에 영상이 꺼진 것이다. DVR을 분석한 컴퓨터 분석 전문가 한양대 김인성 교수(컴퓨터공학과)에 따르면, 이 장치가 일반적인 컴퓨터 종료 절차를 거친 게 아니라 정전에 의해 혹은 무슨 이유로 전원 플러그가 뽑힘으로 인해 종료되었다고 한다. 그런데 생존자들의 증언에서 사고 이전에 정전이 있었다는 내용은 없다. 누군가 세월호 사고를 일으키려고 마음먹고, 증거를 숨기기 위해 사고 전 CCTV를 끈

게 아니냐는 의혹이 제기되었다.

'CCTV 고의 차단설'과 연관되어, CCTV 영상의 시각으로 8시부터 약 30분간 이수진이 엔진과 연결된 파이프에 청테이프를 붙이는 행동에도 의문의 눈초리가 던져졌다. 선원들이 세월호의 기관을 일부러 고장 냈거나 급변침 이전에 세월호에 이미 심각한 이상이 있었던 것이 아니냐는 의문이었다. 법정에서 검사도 이런 의혹을 의식한 듯 이수진을 추궁했다.

〔세월호 3등 기관사 이수진〕

검사 : (CCTV 동영상을 재생하고) 파란색 작업복을 입은 여성이 피고인인가요.

이수진 : 예, 맞습니다.

검사 : 세월호 메인엔진을 촬영한 CCTV 동영상 8시 7분경에 피고인이 메인엔진 옆에 보이는 검은색과 연두색으로 이루어진 파이프 같은 곳에 청테이프를 사각형 모양으로 둘러 붙이고 있는 모습이 확인되는데 맞나요.

이수진 : 예. 정확한 시간은 모르겠지만 7시 50분부터 사고 5분 전까지는 계속했습니다.

검사 : 페인트칠을 하기 위한 테이프 작업을 했다고 했는데, 왜 페인트칠을 하기 전에 이와 같이 청테이프를 붙이는 것인가요.

이수진 : 기관장님이 전날 지시하신 건데, 여섯 개 실린더 헤드 부분이 작업할 때 발로 지지하는 곳이라서 더러워지니까 검은색으로 칠해 두었다고 하시더라고요. 검은색 부분과 연두색 부분의

경계를 깔끔히 하자고 하시면서, 일단 저렇게 네모로 붙여 두고 가운데 검은색 페인트를 칠하고 그다음에 테이프를 떼어 내자고 저보고 테두리를 붙이라고 하셔서 그 작업을 했습니다.

검사 : 파이프의 검은색 부분에 페인트칠을 하려고 했는데, 검정 페인트를 칠하다 보면 연두색 부분에 페인트가 묻으니까 경계선을 말끔하게 마무리하기 위해 연두색과 검은색 경계 부분에 청테이프를 붙였다는 것인가요.

이수진 : 예.

검사 : 일부 언론에서는 공기 흡입관의 공기가 샜기 때문에 청테이프를 바르는 작업을 한 것이라고 보도하였는데, 실제 공기 흡입관의 검정색 부분과 연두색 부분에 금이 가서 공기가 새고 있었던 것은 아닌가요.

이수진 : 그런 건 전혀 아니고, 그냥 색깔 경계만 있지 공기가 샐 이음새 부분이 아니었기 때문에 공기가 샐 그런 것은 없었습니다.

검사 : 메인엔진이나 공기 흡입관이 비정상적인 진동을 발생하고 있어서 임시 조치로 청테이프를 이용하여 고정을 시키려고 했던 것은 아닌가요.

이수진 : 그렇게 큰 문제였다면 제 선에서 해결할 수 없는 것이고, 저기를 보면 제가 청테이프를 그냥 사용하지 않고 아끼려고 절반으로 쪼개서 붙였는데, 그런 이유였다면 굳이 그렇게 하지 않았을 거라고 생각합니다. (선원 재판 13차, 피고인 신문, 2014.9.2.)

영상에 나오는 이수진은 허둥대는 것으로 보이지는 않는다. 이수진은 4월 16일 오후 늦게 목포해경의 참고인 조사를 받으면서도 "사고 전에 M/E(메인엔진) 위쪽 페인트 작업 위해 테이핑 작업 중이었다."라고 하여 비교적 일관되게 진술했다.

CCTV는 왜 꺼졌을까? 검찰은 인천항 연안여객터미널 CCTV상 특정한 차량이 세월호 선미 램프에 진입하는 장면과, 세월호 선내 CCTV상 그 차량이 들어오는 장면을 비교하는 방식으로 세월호 CCTV가 실제 시간보다 약 16분 39초 정도 늦다는 것을 확인했다. 《뉴스타파》 역시 CCTV에 찍힌 불꽃놀이 장면과 단원고 학생의 핸드폰에 찍힌 불꽃놀이 장면을 비교함으로써 CCTV의 시간이 실제보다 늦다는 사실을 알아냈다.* 한편 CCTV로 촬영된 영상을 압축 파일로 저장하는 DVR의 최종 로그 기록은 8시 33분 38초로 확인되었다. DVR 장치는 CCTV 영상이 정지된 8시 30분 59초 후에도 2분 39초간 더 작동되었던 것이다. CCTV로 촬영된 영상이 DVR에 압축 파일로 저장되는 데는 최소 1분에서 수 분의 시간이 소요된다.

종합하면, 실제로 8시 47분 38초까지 촬영된 CCTV 영상은 DVR에 정상적으로 저장되었으며, 그 후에도 DVR 장치는 2분 39초간 켜져 있었으나 그 시간에 촬영된 분량은 미처 파일로 저장되지 못했다. DVR은 8시 50분 17초에 최종 정지되었다. 세월호가 큰 각도로 기울면서 각종 집기, 자판기, 화물 등이 쓰러지던 시점과 일치한다. 당시 안내 데스크에 있던 여객부 직원 강혜성은 법정에서, 배가

---

* 뉴스타파, "(세월호 CCTV 1차 분석) 실제보다 15분 21초 지연… 급변침때 꺼졌다", 2014. 9.3.

기울면서 노트북과 함께 "CCTV 본체도 바닥에 떨어졌다"고 증언했다.(선원 재판 24차, 증인 신문, 2014.10.13.) 그의 말이 사실이라면, DVR 장치의 전원 플러그도 이때 뽑힌 것으로 추정된다.

조타실, 사고 직후~8시 55분 : 지휘하는 사람이 없다

세월호가 기울어지며 박한결은 조타실 좌현 출구로 굴러가 쓰러졌다. 조준기는 조타기 왼쪽에 붙은 손잡이를 잡고 버티었는데, 기관장 박기호의 눈에는 마치 조타기를 껴안고 있는 것처럼 보였다. 박기호는 엔진 텔레그래프 핸드레일을 잡고 몸을 가누면서 고함을 질렀다. "3항사 정신 차려, 오더를 줘야지!" 하지만 박한결은 엉엉 울기 시작했다. 박기호는 엔진 텔레그래프 레버를 아래로 잡아당겨 엔진을 정지시켰다. 이어 2등 항해사 김영호를 시작으로 갑판부 선원들이 조타실로 모여들었다.

김영호는 전날 밤 11시 30분부터 당일 오전 3시 30분까지 당직을 서고 자기 선실에서 자다가 배가 기우는 바람에 일어났다. 김영호는 남색 스즈끼복을 입고 무전기도 챙겨서 조타실로 갔다. 선장 이준석은 티셔츠에 팬티 바람으로 침대에 앉아 있다 굴러떨어진 후 그 옷차림 그대로 나와 김영호 다음으로 조타실에 들어왔다. 이준석이 기울어진 문을 제대로 넘지 못하자 뒤따라온 오용석이 밀어 주었다. 이어 박경남, 강원식, 신정훈도 차례로 모습을 나타냈다. 무릎을 다친 신정훈이 가장 늦었는데, 그는 8시 55분경에 강원식이 제주VTS와 교신하는 것을 목격했으므로 사고 7분 만에 모든 갑판부 승무원들이 한데 모인 셈이다.

"수평수(힐링 탱크의 물)는 맞췄나?"

김영호가 물었으나 아무도 대답이 없었고 그는 엔진 텔레그래프 판의 힐링 펌프 버튼을 눌렀다. 왼편에서 오른편으로 평형수를 넘겨 배를 복구해 보려 했지만 펌프가 작동하지 않았다. 이준석도 들어와 "힐링 펌프 작동해 봐라!"라고 소리쳤고, 박경남도 본능적으로 힐 링 버튼부터 눌렀지만 역시 작동하지 않았다. "어떻게 된 거냐?" 이 준석이 조준기에게 물었다. "타가 안 됩니다."라는 대답이 돌아왔 다. 타가 안 된다는 말을 듣고 이준석이 정면의 타각 지시기를 보았 더니 우현 15도 정도였다. 이 사실은 나중에 재판에서 대각도 조타 의 증거가 된다. 조준기의 변호인은 이준석은 시력이 0.5 정도이고 난시마저 있으며 사고 직후의 공황 상태에서 안경도 없이 타각 지시 기를 정확하게 보기 힘들었을 것이라고 주장했다. 이로 인해 법정에 서 간단한 실험이 벌어졌다. 조명을 낮추고 벽시계의 침을 재판장이 임의로 돌린 뒤, 사고 당시와 같은 거리에서 이준석에게 읽게 했다. 약간의 오차는 있었지만 이준석은 비교적 정확하게 침의 방향을 읽 었다.

조타실로 들어온 이준석은 박기호에게 엔진을 빨리 정지하라고 지시했고, 박기호는 자신이 아까 내렸던 엔진 레버 중 왼쪽 레버가 끝까지 내려가지 않고 '데드 슬로우' 상태에 있음을 알았다. 박기호 는 왼쪽 레버도 '피니시'까지 내렸고, 기관실에 두 차례 전화를 걸어

세월호를 기록하다

당직 기관부원들에게 "빨리 나오라"고 말했다. 이준석은 박기호에게 "기관실에 가 보라"는 취지의 말을 했는데, 박기호는 그 말을 듣고 조타실에서 빠져나갔다. 법정에서 박기호는 이준석의 말을 "발전기를 지켜라"라는 취지로 들었다고 진술했고, 이준석은 "발전기나 엔진에 대해 베테랑이니까 알아서 무언가를 하라"는 의도였다고 말했다. 즉 두 사람이 주고받은 지시는 내용이 분명치 않았던 것이다. 박기호는 조타실을 나가 약 25미터의 복도를 뛰어 폭 90센티미터의 선원 전용 계단으로 4층에, 다시 선원 전용 복도와 계단을 거쳐 3층으로 내려갔다. 그는 3층 복도에서 미끄러지자 기관실로 가는 것을 포기하고 기관부 선실 통로에 모인 기관부원들에 합류해 버렸다.

1등 항해사 강원식은 구조 요청을 해야 한다고 생각해 조타실 앞의 VHF까지 겨우 걸어갔다. 그는 자신이 당직 시간에 진도VTS 관제 수역에 진입하면서 맞추어 놓았던 채널 67번을 제주VTS 관제 수역 채널인 12번으로 바꾸었다. 강원식은 평소 자신의 당직 시간이 제주 입항과 겹쳐 제주VTS와 교신하던 버릇으로 자신도 모르게 12번을 눌렀던 것이다. VHF는 20마일 내외에서 보통 사용하는데 60여 마일 떨어진 제주에는 교신이 원활히 이루어지기 힘들다. 만약 제주VTS와 교신이 안 되었으면 강원식은 실수를 깨닫고 채널을 돌려 진도VTS와 교신을 빨리 시도했을지 모른다. 그러나 이날따라 날씨가 맑아 제주와 교신이 이루어졌다.

(8시 55분)

강원식 : 항무 제주, 세월호, 감도 있습니까?

제주VTS : 예, 세월호, 항무 제주.

강원식 : 아, 저기 해경에 연락해 주십시오. 본선 위험합니다. 지금 배 넘어갑니다.

제주VTS : 귀선 어디십니까? 예, 알겠습니다. 해경에 연락하겠습니다.

강원식 : 지금 배가 많이 넘어갔습니다. 움직일 수가 없습니다. 빨리 좀 와 주십시오.

선원들도 큰 사고를 겪으면 초기에는 우왕좌왕할 수 있다. 하지만 곧 지휘 체계를 정비하고 사고 경위를 파악하며 할 일을 정하고 역할을 분배했어야 한다. 그 역할은 다름 아닌 세월호 운항 관리 규정에 따라 각 선실에 붙어 있는 '비상 부서 배치표'에 나와 있다. 세월호는 여객선이고, 여객선에서 승객의 안전이 최우선임은 당연한 일이다. 그러나 3등 항해사는 우느라 사고 경위를 선장에게 설명하지 못했고, 기관장은 가타부타 뛰쳐나가 버렸다. 선장 이준석은 몇 마디 지시를 엉겁결에 던진 것을 끝으로 조타실 뒤편 해도대 옆에 멍하니 쪼그리고 앉아 버렸다. 선장이 이런 상황이면 다음 서열인 1등 항해사, 2등 항해사라도 선장이 사리 판단을 하게끔 보좌하든지 아니면 선장을 대신해 지휘를 했어야 하지만 그러지 못했다.

지휘의 구심이 무너진 세월호에서 속절없이 시간만 흘러갔다.

세월호를 기록하다

조타실, 8시 55분~9시 10분 : "조타실, 어떻게 할까요?"

갑판부 선원 가운데 가장 늦게 도착한 신정훈이 본 8시 55분 무렵의 조타실 상황이다. "제가 문을 열고 조타실로 들어가자 선장은 해도대 옆에 서 있었고, 왼쪽 출입문 근처에 3항사 박한결이 쪼그려 앉아 있었고 그 옆에 1항사 강원식과 2항사 김영호가 서 있었으며, 그 옆으로 엔진 텔레그래프 앞에 기관장 박기호가 서 있었습니다. 그리고 정면 조타기 앞에 조준기가 조타기를 잡고 서 있었고, 조타기 너머 컴퍼스(조타실 정면 자이로 컴퍼스) 근처에 박경남과 오용석이 서 있었습니다. 저는 문을 열고 들어가서 오른쪽으로 이동해서 서 있었습니다."(검찰 1회 피의자 신문 조서.)

강원식이 VHF로 구조 요청을 하다가 현재 위치를 알지 못하자 신정훈은 정면 창 아래의 GPS 플로터를 보고 "병풍도 근처"라고 알려주었다. 신정훈은 제주항만 운항 관리실에 연락해야겠다는 생각이 들어 자기 방으로 가서 점퍼를 입고 휴대폰을 챙겨서 돌아와 운항 관리실에 전화를 걸었다. 첫 번째 통화는 연결되지 못했고, 9시 10분경 두 번째 통화에 성공해 구조 요청을 했다. 제주 운항 관리실에서는 9시 13분경 세월호에 SSB로 교신을 시도해 왔다. 신정훈은 "발전기가 꺼졌고, 배가 좌현으로 기울어 가지고 그대로 정지해 있다."라고 상황을 알렸다.

시스템 배전반의 알람이 시끄럽게 울렸다. 기계 이상을 알리는 알람이었다. 9시 3분경 해경 123정이 뒤편 VHF가 맞춰져 있는 채널 16번으로 "세월호, 목포해경입니다."라고 호출했으나 아무도 듣지 못했다. 좌현 출입구에 쪼그리고 있던 박한결은 엉금엉금 기어가 배전반의 알람을 껐다. 김영호의 무전기로 여객부 박지영의 다급한 질문이 흘러나왔다. "조타실, 여객부인데 어떻게 할까요?"

누군가 선장에게 "승객들 라이프자켓이라도 입고 대기하라고 해야 하지 않을까요?"라고 물었다. 법정에서 신정훈은 김영호가 그렇게 물었다고 진술했고 김영호는 자신이 아닌 다른 누군가라고 했다. 이준석이 그렇게 하라고 하자 김영호가 방송 장치가 있는 시스템 배전반으로 다가갔다. 참고로 이준석은 조타실에서 자신이 무슨 말을 했는지 내용을 정확히 기억하지 못했다. 김영호는 해도대 앞에 드리워진 커튼을 한 손으로 잡고 경사진 바닥에 버티고 서서, 다른 손으로 방송 마이크의 줄을 잡아당겨 "승객 여러분, 구명조끼를 입고 대기하시기 바랍니다."라는 내용의 말을 했다. 방송을 하려면 먼저 계기판의 비상 버튼과 알람 버튼을 눌러 '딩—동—댕' 소리가 나야 하는데, 김영호는 급한 마음에 마이크 측면 버튼만 누르고 말을 했다.

김영호의 말이 스피커로 나오지 않자 박한결이 "2항사님 방송 안 돼요."라고 알려 주었다. 그러자 김영호는 갖고 있던 무전기로 사무장 양대홍을 찾았다. "사무장, 사무장, 감도 있어요?" 김영호는 사무장과 교신이 이루어지자 방송이 나갔냐고 물었고, 방송이 안 되었다는 말을 듣자 "그럼 사무부에서 승객들에게 구명조끼 입고 대기하라고 방송해 주세요."라고 했다. 양대홍이 안내 데스크에 이 말을 다시 전달했고, 9시 6분경부터 구명조끼 입고 대기하라는 선내 방송이 나왔다. 승객들은 이미 알아서 구명조끼를 찾아 입고 있던 중이었다. '조타실의 방송 장치는 고장이 났나 보다.' 김영호의 머리에 이렇게 박혔다.

세월호를 기록하다

현 위치를 알게 된 강원식은 VHF를 67번 채널로 바꾸었다. 진도
VTS가 둘라에이스호를 호출하여 "세월호가 보이느냐?"는 이야기
를 하고 있었다. 강원식이 끼어들었다.

〔9시 7분〕

강원식 : 진도VTS, 세월호.

진도VTS : 세월호 세월호, 여기 진도연안VTS. 귀선 지금 침몰 중
입니까?

강원식 : 예 그렇습니다. 해경 빨리 좀 부탁드리겠습니다.

"승객 여러분은 구명동의를 입고 대기해 주십시오." 방송은 조타
실 스피커로 직접 나오지는 않았다. 안내 데스크에서 방송 구역을
'여객부'로 한정해 놓았기 때문이다. 하지만 실외 스피커를 통해 내
용이 들려왔다. 갑판부 선원들 중 일부는 선내 방송을 들었다고 하
고 일부는 듣지 못했다고 진술했다.

조타수 오용석은 선내 대기 방송을 들었다. 그는 법정에서 "사고
초기 1차 방송으로는 괜찮았다고 생각한다."고 진술했다. 사태를 파
악하기까지 일단 승객들을 진정시킬 필요가 있었다는 뜻이다. 그는
선장이 자신들이 할 일을 지시해 주기 바랐다. 그런데 이준석이 중
얼거리듯 "배가 이제 안 기우는 것 같다."라고 말하자 황당해서 "선
장님, 배가 점점 더 기울고 있습니다."라고 소리를 질렀다. 이준석
은 그런 그를 물끄러미 보기만 했다.

조타실 뒤편 선실에 묵고 있던 필리핀 가수 알렉스(여), 임마누엘

(남) 부부는 선실에서 구명조끼를 찾아 입고 이즈음에 조타실로 들어왔다. 그들은 전에 양대홍 사무장의 안내로 조타실을 구경하며 출구가 있는 것을 본 적이 있었다. 조타실로 가는 길에 그들과 안면이 있던 여객부 여승무원 정현선이 다리가 아픈 듯 복도에 앉아 있었다. 조타실에서 알렉스가 목격한 것은, 기대했던 비상 체제가 아니라 사령탑도 없고 무엇을 해야 할지도 모르고 무엇을 하자고 누가 적극적으로 나서지 않는, 불안한 침묵이었다. 알렉스 부부는 필리핀의 아이들이 생각나 조타실 문을 붙잡고 큰 소리로 기도를 했다.

법정에서 알렉스는 통역의 도움을 받지 않고 한국어로 어느 정도 의사소통을 했다. 알렉스는 선원들의 이름을 알진 못했으나 누가 어떤 말과 행동을 했는지 비교적 상세히 기억했다.

[필리핀 가수 알렉스]

알렉스 : 6번 선원(김영호)이 선장에게 무엇을 해야 할지를 물었는데, 처음에 선장은 대답을 안 하고 있었습니다. 그래서 대답을 들으려고 다른 사람들이 계속 "어떻게 할까요?"라고 하면서 선장을 불렀습니다.

검사 : 김영호가 선장에게 "어떻게 할까요?"라고 물었을 때 선장이 구명조끼를 입으라는 말을 한 사실이 있나요.

알렉스 : 선장이 구명조끼를 입고 있는 제 모습을 보고 그때서야 선원들에게 승객들에게 구명조끼를 입히라고 지시했습니다.

검사 : 증인은 선장이 계속해서 아무 조치를 취하지 않자 답답해서 남편 임마누엘에게 "라이프보트"라는 말을 하였나요.

세월호를 기록하다

알렉스 : 예, 그렇습니다.

검사 : 그러자 선장이 6번 선원 김영호에게 "라이프보트"라고 말한 사실이 있는가요.

알렉스 : 예, 그렇습니다.

검사 : 그러자 6번 선원이 라이프보트의 클립이 작동하지 않는다는 행동(손가락으로 고리를 만들어 빠지지 않음을 보여 줌)을 한 사실이 있나요.*

알렉스 : 예 그렇습니다. (선원 재판, 법정 외 증인 신문, 2014.7.28.)

알렉스가 보기에도 선장은 떨고 있었다.

조타실, 9시 10분~9시 20분 : "기울어서 움직일 수 없다"

다시 진도VTS가 세월호를 찾아 승선원의 상태를 물었고, 강원식은 사람들이 구명조끼를 입고 있다는 생각에 지금 바다에 뛰어들어야 하는지 묻는다.

(9시 10분)

진도VTS : 지금 귀선 승선원들은 어떻습니까?

강원식 : 승선원, 거의 움직이지 못하고 있습니다. 어떻게 해야 될까요? 지금 바다에 빠져야 되나 어째야 되나 모르겠네.

---

* 알렉스가 말한 '라이프보트'는 세월호에 없고, 6번 선원인 김영호가 의미한 것은 구명벌이다.

진도VTS : 지금 일단 둘라에이스가 지금 빠르게 귀선한테 인명 구조차 접근 중에 있습니다.

강원식 : 본선은 지금 뭐 사람이 움직일 수가, 너무 기울어 가지고 움직일 수가 없어요.

움직일 수 없다고 교신해 놓고, 강원식은 자기 방으로 가서 휴대폰을 갖고 온다. 청해진해운도 해경에게 사고 소식을 들었고, 해무팀 홍영기 대리가 9시 14분경 강원식에게 전화를 걸었다. 홍영기가 운항 관리실 직원이 시키는 대로 "승객들에게 방송은 하였느냐? 구명조끼는 착용시켰느냐?"고 묻자 강원식은 "움직일 수가 없다"고 했다가 다시 "그래도 움직여 보겠다"고 대답했다. 통화를 마친 강원식은 그의 진술에 따르면 구명벌을 터트리기 위해서 좌현 출입구 쪽으로 내려갔다. 홍영기는 그 후로도 강원식, 박한결과 통화를 시도했다. 이준석은 휴대폰을 선실에 두고 와 통화가 되지 않았다.

9시 11분경, 세월호에서 떨어져 흘러가는 컨테이너를 구명보트로 잘못 본 둘라에이스호 선장이 진도VTS에 "보트로 지금 막 탈출하네요."라고 전하고, 이를 들은 진도VTS가 세월호를 부른다. 조타기 근처에 있던 박경남이 강원식 대신 조타실 앞 VHF 전화기를 들고 조타기에 기대어 교신한다.

〔9시 12분〕

진도VTS: 세월호, 진도연안VTS입니다. 지금 승선원들은 지금 그 구조 보트에 다 타고 있습니까?

박경남 : 예, 세월호입니다. 다시 말씀해 주세요.

진도VTS : 지금 승선원들은 지금 그 라이프래프트랑 라이프보트에 타고 있습니까?

박경남 : 아직 못 타고 있습니다. 지금 배가 기울어서 움직일 수가 없습니다.

진도VTS : 지금 승선원 몇 명이나 있습니까?

박경남 : 450명입니다. 총인원 약 500쯤입니다.

[9시 14분]

진도VTS: 세월호, 세월호 지금 승선원들, 승선원들 탈출 가능하십니까?

박경남 : 배가 기울어 갖고 사람이 움직일 수가 없어 갖고 탈출 시도가 어렵습니다.

진도VTS : 예. 저희가 최대한 경비정들이랑 어선들 지금 최대한 연락을 취해서 그쪽으로 가고 있습니다.

진도VTS는 세월호와 교신하는 사이 둘라에이스호와 드래곤에이스호 등 인근 선박에 긴급히 구조 요청을 한다. 이 교신은 VHF를 통해 세월호 조타실에도 다 들린다. 그런데도 선장도 1등 항해사도 지시를 주지 않자 오용석은 비상 훈련 시 맡은 바대로 우현 구명벌을 터트리려고 움직였다. 조준기가 오용석을 잡아 주었지만, 오용석은 약 40도로 커진 경사를 오르지 못해 실패한다.

진도VTS가 다시 세월호를 찾아 기울기와 침수 상태를 묻는다. 이

번에는 김영호가 VHF를 잡았다.

〔9시 16분〕

진도VTS : 세월호, 세월호, 진도연안VTS 감도 있습니까?

김영호 : 예, 세월호입니다. 말씀하세요.

진도VTS : 지금 기울어진 쪽이 어디 쪽이며 그 각도가 어느 정도 기울어졌습니까?

김영호 : 지금 한 50도 이상 좌현으로 기울어져 가지고 지금 저 사람들이 이렇게 좌우로 움직일 수 없는 상태입니다. 지금 선원들은 라이프자켓 입고 대기하라 했는데 사실 라이프자켓도 입었는지 확인이 불가능한 상태이고, 선원들도 브리지에 모여 가지고 지금 거동이 움직일 수가 없는 상태입니다. 빨리 와 주시기 바랍니다.

진도VTS : 예, 알겠습니다. 물이 얼마 정도 차 있습니까?

김영호 : 그것도 확인이 안 되고 있습니다. 지금 그 데크에 컨테이너가 몇 개 빠져나간 것은 선수에서 확인했는데 지금 이동이 안 돼 가지고 지금 그러니까 브리지에서 좌우로 한 발짝씩도 움직이지 못해 가지고 벽을 잡고 겨우 지탱해 있는 상태입니다.

진도VTS : 예. 지금 근처에 둘라에이스가 접근 중에 있습니다.

한 사람만 해도 될 것을, 비슷한 내용의 교신을 세 명이 번갈아 하고 있다. 극히 비효율적인 대처. 게다가 모두 "움직일 수 없다"며 사실과 다른 정보를 전달하고 있다. 자신들이 얼마나 심각한 상황인지 알리려는 과장법이라 해도, 구조 세력이 승객들에게 적절한 구조 조치를 취하게 하려면 이쪽에서도 객관적이고 정확한 정보를 제공해야 한다. 선원들이 허위 정보를 보내는 바람에 해경이 세월호의 상태를 오인하게 만들었다.

기관부 선실 통로, 사고 직후~9시 20분 : 가만히 앉아 있었다

손지태(58세, 남)는 선원 생활이 28년째이고 2013년 12월부터 세월호 1등 기관사였다. 세월호에서 그는 엔진, 주 발전기 등 주요 기관을 담당했다. 그는 피고인 신문에 앞서, 기관실에서 오래 근무하다 보니 기계 소음에 청력이 약해졌다며 질문을 크게 해 달라고 검사에게 요청했다.

손지태는 평소 세월호가 한 항차당 1번 정도 5도가량 기우는 것을 느꼈다고 한다. 4월 15일 출항 전에는 기계에 이상이 없었다. 오전 3시 30분에서 7시 30분까지 당직 근무를 섰고, 그 후 3층의 자기 선실에서 쉬고 있었다. 갑자기 쇠끼리 긁는 '끼익' 소리가 반복해서 나더니 배가 10초 정도 덜덜덜 떨면서 왼쪽으로 기울었다. 손지태가 느끼기에는 배가 최초로 15~20도 정도 기운 다음 추가로 천천히 기울었다. 그는 황급히 선실에서 나와 좌현 갑판으로 꺾이는 통로를 통해 바다를 봤다. 파도는 조용했는데 엔진의 소음과 진동도 느껴지지 않았다. 엔진이 꺼졌음을 경험적으로 직감했다. 기관실로 갈까 말까 망설이는데, 기관실 계단 쪽에서 3등 기관사 이수진, 조기수 이영재, 박성용이 헐떡이며 나왔다. "어떻게 된 거냐?"고 손지태와 이수진은 거의 동시에 소리쳤다.

조기장 전영준은 첫 당직 근무에서 파악한 업무 사항을 벽에 붙이려고 A4 용지에 쓰다가 사고를 당했다. 그의 말에 따르면 그는 크게 넘어지면서 잠시 숨을 못 쉬었고 세 번 더 미끄러지면서 겨우 일어났다. 배가 기울어질 때 아래에서 쿵 하는 소리를 들었다. 전영준은 스즈끼복을 입고, 바닥이 미끄러워서 양말과 신발을 벗고 선실 밖으로 나가 다른 기관부원들을 만났다. 그는 구조된 후 언론에 "7시 40분에 배가 기울고 창문이 박살났다."고 말하였는데 그것이 '보일러실 승무원 전 모 씨의 증언'으로 회자되며 사고 시점이 검경의 발표보다 훨씬 이전이 아닌지 의혹을 일으켰다. 그러나 검찰과 법정에서 그가 진술하는 내용은 다른 승선원들이 겪은 사고 정황과 일치했다. 구조 직후 7시 40분이라고 말한 것은 시간을 혼동한 듯하다.

항간에 '오렌지맨'으로 알려진 이는 조기수 김규찬(62세, 남)이다. 김규찬은 해군을 제대하고 배를 타다가 육지로 나와 회사원 생활을 하며 임원까지 승진했다. 회사가 부도가 나자 다시 배를 타게 된 그는 2013년 가을에 청해진해운에 입사했다.

그가 오렌지색 파카 위에 구명조끼를 입고, 모자와 마스크로 얼굴을 가리고 해경 고무 단정에 올라탄 모습이 해경 동영상에 촬영되었다. 그의 진술에 의하면, 김규찬은 사고 당시 넘어지면서 소형 냉장고에 턱과 입을 부딪쳐 기절하다시피 했고, 정신을 차린 후 불을 켜보니 이빨이 부러지고 피가 많이 났다. 처음에 수건으로 지혈을 하다가, 선실 밖으로 나가야 했으므로 자기 방에 있는 마스크를 입에 물고 눌러서 지혈을 했다고 한다. 몸이 그렇게 아픈데도 김규찬은 언급한 것처럼 옷을 입고 등산화까지 신었다. 마치 침몰을 예상하

세월호를 기록하다

기라도 한 것 같은 이 행동에 대해 검찰이 추궁하자 김규찬은 "해군 출신이고, 또 오랜 선원 생활로 인해 본능적으로 몸에 익힌 습관"이라고 대답했다.

검찰은 해경 초계기 동영상의 '오렌지맨'이 선원 김규찬과 동일 인물임을 입증하기 위해, 동영상 속에서 오렌지맨이 신은 신발과 김규찬이 구속되기 전 취재 기자단 앞에 섰을 때 찍힌 사진에서 신은 신발이 일치하는지 여부를 컴퓨터로 분석했다. 결과는 일치했다. 검찰은 법정에서도 그를 둘러싼 의혹에 대해 질문했다. 물론 이런 문답은 형식적이고, 강한 의혹을 품은 사람을 설득할 수 없다. 하지만 이런 종류의 의혹은 원래 완전히 해명되기가 쉽지 않다.

[세월호 조기수 김규찬]

검사 : 사고 초기에 세간에서는 앞서 보여 주었던 이런 사진(마스크를 쓰고 구조 단정을 타고 있는 김규찬의 모습—저자.)을 보면서 해경이 특별히 먼저 구조한 저 마스크를 쓴 사람이 누구냐, 혹시 세월호를 폭파하기 위해서 투입된 요원 아니었느냐라는 의혹이 있었습니다. 혹시 피고인은 따로 폭파를 위해 전문적인 교육을 받거나 실제로 세월호에 폭발물을 설치하고 폭파시킬 임무를 부여받고 투입된 사실이 있나요.

김규찬 : 아닙니다.

검사 : 혹시 폭발물과 관련된 교육이나 어떤 일을 해 본 경험이 있나요.

김규찬 : 없습니다.

검사 : 저 마스크는 순수히 피고인의 입을 다쳐서 지혈과 나중에 입을 가리기 위해 썼던 것인가요.

김규찬 : 예, 맞습니다. (선원 재판 19차, 피고인 신문, 2014.9.30.)

누군가가 "구명조끼라도 입자."라고 하여 기관부원들은 각자 선실에 들어가 구명조끼를 꺼내 가지고 나왔다. 이수진은 자기 방에서 구명조끼를 찾지 못해 '난 수영도 못하는데 이렇게 죽나 보다.'라고 생각하여 울음을 터트렸다. 손지태가 아내와 통화를 하는 모습을 본 이수진은 손지태에게 휴대폰을 빌려 부모님과 통화하며 "죽을지도 모른다."며 훌쩍였다. 손지태는 1등 기관사, 이수진은 3등 기관사로 조기수들을 지휘해야 할 위치인데, 승객을 구조하고 자신과 동료 모두 무사히 살아나갈 궁리를 해도 모자란 그 시간을 참으로 안타깝게 흘려보내고 있었다.

이수진이 휴대폰 통화를 하던 9시 6분, 기관장 박기호가 모습을 나타냈다. 박기호에 의하면 그는 기관실로 가려다 미끄러졌고, 기관부원들이 "우리 여기 있어요."라고 불러 자연스럽게 그곳으로 갔다고 한다. 그는 발전기가 어떻고 하며 자신이 내려온 이유를 설명하는 듯했으나, 주 발전기가 있는 기관실로 내려가자는 이야기도 않고 3층 선미에 있는 보조 발전기 쪽으로 누구를 보내지도 않은 채 "이제 어쩌면 좋나, 어떻게 해야 하느냐."는 말만 늘어놓았다. 그는 기관부원 전체를 지휘하여 승객을 구조하든, 아니면 비상 부서 배치표상 정해져 있는 구명벌 투하, 슈터(구명벌까지 내려가는 팽창식 공기 미끄럼틀) 투하 등의 역할을 해야 했지만 그런 행동 대신 갑판으로 꺾인 통로에 와서 벽에 기대앉았다. "기관부원들과 같이 있다. 무엇을 하면 되느냐."고 조타실에 연락하지도 않았다. 휴대폰도 있고 각 선실의 선내 전화기도 있었다. 그는 이수진의 선실 옷장 밑에서 구명조끼를 찾아 이수진에게 주고 자기의 것도 자기 선실에서 꺼내 입었다.

갑판으로 꺾인 통로를 가운데 두고 마치 운동회의 청군 백군처럼, 기관장과 기관사들은 선수 쪽에, 조기장과 조기수들은 선미 쪽에 늘어서 앉았다. "현 위치에서 가만히 대기하라."는 선내 방송이 들렸다. 기관부원들은 안내 방송대로 가만히 앉아 있었다. 기관부원들의 진술을 정리하면 이렇다.

조기수 김규찬 : 당시 몸이 너무나 아팠고 또 자다가 당해 경황이 없었습니다. 아픔과 공포감이 섞인 데다 평소 소화 훈련을 할 때도 승객의 대피나 유도는 사무장 등 여객부의 역할이어서 승객에 대한 생각은 미처 하지 못했습니다. 만약 기관장이나 선장이 승객 구호 조치를 위한 임무를 지시했다면 다른 기관부원들과 함께 임무를 수행하려고 노력했을 것입니다.

조기장 전영준 : 선원 생활을 하며 처음 겪는 일인 데다 선실에서 허리를 다쳐 아프고 무서워서 통로 핸드레일을 붙잡고 덜덜덜 떨고만 있었습니다. 승선한 지 하루도 안 되어 시스템도 모르고 사관들이나 다른 부원들이 말해 주는 것도 없어 그러고 있다가 기관장이 나가자고 해서 밖으로 나갔습니다. 승객 구조 지시가 있었으

면 몸을 바쳐서라도 했을 요량이 있습니다.

조기수 박성용 : 제 방에 가서 휴대폰과 구명조끼를 갖고 나와서 대기하였습니다. 구조정이 오고 있으니까 대기하라는 방송을 들었고, 그 방송이 맞는지 틀렸는지 판단 자체를 하지 못했습니다. 차라리 조기수들만 있었으면 뭔가를 했을 텐데, 사관들도 있고 해서 그분들이 무슨 지시를 할 때까지 기다렸습니다.

1등 기관사 손지태 : '현 위치에 대기하라.'는 선내 방송을 두 번 들었고, 그 상황에서 이런 방송이 맞는가 하고 의아하게 생각했습니다. 하지만 조타실에서 지시 사항이 내려오지 않고 배 밖의 상황도 파악하지 못하여 일단 대기했습니다. 선장과 기관장의 지시가 없으니까 선뜻 움직이기 어려웠고 마냥 대기하고 있는데 무섭고 힘이 들었습니다.

3등 기관사 이수진 : 선내 대기 방송은 조타실과 사무부가 연락된 상태에서 나온 것이라고 생각했습니다. 배가 기울어지고 있어 일단 밖으로 나가서 물에 빠지는 게 낫지 않느냐고 말했는데 다른 분들이 아니라고 조용히 하고 있으라고 해서, 배를 탄 경력이 20년이 넘는 분들의 말씀을 듣는 것이 맞겠다고 생각해서 가만히 있었습니다.

기관부 선실 통로에서 좌현 갑판으로 나가 선수 쪽으로 40미터를 가면 3층 로비가 나온다. 기울어서 3층 로비 입구로 들어가기가 힘들었다면 소리를 쳐서 승객들을 불러낼 수도 있었다. 배가 점점 기울면서, 그런 일들을 그나마 쉽게 할 수 있는 시간이 끝나 가는데도 기관부 선원들은 목적의식도 없이 자리만 지키고 있었다.

조타실, 9시 20분~9시 37분 : 퇴선 지시는 있었나

강원식은 조타실 좌현 출구에서 구명벌로 내려가기 위해 출구 밖 수도꼭지에 감긴 수도 호스를 풀려고 시도했다. 하지만 한 손으로 문을 잡고 다른 손으로 호스를 풀기가 어려워 실패했다. 이준석은 해도대 옆에서, 정확히 누구에게 지시하는지 모를 소리로 "해경 얼마나 남았는지 물어봐라."는 식으로 말했다. 이준석과 가까이 있던 신정훈이 뒤편 VHF로 가서, 16번 채널을 67번으로 바꾸고 교신을 했다. 16번은 원래 고정해 놓아야 하는 비상 회선이다.

〔9시 21분〕

신정훈 : 지금 해경 구조 작업 하러 오고 있습니까?
진도VTS : 지금 해경 구조정이 전속으로 이동 중에 있습니다.
신정훈 : 예. 그 소요 시간이 얼마나 걸릴까요?
진도VTS : 예, 잠시만 기다려 주시기 바랍니다.

진도VTS가 즉답을 않고 시간이 1분 정도 지나자 신정훈은 재차 "해경 오는데 얼마나 걸리겠느냐"고 묻는다. 답이 늦어지자 김영호는 조준기에게 휴대폰으로 122에 신고해 보라고 했다. 조준기가 전화를 걸자 오용석이 GPS 플로터에 뜬 세월호의 좌표를 조준기에게 말해 조준기가 다시 해경에게 알려 준다. 구조대가 올 때를 대비해 승객들과 빨리 탈출할 준비는 하나도 하지 않고 구조 요청만 반복하는 중이었다. 해경은 "경비정이 7, 8마일(약 12킬로미터) 남았다."고 알려 준다. 얼마 지나지 않아 진도VTS도 해경 도착 시간을 알려 준다.

[9시 23분]

진도VTS : 경비정 오는 데 15분, 15분입니다. 그 지금 선내 방송을 통해서 지금 승객들, 승객들한테 구명동의를 입으라고 방송을 좀 해 주십시오.

신정훈 : 예, 현재 방송도 불가능한 상태입니다.

진도VTS : 예. 방송이 안 되더라도 최대한 나가서서 그 승객들한테 구명동의를 꼭 착용을 하고 옷을 두껍게 입으라고 최대한 많이 전파를 좀 부탁드리겠습니다.

신정훈은 앞서 김영호가 시스템 배전반에서 선내 방송을 시도했다가 실패한 것을 떠올려 진도VTS에 "방송이 불가능하다"라고 답했다. 실제 그가 선내 방송을 시도해 본 것은 아니었다. 신정훈의 VHF 교신에 이어 바로 박경남이 조타실 앞 VHF로 지금 바로 승객을 탈출시키면 구조가 되는지 묻는다.

세월호를 기록하다

〔9시 24분~9시 25분〕

박경남 : 진도VTS 세월호, 감도 있습니까?

진도VTS : 예, 세월호 말씀하세요.

박경남 : 예, 저기 본선에 승객들을 탈출시키면 옆에서 구조를 할 수 있겠습니까?

둘라에이스호 : 라이프링이라도, 그 저 하여간 착용을 시켜서 탈출시키십시오.

박경남 : 지금 탈출을 시키면, 구조가 바로 되겠습니까?

둘라에이스호 : 맨몸으로 하지 마시고, 라이프링이라도 그 하여간 착용을 시켜서 탈출을 시키십시오. 빨리!

진도VTS : 세월호, 진도연안VTS입니다. 지금 저희가 그쪽 상황을 모르기 때문에 저 선장님께서, 세월호 선장님께서 최종적으로 판단을 하셔 갖고 지금 승객 탈출을 시킬지 최대한 지금 빨리 결정을 해 주십시오.

박경남 : 그게 아니고, 지금 탈출하면 바로 구조를 할 수 있느냐고 물었습니다.

진도VTS : 지금 경비정이 10분 이내에 도착을 할 겁니다. 일단은 그 상선이 접근을 하고 있는 상태입니다.

박경남 : 10분 후에 경비정이 도착한다고요?

진도VTS : 예, 10분 정도 소요됩니다. 10분.

이 교신을 듣고 신정훈은 해경 경비정과 연락을 취하기 위해 VHF를 16번 채널로 바꿔 "해양경찰, 여기 세월호입니다. 감도 있습니까?"라고 호출한다. 그러나 123정에서는 어쩐 일인지 답을 하지 않는다. 123정은 2~3마일(약 3~4킬로미터) 떨어진 곳에서 세월호를 목격하고 다가오는 중이었다.

"당장 탈출하라"라고 재촉하다가 이어 "선장님이 판단하라"고 하니, 통신상으로 둘의 목소리를 구분하기 힘든 박경남은 짜증 섞인 소리로 "지금 바로 구조가 가능하냐"고 재차 질문한다. 박한결은 박경남의 이 말을 듣고 "저렇게 말하면 상대방이 기분 나쁘겠다고 생각했다."고 진술했다. 박경남은 법정에서 "왜 지금 탈출하면 구조되는지 질문을 자꾸 되풀이했느냐?"라고 재판장이 질문하자 "저체온증 이야기를 많이 들어서, 바로 뛰어들면 해경 배가 구조할 수 있는지 반문했다."고 대답했다.

박경남이 이렇게 교신하던 시각, 그 사이 좌현으로 내려와 있던 오용석이 "유조선이 보입니다."라고 선장에게 알렸다. 9시 28분경에는 김영호가 둘라에이스호와 직접 교신하여 "본선 선수 쪽에 있는 빨간 탱커 이게 선명(배 이름)이 뭡니까? 좌현 쪽에서 대기해 주시라고 부탁드리겠습니다."라고 말하고, 둘라에이스호로부터 "좌현 쪽에서 지금 대기하고 있습니다. 지금 들물이라 밀리고 있으니까 그래요."라는 답을 듣는다.

이처럼 인근 선박이 "승선원이 탈출하면 구조하겠다"라고 하는데도 이준석은 아무런 결정을 내리지 않았다. 이준석은 법정에서, 둘라에이스호가 크긴 하지만 (세월호에 붙일 수 없어서) 물에 빠진 사람을 건져 올리는 데 시간이 너무 걸리는 배여서 구조에 부적합하다고 생각했다고 진술했다. 검사는 조타실에 구명조끼가 부족한 상황이었으므로(조타실 내 세 개만 비치되어 있었다.) 승객들보고 구명조끼를 입고 바다에 뛰어들라고 하면 구조선이 와도 승객들을 먼저 건져 내느라 조타실의 자신들은 늦게 구조할 것이므로, "자신들이 먼저 구조되고자 승객을 선내에 대기시킨 것 아니냐?"고 추궁했다.

〔세월호 선장 이준석〕

검사 : (둘라에이스호의 "우리가 바로 어롱사이드는 못 하고 인근에 있다가 인명이 탈출하면 구조하겠다."는 교신 내용을 제시하고) 이와 같은 교신을 들은 사실이 있나요.

이준석 : 내용은 못 들었습니다. 강원식 1항사에게서 둘라에이스에서 저렇게 연락이 왔다고 보고를 받은 것 같습니다. 실제 강원식인지는 모르겠습니다.

검사 : 그와 같은 보고를 받고 승객들을 탈출시켰는가요.

이준석 : 배가 부적절해서 탈출을 못 시켰습니다. 10분이나 조금만 더 있으면 구조선도 올 테고, 둘라에이스호는 물에 빠진 사람들을 구조하는 데 큰 도움이 안 될 것 같았습니다. 조류도 세고 물도 차갑고 해서 그랬던 것입니다.

검사 : 구명조끼를 착용한 승객들이 바다로 뛰어들어 탈출을 하게 되면 구조하러 온 선박에서는 바다에 입수한 사람들부터 구조하게 되겠지요.

이준석 : 예.

검사 : 당시 구명조끼를 착용하지 않고 있던 피고인을 비롯한 조타실 내의 선원들은 바다에 뛰어드는 방식으로 탈출하는 것이 위

험하였지요.

이준석 : 그렇지요. 라이프자켓을 입지 않고 뛰어들면 좀 위험할 것 같았습니다.

검사 : 그렇기 때문에 VHF 교신으로 탈출하면 바로 구조가 가능한지에 대해서 반복하여 물어본 것이 아닌가요.

이준석 : 그렇지는 않을 것으로 생각합니다.

당시 조류는 사고 시점보다 조금 세어졌다. 하지만 승객들이 바다로 뛰어들던 시각의 동영상을 봐도 사람들이 물살에 휩쓸려 금세 흩어지는 장면은 없다. 당시 수온은 약 12도였고 이 온도에서 사람은 최소 6시간 이상 생존할 수 있다. 사고 해역은 망망대해가 아니고 구조정을 비롯한 주변 배들이 모여 들고 있음을 교신을 들어 알고 있었다. 정 구조가 가능한지 걱정되었다면 사정이 이러한데 어떻게 구조할 것이냐고 진도VTS나 경비정, 둘라에이스호를 불러 의견을 교환할 수도 있었다.

선원 재판에서 핵심 쟁점 중 하나는 승객에 대한 퇴선 지시 여부였다. 침몰할 때까지 선내에서 "승객들 모두 퇴선하라"는 방송은 나오지 않았다. 이는 생존자들이 공통적으로 증언하는 내용이다. 퇴선 방송이 없었던 것은 확실하지만, 조타실 선원들이 여객부에 '퇴선 방송을 하라' 또는 '승객들의 퇴선을 안내하라'고 지시했는가가 문제이다. 검찰은 선원들을 상대로 '살인의 고의성'을 입증하기 위해 퇴선 방송은 말할 것도 없고 퇴선 지시도 존재하지 않았다고 주장했다. 반면 이준석, 강원식, 김영호, 조준기, 신정훈은 퇴선 지시를 여객부에 전달하려고 시도는 했다고 주장했다. 나머지 선원들, 박한결과 박경남, 오용석은 그런 말을 듣지 못했다고 진술했다.

퇴선 지시의 내용과 지시를 전달한 시각에 대해서는 선원들의 진술이 엇갈린다. 퇴선 지시가 내려지기 전까지 상황은 이렇다. 김영호가 무전기로 사무장 양대홍을 불러 "10분 후 해경 경비정이 도착한다"는 내용을 전달한다. 그때 마침 진도VTS도 세월호에 헬기가 곧 도착한다고 알린다.

〔9시 27분〕

진도VTS : 1분 후에, 1분 후에 헬기, 헬기가 도착할 예정입니다.

김영호 : 저 승객이 너무 많아서 헬기 갖고는 어려울 것 같습니다.

진도VTS : 예, 헬기도 지금 도착할 거고요, 인근에 있는 선박들도 귀선 쪽으로 지금 접근하고 있습니다.

김영호 : 예, 알겠습니다.

멀리서 헬기 소리가 들려온다. 헬기 B-511호기는 9시 27분경 사고 현장에 최초로 도착한다. 사무장 양대홍은 헬기가 도착하기 전 조타실로 다가오고 있었다. 안내 데스크의 박지영이 조타실에 승객 퇴선 여부를 계속 묻는데도 답이 없어 양대홍이 직접 온 것으로 짐작된다. 양대홍은 무전으로 들은 "10분 후 해경정 도착" 소식을 안내 데스크에 무전으로 한 번 더 전달하고, 박지영 또는 안현영이 그 내용을 강혜성에게 전달한다. 강혜성은 9시 26분경 선내 방송으로

"해경 구조정이 앞으로 10분 이내에 도착할 예정입니다."라고 승객들에게 알린다. 이는 단원고 학생이 촬영한 동영상으로 확인된다.

강혜성은 법정에서, 자신은 "10분 후 해경 도착" 방송에 대해 양대홍에게서든 조타실에게서든 지시받은 적이 없고, 자신이 8시 58분경 해경에 신고했을 때를 기준으로 대략 해경 경비정이 그쯤 도착할 시간이라고 계산하여 방송했다고 말했다. 그러나 강혜성은 해경정이 어디서 출동하는지, 속도는 몇 노트인지 몰랐다. 재판부는, 임의로 경비정 도착 시각을 계산했는데 맞았다는 강혜성의 증언을 받아들이지 않았다. 강혜성은 재판부가 추궁하자 9시 20분~9시 30분까지는 조타실과 연락이 되었다고 인정했다.

양대홍은 조타실 뒷문까지 왔다가, 원하는 정보를 얻어서인지 어쩐지는 모르지만, 뒷문에 앉은 알렉스에게 "해경이 곧 올 거야."라고 안심시키는 말을 하고 다시 돌아간다.

강원식은 9시 31분에 신보식과, 9시 33분에 청해진해운 제주 본사 간부와 통화를 했다. 강원식은 구조 전부터 구조 직후까지 가장 휴대폰 통화를 많이 한 선원이다. 그가 123정으로 옮겨 간 후에 찍힌 동영상에도 그는 청해진해운 관계자 등 누군가와 통화하는 장면이 나온다. 하지만 그렇게 외부와 통화를 하면서도 그가 그 통화로부터 뭔가 도움을 얻어 효과적인 승객 구조 조치를 취한 것은 없다.

9시 35분경, 해경 123정이 세월호의 좌현에 접근한다. 좌현 출구 쪽에서 누군가 "구조정이 보인다."고 소리쳤다. 선원들은 그 직후 퇴선 방송을 지시했다고 하는데, 이에 관한 진술은 이렇다.

선장 이준석 : 퇴선 방송 지시는 분명히 했다. 그러나 누가 나한 테 뭐라고 물었는지, 시점과 내용은 정확히 기억하지 못한다.

검찰 수사 과정에서 이준석의 진술은 자주 바뀌었다. 경비정이 10 분 후에 도착한다는 말을 듣고 김영호에게 "5분 후에 퇴선 방송을 하라."라고 지시했다, 또는 경비정 도착 20분 전에 퇴선 방송을 지시했다, 또는 경비정이 도착한다는 말을 듣고 바로 지시했다, 심지어는 퇴선 방송을 지시하지 못했다 등등.

2등 항해사 김영호 : 해경정이 도착했을 때, 정확한 말은 기억나지 않지만 선장이 승객 탈출시키라고 중얼거리듯이 말했다. 그래서 내가 "사무장 감도 있습니까?"라고 호출한 다음 "승객들 탈출시키세요, 탈출 방송하세요."라고 두 번 정도 말했다. 양대홍은 응답하지 않았고, 양대홍은 못 들어도 무전기는 다른 여객부원들도 갖고 있으므로 그중 누군가 탈출 방송을 하리라고 생각했다. 이때 무전 호출은 한 번만 했다.

신정훈 : 오용석으로 기억하는데, 경비정이 보인다는 식으로 이야기했고 김영호가 선장에게 "어떻게 해야 되냐?"고 물었다. 선장이 "퇴선하라고 해라."고 해서 김영호가 무전을 했다. 선장은 "옷 따뜻하게 입고 나가라"는 취지의 말을 덧붙였다. 김영호는 "사무장 감도 있습니까? 승객들 퇴선시키세요."라는 말을 몇 차례 반복했다.

강원식은 "옷 따뜻하게 입고 나가라"는 취지의 말을 들었다고, 조준기는 강원식이 선장에게 퇴선해야겠다고 말하자 "그래, 영업부에도 말해 줘라"는 식으로 이준석이 말하는 것을 들었다고 진술했다. 검사는 이처럼 선원들의 진술들이 엇갈리는 것은 세월호에서 나온 후 자신들의 책임이 커질 것이 두려워 퇴선 지시를 한 것으로 입을 맞추었으나, 세부 정황까지 맞추지는 못했기 때문이라고 주장했다.

재판부는 최종적으로, 퇴선 방송에 대한 지시는 있었다고 인정했다. 긴박한 상황에 관한 기억이 불철저한 것은 있을 수 있는 일이며, 만약 말을 맞추었다면 도리어 시점이나 내용이 통일되었을 것이라고 판단한 것이다. 재판부는 이러한 판단을 바탕으로, 선원들이 승객이 죽어도 상관없다거나 승객을 죽여서라도 자신이 살겠다는 고의성을 가진 것은 아니라고 보았다. 따라서 검찰이 선장 및 주요 승무원에 대해 제기한 '살인 혐의'는 무죄라고 판결했다.

선장이 어떤 식으로든 승객 퇴선을 지시하고 김영호가 무전기로 그 지시를 여객부에 전달했다면, 어째서 퇴선 방송이나 탈출 방송이 나오지 않았던 것일까. 여객부 직원 다섯 명은 평소 무전기를 휴대하는데, 사고 직후 무전기를 갖고 있었다고 확인되는 이는 양대홍 사무장과 박지영 승무원이다. 양대홍은 시신이 수습될 때 무전기가 같이 발견되었고, 박지영은 무전기로 조타실에 연락하는 모습이 생존자들에게 목격되었다. 안내 데스크를 지키던 강혜성은 사고가 날 때 무전기를 잃어버렸고, 정현선과 안현영은 무전기 휴대 여부를 확인할 수가 없다. 어쩌면 이들도 사고 직후 어떤 이유로 무전기를 쓰지 못하게 되었을지 모른다. 만약 그렇다면, 퇴선 지시가 내려졌다고 주장되는 9시 35분 무렵 양대홍과 박지영만이 이 지시를 들을 수 있었다.

사무장 양대홍은 사고 이후 5층 조타실, 4층 로비, 3층 선원 식당 등에서 목격되었다. 그는 선내를 돌아다니면서 구명조끼를 나누어 주거나 탈출을 도왔던 것으로 추정된다. 3층이 침수되던 시점에 양대홍은 식당 아르바이트 직원 오의준과 송지철의 탈출을 도와 주었으므로, 9시 35분 무렵에는 4층-선원 전용 통로-3층의 경로 어딘가에 있었던 것 같다. 박지영도 학생들에게 구명조끼를 나누어 주거나 다친 학생을 돌봐 주고 있었으며, 만약 4층 로비에서 미끄러진 여승무원이 그가 맞다면 이 시각에 박지영은 다시 3층으로 내려오느라 애쓰고 있었을 것이다. 퇴선을 기다리고 있었을 그들이 퇴선 지시를 듣고도 무시했을 리는 없으므로, 승객 구조 등으로 경황이 없어 무전을 듣지 못했을 가능성이 높다. 퇴선 지시가 실제로 있었다고 전제한다면 그렇게 추정된다는 이야기다.

하지만 조타실에서 설령 퇴선 지시를 했더라도, 자기들이 탈출하기 직전 무전으로 두어 번 그것도 상대방이 듣고 있는지 확인도 되지 않는 상태에서 일방적으로 말한 것을 과연 '승선원에 대한 구호 조치'라고 부를 수 있는 것인지 의문이다.*

---

* 항소심 재판부는 검찰의 주장을 받아들여 퇴선방송 지시는 없었다고 판단했다. 설령 있었다 하더라도 호출에 응답하지 않는 무전 상대방에게 일방적으로 전달했을 뿐이고, 퇴선명령에 따르는 어떤 조치도 선원들은 취하지 않았으므로 무의미한 지시라는 것이다.

기관부 선실 통로, 9시 20분~9시 39분 : 선원들, 탈출하다

박기호는 통로 끝 출구를 열어 놓고 바다를 바라보았다. 3층 갑판이 바닷물에 곧 닿을 것만 같았다. 출구에서 좌현 난간까지는 4미터가 조금 넘었다. 박기호는 물이 갑판으로 넘어오기 전에 구조정이 오기를 기다리고 있었다.

이때 손지태가 박기호에게 "기관장님, 어디 맥주 하나 없습니까?"라고 물었고, 이수진이 "제 방에 있어요."라고 대답하자 손지태가 이수진의 방에서 캔맥주를 갖고 나왔다. 손지태와 박기호는 캔맥주를 까서 몇 모금씩 마셨고 박기호는 이수진에게도 마시라고 주었다. 조기수 이영재는 그것을 보고 "수진이 술 먹지 마라."고 야단을 쳤다. 법정에서 손지태는, "그 상황에서 술이 먹고 싶던가요?"라는 검사의 질문에 "감정이 너무 격앙되어서 진정하기 위해 마셨습니다."라고 대답했다.

갑자기 반대편 우현 복도에서 조리수 김문익이 굴러 떨어지듯이 내려와 조기수들이 있는 통로의 좌현 벽에 머리를 세게 찧었다. "누구야?" "쿡(cook)인데 뇌진탕인지 피가 많이 난다."는 말이 오갔다. 박성용이 이를 박기호에게 보고하자 박기호는 "피가 나면 높은 곳에 두면 안 되니까 잘 눕혀라"는 식으로 말을 했다. 박성용은 쓰러진 김문익의 양쪽 겨드랑이에 손을 집어 넣고 "아저씨, 아저씨"하면서 몸을 흔들어 보았다. 말이 없었다. 머리에서 피가 묻어 나왔다. 박성용은 김문익이 신음 소리조차 내지 않았다고 하는 반면 이영재는 김문익이 신음 소리를 냈다고 진술했다. 믿기 힘들지만, 전영준과 김규찬은 아예 김문익이 떨어지는 장면도, 바닥에 누워 있는 김문익도 못 봤다고 진술했다.

얼마 지나지 않아 조리원 이묘희가 이번에는 기관장 선실 쪽으로 굴러 떨어져 벽에 부딪쳤다. 놀란 손지태가 다가갔더니 이묘희는 허리가 아프다고 신음했다. 박기호에게 "주방 아줌마 같은데 허리를 다친 것 같다."고 보고하였지만, 박기호는 팔다리를 주물러 주라고 했을 뿐 조타실이나 안내 데스크 또는 해경에게 연락하여 환자가 발생했다고 알리지 않았다.

〔세월호 기관장 박기호〕

검사 : 피고인을 비롯한 기관부 선원들이 탈출하기 전에 우현 쪽 복도 통로에서 조기수들 선실 옆 전기 창고 앞 통로로 김문익이 떨어졌고, 피고인의 선실과 기관부원 선실이 있는 통로로 조리수 이묘희가 떨어졌지요.

박기호 : 예. 김문익이 먼저 떨어졌는데, 이묘희가 떨어지고 나서 저희들이 밖으로 나올 때까지의 시간이 불과 몇 분이 안 되었습니다. 이묘희가 떨어져서 힘들다는 것을 알고 그랬을 때 나왔으니까…….

검사 : 그 시간이 몇 분 정도 된 것 같은가요.

박기호 : 3분에서 5분 전후가 되지 않았나 싶은데, 정확한 시간은 모르겠습니다.

검사 : 김문익이 떨어졌을 때 상태는 어떠하였나요.

박기호 : 사람들에 가려 있었기 때문에 저는 김문익의 모습은 보지 못했고, 박성용이 그 앞에서 "사람이 그렇게 있다"라고 하기에

제가 박성용에게 "그러면 빨리 일으켜서 호흡이 될 수 있게끔 바로 앉혀 놓아라."라고 하였습니다. 그런데 조금 있다가 조기수들쪽에서 "머리가 터져 즉사했습니다. 아무 미동도 없어요."라고 하였습니다.

검사 : 그러면 이묘희의 상태는 어떠하였나요.

박기호 : 그때 저는 꺾인 통로에 들어가 있어서 복도 쪽은 안 보였습니다. 뭔가 쿵쿵하기에 "이건 뭐요?"라고 하니까 손지태가 "주방 아주머니가 저기 와서 부딪쳤다."라고 하였고 그래서 제가 "빨리 가서 안고 와."라고 하였습니다. 벽이 이렇게 되어 있어서 제가 가지 못하고 있었는데, 손지태가 갔다 와서 "기관장님, 아까는 떨고 있었는데 이제 축 쳐져서 뇌진탕으로 완전히 간 것 같아요."라고 하였습니다. 그런 이야기를 들으니까 속된 말로 혼이 다빠져 버리고 정신을 못 차리겠더라고요. (선원 재판 19차, 피고인 신문, 2014.9.30.)

평소 알던 두 사람이 다쳤지만 손지태도 이수진도 겁에 질려 응급치료는 엄두도 내지 못했다. 선실 전화로 사람이 다쳤다고 알려 주는 일조차 잊었다. 그즈음 우현 통로 쪽에서 말소리가 들렸다. 남자 목소리로 "거기 누구 있냐?"고 물어봐서 이수진은 "여기 사람이 있고 환자도 두 명 있다."고 대답했다. 남자 목소리는 양대홍 사무장으로 추정된다. 그는 그 무렵 기관부 선실 통로의 건너편 통로에서 아르바이트 직원 오의준이 선실에서 나오도록 돕고, "못 나온 사람 있느냐?"라고 외치며 선원 식당으로 향하는 중이었다. 선원 식당에

세월호를 기록하다

서 양대홍은 아르바이트 직원 송지철을 창밖으로 밀어 내보내 준다.

손지태는 이묘희를 밖으로 옮기려면 로프 같은 것이 필요하다고 여겨, 자기 방의 매트리스 보 네 장을 갖고 와 묶으면 6미터쯤 나오니 그것으로 이묘희를 아래 난간으로 내릴 생각을 했다. 박기호에게 그렇게 해 보겠다고 하니까, 박기호는 "지금 배가 너무 기울어서 선실에 들어가면 못 나올 수도 있다."고 말리고 이수진도 "1기사님 들어가지 마세요."라고 말렸다. 그 말을 듣고 보니 정말 선실이 함정처럼 보여 포기하고 말았다.

이윽고 헬기 프로펠러 소리가 다가오더니 수면에 파장이 일었다. 그러나 헬기가 와도 당장 기관부원들을 구조해 줄 기미는 보이지 않았다.

〔세월호 3등 기관사 이수진〕

검사 : 피고인은 헬기 소리를 들었을 때 무슨 생각이 들었나요.

이수진 : 처음에 헬기 소리를 들었을 때는 순간 좀 안심되었습니다. 일단 구조대가 온 것 같아 살 수 있겠다는 생각에 안심이 되었는데, 5분, 10분 지나서도 아무런 것이 없으니까 '아, 저쪽 승객들이 있는 쪽부터 구조를 시작하나 보다.'라고 생각하고 '이쪽까진 못 올 수도 있겠다.'란 생각을 했습니다.

검사 : 승객부터 구조한다는 생각이 들었을 때 다시 불안해졌나요. 내가 구조가 못 될 수도 있겠다는 생각이 들었나요.

이수진 : 예, 못 될 수도 있겠다는 생각이 들었습니다. 헬기는 되게 조그맣고, 승객들도 많고, 선원이고, 구역이 분리되어 있어서

이쪽까지 못 오겠다고 생각해서 헬리콥터로 안 되겠다는 생각이 들었습니다. (선원 재판 13차, 피고인 신문, 2014.9.2.)

물은 점점 차오르고 있었다. 조기장 전영준이 박기호를 향해 "물이 자꾸 차고 배가 자꾸 넘어갑니다."라고 말했다. 누군가가 "그럼 손을 잡고 나가자."고 하여, 박기호가 맨 앞에 서고 서로 손을 잡아 인간 띠를 이어 게걸음으로 경사진 갑판을 내려가기 시작했다. 김문익과 이묘희는 선실 통로에 그냥 눕혀 놓았다. 환자를 데리고 가야 한다는 말을 아무도 하지 않았다.

박기호 다음엔 이수진, 손지태, 전영준, 이영재, 박성용, 김규찬 순으로 내려가다가 이영재와 박성용의 손이 끊어졌다. 앞의 다섯 사람이 주르륵 미끄러지면서 박기호가 난간에 부딪쳤다. 마침 123정의 고무 단정이 100여 미터 앞에서 세월호를 향해 막 출발하던 참이었다. 이수진이 고무 단정을 보고 "여기요, 여기."하고 다급하게 손을 흔들자 고무 단정은 기관부 선원들을 향해 일직선으로 달려왔다.

세월호 3층 난간에 도착한 해경은 이수진이 맨 앞에 있는 것을 보고 "여성 분 먼저."라고 소리쳤고, 이수진이 난간을 채 넘기 전에 목을 잡아당기다시피 하여 단정에 태웠다. 박기호는 법정에서, 해경이 "여성 분"을 불렀을 때 자신이 이수진을 가리켜 "여기 이 여성은 본선 3기사입니다. 우리는 이 배의 선원들입니다."라고 신분을 밝혔다고 주장했다. 그러나 손지태, 이수진, 전영준, 이영재, 해경 대원들은 그런 말을 들은 기억이 없다고 했다.(당시 이수진 등 당직 근무자들은 작업복을 입고 있었으므로, 신분을 밝히지 않았다고 해경이 반드시 그

세월호를 기록하다

들이 선원임을 몰랐다고 할 수는 없다.) 손지태는 대신 해경 대원들이 "야, 이 사람들아 배가 넘어가잖아. 빨리빨리!"라며 어서 고무 단정에 오르라고 재촉한 것을 기억한다. 9시 38분경, 세월호 갑판에는 그들 말고는 아무도 나와 있지 않았다.

〔세월호 조기장 전영준〕

검사 : 피고인은 탈출하면서도 김문익이 떨어져 다쳐 있는 것을 못 봤나요.

전영준 : 다친 사람을 못 봤습니다. 허리를 다쳤지만 봤으면 구조를 했을 것입니다.

검사 : 피고인을 비롯한 기관부원들 여러 명이 있었는데 다친 사람을 구조한 사실은 없지요.

전영준 : 제가 볼 때는 뭐, 앞만 보고 왔습니다.

검사 : 기관장인 박기호가 나가자고 해서 기관부원들이 서로 손을 잡고 갑판으로 나간 것인가요.

전영준 : 예.

검사 : 피고인이 나가자고 해서 기관장 박기호가 나가자고 이야기한 것이 아닌가요.

전영준 : 앞전에 재판 때 변호사님이 이수진 3기사에게 질문했는데, 조기장이 나가자 해서 나갔다고 한 것은 잘못됐습니다. 바로 짚고 넘어가야 합니다. 물론 죄를 지었으니까 죄를 달게 받겠습니다만, 제가 하고 싶은 이야기는 그 3층 통로에서 갑판 끝 좌현으로 보니까 물이 자꾸 올라오고, 배가 자꾸 넘어가서 "아이고 물이

많이 차고 배가 자꾸 넘어갑니다."라는 이야기는 했습니다. 그러니까 박기호 기관장님이 "배가 자꾸 넘어가니까 나가자. 이 상태에서 혼자서 나가면 죽기 아니면 중사망이니까 손에 손을 잡고 나가자."고 해서 일차적으로 여성 3기사님이 나가고 2차로 1등 기관사가 나갔습니다. 세 번째는 칩 엔지니어(기관장)가 나가고, 네 번째는 본인입니다. 다섯 번째는 이영재입니다. 박성용은 구명조끼를 입고 배가 자꾸 넘어가자 물에 뛰어내려서 해경단정에 올라탔습니다.*

검사 : 피고인은 그렇게 나간 순서는 정확하게 기억하고 있네요.

전영준 : 예, 뭐 물론 선실에서 허리를 다치기는 했지마는…….

(선원 재판 16차, 피고인 신문, 2014.9.17.)

뒤늦게 내려온 박성용은 물로 뛰어들었고 해경은 박성용에게 다시 돌아오겠다며 123정으로 출발한다. 박기호 등은 세월호 승선원 가운데 가장 먼저 123정에 올랐다. 고무 단정이 돌아가 박성용을 물에서 건져낼 즈음 4층 난간에 아이를 동행한 일반 승객이 나타났다. 고무 단정이 그들을 태울 때 '오렌지맨' 김규찬도 기관부 통로에서 내려와 선수 쪽으로 몇 미터 걸어서 고무 단정에 오른다. 김규찬은 넘어져 다친 통증 때문에 승객 구조를 생각하지 못했다고 진술했는데, 동영상에서 보는 김규찬의 움직임은 전혀 그런 기미가 없다. 무

---

* 다른 기관부원들의 증언을 종합해 보면 내려간 순서에 대한 전영준의 기억은 사실과 다른 듯하다.

세월호를 기록하다

슨 요원이라는 말이 나올 만하다.

조타실, 9시 37분~9시 48분 : 비상벨은 끝내 침묵하다

조타실에서 "승객 퇴선 방송을 하라."는 지시를 전달했다면 그 시각은 123정이 도착한 9시 35분에서 1~2분 이내로 보인다. 그 직후 김영호는 진도VTS와 교신하여 "일단 탈출하라고 방송을 했다."는 내용의 말을 하기 때문이다. 이 교신을 끝으로 세월호는 더 이상 교신에 응하지 않는다.

〔9시 37분〕

진도VTS : 지금 침수 상태 어떻습니까? 침수요.

김영호 : 침수 상태 확인 불가하고, 지금 뭐 일단 승객들은 지금 해경이나 옆에 상선들 옆에 거의 50미터 근접해 있고, 지금 좌현으로 해 가지고 탈출할 수 있는 사람들만 일단 탈출을 시도하라고 일단은 방송했는데, 지금 그 좌현으로 사실 이동하는 것도 쉽지 않습니다. 지금 그런 상황입니다.

진도VTS : 예, 알겠습니다.

김영호 : 배가 한 70, 60도 정도 좌현으로만 기울어져 있는 상태고, 지금 항공기까지 다 떴습니다. 헬기랑.

구조정이 왔기 때문인지, 그동안 VHF 교신 외에 거의 한 일이 없던 조타실이 활기를 띤다. 박경남이 선장에게 좌현 구명벌을 터뜨려 보겠다고 하고서 좌현 출구로 온다. 박경남은 법정에서 진술하기를, "승객들이 뛰어내리면 구조하려고" 구명벌을 터트리려 했다고 했다. 박경남이 조타실 밖 수도꼭지에 감긴 수도 호스를 풀어 윙브리지로 내려가려 하자 강원식이 "해 봤는데 잘 안 되더라."고 하였고, 조타실 우현에 있던 신정훈이 구명조끼를 찾아 "이걸 입고 내려가라."며 아래로 던져 줬다. 박한결은 박경남이 걸친 구명조끼에 '지퍼 고장'이라고 쓰인 것을 기억했다. 강원식은 박한결에게도 구명조끼를 입혀 주었다.

검사가 "구명벌을 터트리려던 게 아니라 경비정에 타기 위해 내려가려던 것 아니냐."고 추궁하자 박경남은 "당시 123정도 세월호 선미 먼 바다에 떠 있었다."라고 대답했다. 그의 말을 그대로 이해해 주자면 승객들이 탈출했을 때를 대비해 구명벌을 띄워 놓겠다는 이야기였다.

이에 앞서 9시 39분경 박경남은, 조타실 문에 기대 있다가 선미에서 기관부원들이 구명 단정으로 탈출하는 장면을 보고 "기관부원들 탈출한다." 내지는 "기관부 새끼들 먼저 나간다."라고 소리쳤다. 앞서 힐링 펌프가 작동되지 않을 때 기관장이 발전기가 나갔다고 하면서 밑으로 내려갔는데, 박경남은 발전기가 복구되었다는 연락이 오면 힐링 펌프를 다시 작동해 물을 우현으로 넘겨 볼 계획이었다. 그런데 발전기를 고치러 내려간 기관장이 먼저 탈출하는 것을 보니 화가 났던 것이다.

오용석이 수도 호스를 묶어 주자 박경남은 호스를 붙잡고 윙브리지로 내려가기 시작했다. 구명벌로 가려면, 윙브리지 난간에 내려와

세월호를 기록하다

서 선미 쪽으로 약간 이동해 다시 경사를 올라가 구명벌 주변의 펜스를 넘어야 했다. 60도 가까이 기울어진 배에서 쉬운 일은 아니었다. 박경남의 말로는, 구명벌로 갈 수가 없어서 다시 호스를 붙잡고 조타실 쪽으로 조금 올라가 출구 쪽의 강원식 등을 향해 미끄러워서 도저히 못 올라가겠다는 표시로 손을 휘저었다. 반면, 해경 초계기 영상 9시 44분에 찍힌 장면은 박경남이 123정을 향해 이쪽으로 오라는 의미로 손짓을 하는 것처럼 보인다.

〔세월호 조타수 박경남〕

검사 : 당시 경비정이 세월호 코앞에 와 있었지만 승객들은 갑판에 나와 있지 않았고, 조타실 선원 중 누구라도 좌현 출입문으로 나가서 살려 달라고 손을 흔들기만 하면 경비정이 와서 구해줄 수 있는 상황이었지요.

박경남 : 예, 맞습니다.

검사 : 실제 당시 동영상을 보면 피고인이 손을 흔들어서 경비정을 유도하는 것으로 보이는데, 어떤가요.

박경남 : 저는 경비정을 보지도 못했고 유도하지도 않았습니다.

검사 : (박경남이 조타실과 윙브리지 난간의 중간에서 손을 흔드는 장면을 제시하고) 피고인이 손을 흔드는 모습이 보이는데 무엇을 하고 있는 것인가요.

박경남 : (동영상 화면의 하단, 윙브리지 난간을 가리키며) 지금 이쪽으로, 구명벌 쪽으로 올라가려다가 못 올라간 것을 이야기하는 것입니다. 난간에 박스들이 걸려 있고 미끄럽고 해서 못 올라간다고

이야기한 것입니다. 제가 구조정을 불렀다면, 구조정이 있는 쪽을 바라보거나 아니면 그쪽으로 내려가야 되는데 그쪽으로 내려가지 않고, 그냥 핸드레일에 기대고 구조정 쪽을 쳐다보지도 않고 서 있습니다. 헬기 소리도 나고 그래서 정신이 없어서 구조정이 오는 것을 보지 못했습니다. (선원 재판 27차, 피고인 신문, 2014.10.20.)

우당탕, 강원식이 기댄 조타실 좌현 문이 떨어지면서 강원식이 윙브리지로 미끄러졌다. 강원식이 툭 치며 내려가는 바람에 박경남도 떨어졌다. 마침 123정이 5층 윙브리지에 선수를 갖다 댔고, 난간으로 내려온 강원식은 123정으로 옮겨 탔다.

해경이 도착하자 갑판부 선원들은 하나둘씩, 선장의 지시가 없는데도 자연스럽게 조타실을 빠져나갔다. 해도대 옆에 쪼그린 이준석에게 김영호가 "선장님, 내려오십시오."라고 소리치자 이준석은 기울어진 바닥을 미끄러져 출구까지 갔다. 박한결이 출구에 앉아 수도 호스를 붙잡고 떨고 있자 해경 대원들이 밑에서 "잡아줄 테니 뛰어내려라."며 재촉했다. 김영호는 뒤에서 발로 박한결을 밀어버렸다. 박한결이 내려가고, 이어 이준석이 내려갔다. 김영호는 해도대 뒤에 있던 알렉스에게 "누나, 일어나!"라고 소리치고, 임마누엘이 아내를 일으켜 안아 김영호에게 건네자 김영호가 알렉스를 출구까지 데리고 갔다. 알렉스와 임마누엘도 호스를 잡고 내려가 해경에 구조되었다. 오용석, 김영호, 신정훈도 내려와 123정에 탔다.

이 시각 좌현으로 승객들이 탈출하기 시작했다. 신정훈은 법정에서 "승객들이 나오는 걸 보고 퇴선 방송이 나온 걸로 생각했다."고

세월호를 기록하다

진술했다. 윙브리지에 마지막으로 남은 조준기에게 해경이 구명조 끼를 입혔다. 123정이 이미 세월호에서 떨어져 버려, 해경과 조준기 는 구명조끼를 입고 바다에 뛰어들어 고무 단정에 구조되었다.

선원들이 지나쳐 온 시스템 배전반에는 가스레인지 손잡이처럼 생긴 비상벨이 있다. 이것으로 선내 전체에 벨을 울릴 수 있는데, 짧 게 일곱 번 돌리고(단음 7번) 길게 한 번 돌리면(장음 1번) 퇴선 신호 다. 조타실 밖 윙브리지 난간에도 비상벨이 있다. 내려오면서 한 번 만 누르면 되는 장치다. 마지막으로 승객들에게 같이 나가자는 메시 지를 전할 비상벨은 끝내 침묵만 지키다 가라앉았다.

재판부는 갑판부 선원, 기관부 선원 전부에게 승객에 대한 유기치 사, 유기치상의 유죄를 선고했다.

갑판부 선원들은 유기의 고의가 없었다고 주장했다. 해경에 구조 요청도 했고, 승객들에게 "구명조끼를 입으라.", "10분 뒤 구조대가 온다."라고 알렸으며, 퇴선 방송을 지시했고, 구명벌을 터트리려고 도 했으며, 탈출 뒤에 해경의 구조 활동을 도왔다고 했다. 그 이상의 행동을 하지 못한 것은 배가 너무 기울었고, 사고로 인해 정신적 공 황에 빠졌기 때문이라는 것이다. 기관부 선원들은 "자신들의 위치 에선 배와 승객의 상태를 알 수 없었다."고 주장했다.

어떤 행위가 범죄의 구성 요건을 완전히 갖추는 일을 법률 용어로 기수(旣遂)라고 한다. 사람을 때려 쓰러뜨린 다음에 다시 돌아와 병 원에 데려다 준다고 폭행죄가 아닌 것이 아니다. 사람을 때려 쓰러뜨리는 순간 폭행죄의 기수 시기가 지나 버렸기 때문이다. 재판부는 이 사고에서 선원들의 유기 행위의 기수 시기는 9시 26분경이라고 보았다. 그 시점을 지나면 이미 유기죄는 성립되었고, 단지 최종적인 피해의 크기에 따라 양형이 달라질 뿐이라는 것이다.

왜 9시 26분경인가. 사고 초기에는 선원들도 당황할 수 있고 무슨 일을 해야 할지 모를 수도 있다. 하지만 배가 점점 기울면서 시간이 더 흐르면 승객들이 사망할 가능성이 커지고 있었다.(그것을 몰랐다는 말은 불가능하다. 선원들 자신이 공포를 느끼고 있었다.) 둘라에이스호가 가까이 와서 "라이프링이라도 걸쳐서 탈출시키라."고 종용하고, 진도VTS에서 "구조정이 10분이면 간다."며 "승객 탈출을 빨리 결정하라."고 재촉하는 말을 들었으니 무엇을 해야 할지도 알았다. 승객이 5백여 명이나 타고 있는데 여객부원은 다섯 명으로, 그들만으로는 10분 후 해경이 도착할 때까지 승객 대피를 유도하는 것은 불가능했다. 아무리 늦어도 9시 26분경에는 선원들이 여객부로 가서 승객들을 대피 갑판으로 유도했어야 했다. 생존자들의 증언에 비추어 적어도 이 시각에 세월호에서 수평이든 수직이든 이동은 불가능하지 않았고, 로프와 같은 도구가 필요했다고 하더라도 그런 도구를 어디서 어떻게 구하면 되는지 가장 잘 아는 사람들이 선원들이었다.(생존자들도 커튼을 뜯어 로프를 만들어 썼다.) 조타실에서 상황을 지휘할 사람은 VHF 교신을 할 사람을 포함해 한두 명이면 족했다.

유기죄는 유기 행위로 인하여 피해자들의 생명·신체에 대한 추상적인 위험만 발생해도 기수에 이른다. 이 사건과 같이 부작위(마

세월호를 기록하다

땅히 해야 할 일을 하지 않는 것)에 의한 유기 행위에서 기수 시기는, 구호 조치를 취함으로써 승객들에 대한 위험 발생을 제거할 수 있는 마지막 시점이 될 것이다. 그런데 세월호의 승객들이 모두 퇴선 경로를 확보하고 대피 장소로 이동하기 위해서는 당시 승객의 수나 세월호의 기울기, 대피 장소 등을 고려할 때 상당한 시간이 필요했다. 세월호가 기울어진 직후에 8시 58분경 선내에 대기하라는 안내 방송이 이루어짐에 따라 승객과 여객부 선원들이 선내에 대기하고 있었으므로, 피고인들로서는 늦어도 9시 26분경 진도VTS로부터 "10분 후 구조정이 도착한다."는 말을 들었을 때 직접 또는 여객부 직원들을 통해 퇴선 명령을 내리고 승객들을 출입문으로 안내하는 구호 조치를 시작했어야 했다.

그럼에도 불구하고 피고인들은 구호 조치를 이행하지 않았다. 9시 26분경 피고인들이 구호 조치를 이행하지 않은 것은 유기 행위에 해당한다. 따라서 피고인 박경남이 9시 38분경부터 9시 43분경 사이에 구명 뗏목을 터뜨리기 위하여 윙브리지로 나간 행위나 피고인 김영호, 신정훈, 박경남, 오용석이 세월호에서 탈출한 후 해경 123정에서 승객들을 구조한 사실은 9시 26분경 이미 유기 행위가 기수에 이른 후에 한 것으로 유기죄의 성립에 방해가 되지 않는다. (선원 재판 판결문을 토대로 저자가 재구성했다.)

재판부는 기관부원들 역시 경험과 교육을 통한 지식에 비추어 세월호가 침몰될 가능성이 있음을 알았으며, 자신들도 듣고 이상하다고 생각한 선내 방송에 따라 대기하던 승객들이 위험해지리라는 사실을 알았다고 판단했다. 승객을 구조할 의무가 있는 선원들이 그 의무를 포기해 버렸다.

이들은 선장이나 기관장의 구조 지시가 없어서 아무 일도 할 수 없었다고 항변했다. 그러나 휴대폰이나 선내 전화로 조타실에 연락해 자신들이 무엇을 하면 되는지 물어볼 수 있었고 기관장에게 지시를 내려달라고 적극적으로 요청할 수도 있었다. 그러나 기관부 선원들은 30분 이상 구명조끼를 입고 대기하면서도 그런 요청을 하지 않았다. 선원들은 선박의 엄격한 지휘 명령 체계 때문에 독자적인 판단을 할 수 없었다고 변명하지만, 선박의 지휘 명령 체계는 승선원의 안전을 목적으로 신속하게 행동하기 위해 존재하는 것이다. 안전을 위한 행동이 이루어지지 않고 있는데 지휘 명령 체계를 이유로 가만히 있는 것이 정당화될 수는 없다.

이제 수색 작업마저 종료되어, 진도 바다 밑에서 뻘에 묻혀 가는 세월호. 뻘 밑에는 아직 다 확인하지 못한 진실이 있다. 이 배가 왜 침몰했는가, 왜 많은 사람이 살아나오지 못했는가, 인간이란 도대체 어떤 존재인가에 관한 진실이. 그 진실을 햇빛에 드러내기 위해서라도, 세월호는 조속히 인양되어야 한다.

세월호를 기록하다

우리는 밤하늘 반짝이는 별이 되었습니다

"친구와 손잡고 나가기로 하고 잠수했다가 그만 손을 놓쳤습니다. 손을 놓은 그 순간과 친구들의 비명 소리가 떠올라 가위에 눌립니다. 배에서 찍은 사진을 보면 손에 땀이 나고 숨이 막혀 옵니다. 밥을 먹다가도 친구 생각이 납니다. 친구의 말투, 생김새, 좋아하던 음식이 생생하게 떠오릅니다. 80년, 90년 뒤에야 그들을 봐야 한다고 생각하니 살날이 원망스럽습니다."

선원들에 대한 검사 구형만을 남기고 공판 절차가 마무리된 10월 21일, 법정에서 안산 단원고 2학년 최순아 학생의 편지가 낭독됐다. 자그마한 편지지에 꾹꾹 눌러쓴 그의 이야기를 대신 읽은 장동원 세월호 생존 학생 학부모 대표도 여러 번 목이 잠겼다. 이날 3시간 30

분간 실종된 교사의 아내, 생존한 화물 기사, 생존 학생의 아버지, 희생 교사의 아버지, 희생 학생의 부모와 형제, 희생 승객의 아들 등 열다섯 명의 피해자가 증언석에서 미리 준비한 글을 읽거나 가슴속 말을 쏟아 냈다.

실종된 단원고 체육 교사 고창석 씨의 아내 민동임 씨는, "주검을 찾는 게 인생의 목표이고 유가족이 되는 게 소원이 되었다. 뼛조각이라도 찾아 아빠의 마지막 가는 모습을 아이들에게 보여 주고 싶다."며 흐느꼈다. 생존 화물 기사 전병삼 씨는 자신들만 배에서 나와 유가족들에게 죄송하다고 울먹이며, "가만히 있으라"는 방송을 왜 했는지 명확히 밝혀야 한다고 말했다. 단원고에 다니던 언니를 잃어버린 중학생 동생도 증언대에 앉았다. 언니와 친구처럼 고민을 나누고 화장품이나 옷도 같이 썼다며, 4월 16일 이후 가족들이 이야기도 하지 않고 웃지도 않는다고 했다. "엄마랑 아빠는 하나 남은 나마저 잃을까 봐 늘 어딨는지 확인한다. 그런 엄마 아빠 걱정이 앞선다."며 수학여행을 떠난 언니가 왜 싸늘한 주검으로 돌아왔는지 그 이유를 알고 싶다고 했다.

고 박수현 학생의 아버지 박종대 씨는 A4 용지 네 장 분량의 글을 차분히 읽었다. 그는 침몰 중인 배에서 승객이 퇴선하지 않는다면 모두 죽는다는 것은 당연하며 그렇게 두었다는 것 자체가 명백한 살인 행위이므로 "미필적 고의 여부 등은 논할 가치가 없다."고 주장했다. 고 박성호 학생의 누나 박보나 씨는 듬직했던 동생이 재만 남은 것이 믿어지지 않으며, 지금 엄마는 고혈압, 아빠는 불면증, 중학생인 막내 동생은 위장병에 시달릴 정도로 힘들다고 말했다. 박 씨

세월호를 기록하다

는 "평생 분노와 고통 속에 살고 싶지 않다."며 정의로운 처벌이 선원들에게 내려지길 바랐다. 고 이승민 학생의 어머니 이은숙 씨는 선원들을 향해 "학생 300명이 타고 있었던 사실을 정말 몰랐느냐?"고 물으며 오열했다. 이 씨는 증언 뒤 다리에 힘이 풀려 잠시 쓰러졌다. 많은 학생들을 구출한 화물 기사 김동수 씨는 4월 16일 이후 정신적 트라우마에 시달리는데도 세월호 참사와 연관 없는 질환이라며 약값 지원조차 받지 못하고 있다며 고통을 호소했다. 김 씨는 "선장이 살인자면 해경도 살인자고 나도 살인자다. 국가가 아무것도 해 준 게 없다."며 정부의 부실한 구조와 사후 지원을 비판했다.

공판 기일마다 광주법정에 출근하다시피 한, 고 제세호 학생의 아버지 제삼열 씨도 나섰다. 그는 사고의 진상을 밝히기 위해 진도 어민, 실종자 수색에 투입된 잠수사 등 많은 사람들을 만났다. "계절이 두 번 바뀌는 동안 정말 열심히 뛰어다녔습니다. 팽목항으로 동거차도로 인천으로 서울로 광주법원으로, 신발 두 켤레의 밑창이 구멍 나도록 쫓아다녔습니다. 그러나 진실은 항시 가까이 가면 저 멀리 멀어졌습니다."

피해자 진술이 매듭지어지자 재판장이 말했다.

"마지막으로 단원고 2학년 8반 학생들의 동영상을 시청하겠습니다. 원래는 동영상을 본 후 마지막에 재판장이 재판을 마친다는 인사를 드리고 다음 재판 안내를 해야 하는데, 재판 준비 때문에 지난주에 재판부원들과 함께 동영상을 미리 보았을 때 너무 슬퍼서 동영상을 본 다음에 인사 말씀을 드릴 수 있을지 자신이 없어서 피해자와 가족들에 대한 인사를 미리 드리겠습니다."

재판장이 유가족들을 위로하고 몸과 마음을 다친 모든 이들의 회복을 바라는 말을 마치자 2학년 8반 학부모들이 만든 영상이 시작되었다. '우린 어른이 되고 싶었지만 밤하늘 반짝이는 별이 되었습니다.' 가수 임형주의 헌정 곡 '천개의 바람이 되어'를 배경으로 학생들의 얼굴이 하나씩 지나가자 법정은 통곡에 잠겼다. 법정 경위도, 기자들도, 재판장도 눈물을 닦았다. 나도 울었다. 피고인들이 고개를 숙였다. 영상이 끝나고 모두 퇴정했는데도 가족들은 한참 일어나지 못했다. 그 장면이 내게 정지 영상처럼 생생히 남았다.

제삼열 씨는, 2013년에 태안 청소년 해병대 캠프에서 고등학생 다섯 명이 익사한 사고를 텔레비전으로 아들과 보며 깜짝 놀랐다고 한다. 당시 1학년 반장이던 아들도 일주일 전에 간부 수련회를 다녀왔던 까닭이다. '설마 내 아이한테만은 이런 불행이 닥치지 않겠지.'라고 제삼열 씨는 생각했다고 한다. 세월호 사고를 바라보는 다수 시민들의 마음도 혹시 그와 비슷한 게 아닐까. 가슴 아픈 일이었지만, 운이 없었던 거라고. 설마 나와 내 가족에게 저런 일이 생기겠어…….

1931년 미국 트래블러스 보험사 직원 허버트 윌리엄 하인리히는 직업상 연구한 산업재해 사례들을 토대로 이른바 '하인리히 법칙'을 내놓았다. 산업재해 중상자가 1명 발생했다면, 그 전에 이미 경상자가 29명 발생했고, 부상을 당할 뻔한 잠재적 부상자의 수는 300명에 이른다는 내용이다. 1:29:300의 하인리히 법칙은 하나의 대형 사고가 일어나기까지 반드시 그보다 작은 규모의 사고들이 '징후'로 나타난다는 것이다. 세월호 사고가 일어나기까지 가까이는 경주 마우나리조트 붕괴, 태안 해병대 캠프 사고, 멀리는 대구 지하철 참사 등 결코 작지 않은 사고들이 징후적 메시지를 우리에게 보냈다. 하지만 우리는 잠시 슬퍼하고, 국화꽃을 바치고, 몇몇 책임자에게 분노하다 그들이 처벌받는 것을 보며 잊어버리길 반복했다. 어떻게 하면 이런 일이 다시는 일어나지 않도록 할 것인지 근본적으로 반성하지도 공동 행동에 나서지도 않았다. 그 결과가 세월호 참사이다.

　분명한 것은, 세월호 참사 역시 다음에 닥칠 그 무엇의 '징후'란 점이다. 이 징후가 던지는 메시지를 외면한다면, 다음번 재난 앞에서는 외면이든 반성이든 할 기회가 더는 없을지도 모른다. '나와 내 가족만은' 하는 바람은 사치에 불과할 수도 있다.

세월호 재판의 의의와 한계

진실은 산 속 불타는 떨기나무처럼 언젠가 자기를 찾아온 사람에게만 완전한 모습을 드러내는 그 무엇이 아니다. 진실은 오히려 대화, 논쟁, 입증, 반박의 과정 속에서만 그 실마리를(어쩌면 끝까지 실마리만을) 찾을 수 있다. 비록 한계가 있다 해도 재판에 제기된 무수한 증거와 그에 대한 공방, 증언과 그에 대한 질문은 진실의 실마리를 찾아낼 소중한 기회이다.

　그런 의미에서 세월호 재판(선원 재판, 청해진해운 관계자 재판)은 이 사고에 관심을 가진 사람들에게 '진실' 그 자체는 아니더라도 진실로 향하는 발판을 제공해 주었다. 생존자, 해경, 어민, 해운사 및 하역업체 관계자, 조선공학 분야를 포함한 다양한 전문가의 증언은 사고를 다양한 각도에서 보게끔 해 주었다. 증인 각자의 이해관계와 불완전한 기억 탓에 증언을 모두 신뢰할 수는 없었지만, 한 증언의 빈틈을 다른 증언으로 맞추며 종합해 가는 과정에서 사고를 재구성할 수 있었다.

하지만 이 재판이 가진 한계를 분명히 인식하는 것이 필요하다. 나는 세월호 재판의 한계를 크게 세 가지로 본다. 이 한계는 비단 세월호 재판이어서 발생하는 것은 아니지만, 한계를 인식해야 재판을 넘어 무엇을 할 것인지 모색할 수 있다.

첫째는 진실 규명을 형사 재판을 통해 해 내려고 하는 데서 생겨난다. 이처럼 거대하고 복잡한 참사일수록 그 한계는 명확해진다. 앞서 언급한 미국의 9.11 테러, 호주 빅토리아 주 산불 사고처럼 사회에 큰 물질적·정신적 피해를 준 사건이나 사고에 대해, 민관 조사 기구가 충분한 시간과 예산을 보장받아 활동한 사례가 선진국에는 있다. 조사 과정에서 수많은 증거와 증언들이 수집되었으며 정부 고위 관료들까지 청문회에 소환하여 시민들의 의혹을 해결하고자 노력했다. 세월호 재판에서는 주로 검찰의 요청으로 여러 전문가들이 사고 원인을 규명하는 연구 보고서를 제출하고 직접 증언했다. 검찰이 요청한 보고서라고 무작정 그 진실성을 부인해선 안 되겠지만, 검찰의 공소 사실 입증이 연구의 주된 목적이라는 점은 검찰이 쳐 놓은 테두리 안에서 진실 규명 작업이 이루어질 수 있음을 시사한다. 또한 6개월이라는 형사소송법상의 제약된 시간, 검찰 측 연구 보고서를 검증하고 반박하는 다른 연구를 의뢰할 여력이 피고인 대

세월호를 기록하다

부분에게 없다는 조건, 시민들이 사고의 자료와 증거에 접근할 길이 차단되어 있다는 점 등은 폭넓고 심층적으로 진실을 파악하는 데 한계 요인이 되었다.

심지어 합동수사본부 전문가 자문단 허용범 단장도 짧은 기간 조사를 마쳐야 했던 고충을 법정에서 토로할 정도였다.

"미국 NTSB(국가교통안전위원회), 영국은 MAIB(영국해양사고조사국) 그런 데서는 사고 원인을 규명할 때 사회적으로 궁금증도 많지만 조급증을 내지 않습니다. 그래서 조사하는 사람들이 심적 프레스를 전혀 느끼지 않고 6개월이고 1년이고 완벽하게 나올 때까지 합니다. 원인 규명을 정확히 하기 위해 자료 수집을 차분히 다 합니다. 우리나라는 비행기 사고도 그렇고 선박 사고도 그렇고 위에 있는 사람들이 궁금하니까 빨리 해 내라고 하는데 그런 차원에서 말씀드린 것입니다." (청해진해운 재판 10차, 증인 신문, 2014.9.19.)

그러므로 세월호 재판에서 '확정된' 사실관계는 최선의 경우에도 높은 확률적 가능성을 가질 뿐 다른 가능성이 절대로 없다고 할 수는 없다. 이런 상황은 피고인에게 그들의 죄에 해당하는 벌을 주어야 한다는 법치주의 원칙에 비추어서도 그러하지만, 이런 사고의 재발을 막고자 시민적 과제를 분명히 하는 작업에도 비판적 신중함을 요구한다.(그런 의미에서, 세월호 특별법*에 의해 설치된 '4.16 세월호 참

---

* 4.16세월호참사 진상규명 및 안전사회 건설 등을 위한 특별법. (2014.11.19 제정.)

사 특별조사위원회'는 민관의 전문적인 역량을 결집해서 재판에서 밝힌 내용을 토대로 그 한계를 뛰어넘어야 한다.)

둘째는 법적 책임을 묻는 일은 이 사고를 둘러싼 정치적 책임과 사회적 책임에 면죄부를 줄 수도 있다는 것이다. 형사 재판은 현행법의 위법 행위만을 따진다. 검사는 애초에 위법성을 입증할 수 있는 행위만을 기소하고 재판부는 검사의 기소가 적법한지 여부를 판단할 뿐이다. 하지만 세월호에서 벌어진 과실이 사고가 되고, 사고가 참사가 된 과정에는 그날 현장에 있었던 몇 사람의 의도나 능력을 초월하는 힘이 작용했다.

예컨대 출동한 해경에 실질적으로 유용한 장비도 훈련된 상황 판단 능력도 부족했던 데는 국가가 구난구조 업무를 꾸준히 영리 기업에 위탁해 온 배경이 작용했다. 운항 관리실 직원이 해운사의 과적을 막지 못한 데는 해운업의 자율 규제를 용인하는 쪽으로 법 제도의 흐름이 바뀌었기 때문이다. 해운사와 하역업체의 갑을 관계, 해운사와 선원들의 주종 관계가 세월호를 안전에 극히 취약한 지경으로 만들었는데, 이 역시 현행법 어디에도 위배되지 않을뿐더러 심지어 지난 이십 년간 대한민국의 모든 정부가 '기업하기 좋은 나라'라는 명분으로 조장해 온 바이다. 위법하지는 않지만 사고가 일어날 전반적 조건을 숙성시켜 온 이 모든 행위들은 세월호 재판에서 관심조차 받지 못했다. 이런 바탕 위에 박근혜 대통령과 정부 및 여당은 세월호 참사를 "교통사고"로 규정하고 서둘러 자신들을 소수 범죄자들에 대한 공정한 처벌자로 이미지메이킹 했다. 그들은 책임의 범위를 선원과 악덕 기업으로 축소하면서 자신들은 발을 뺐다.

세월호를 기록하다

이런 상황을 이해하는 데 우리는 타계한 미국 정치철학자 아이리스 영(Iris Young)이 『정치적 책임에 관하여』에서 보여 준 탁견을 빌려봄직하다. 아이리스 영은 한나 아렌트의 입장을 발전시켜 '법적 책임'과 '정치적 책임'을 구분한다. 법적 책임은 어떤 행위를 하거나 하지 않음으로써 결과에 직접적인 원인을 제공한 사람에게 제한적으로 물을 수밖에 없다. 하지만 세월호 사고처럼 거대하고 복잡한 사고는 한두 가지 원인에 의해 발생하지 않는다. 특히 권력자는 상대적으로 먼 거리에서 합법적이고 지속적으로 권력을 행사하여 이번처럼 무고한 시민이 다수 희생되는 구조적 부정의에 영향을 미치는데, 결과에 직접 개입한 것은 아니기에 법적 책임을 묻기 힘들다. 이 지점에서 아이리스 영은 이들에게 '정치적 책임'이 있음을 강조한다. 그들은 권력을 가졌기에 부정의를 바로잡을 충분한 기회와 자원이 있었지만 그렇게 하지 않았고, 또 그렇게 하지 않음으로써 여러 이익과 특혜를 누렸기 때문이다. 아이리스 영은 "책임을 져야 할 결과에 기여한 이들이 법적 책임이 없다고 하여 정치적 책임마저 면제되는 건 아니다."라고 말한다.

물론 이 사고에 법적 책임을 져야 할 이들이 그 사실을 은폐하고 조작하고 있다면 반드시 밝혀내 처벌해야 한다. 하지만 그 결과가 현행법의 한계로 우리가 기대한 만큼에 이르지 못하더라도 우리가 체념하거나 냉소할 이유는 없다. 우리는 이 사고가 일어나기까지 긴 구조적 맥락을 추적해 누가 어떻게 이득을 누리고 지위를 강화했는지, 누가 자신의 책임을 방기하고 직무를 태만히 했는지 밝히고, 우리의 말로, 직접행동으로, 그리고 투표로 그들이 자신의 정치적 책임을 인정하게 만들어야 한다.

셋째는 세월호 재판에서 이 사고는 정상 국가에서 잠시 일탈한 사례로 규정된다는 점이다. 이는 참사 이후 우리가 어디로 나아가야 하는지 통찰을 얻기 힘들게 한다. 검사는 6월 10일 첫 공판에서 공소 사실을 낭독하며 "이 사고로 무너진 국가에 대한 신뢰를 되찾고자" 재판에 임하겠다고 했다. 선원들과 관계자들이 부족하나마 처벌받은 지금, 국가에 대한 신뢰는 회복되었는가? 그런데 세월호 사고는 과연 국가의 정상적인 상태로부터 일탈한 사고인가? 어쩌면 이 사고에서 우리가 깨달아야 할 가장 중요한 점은, 세월호 사고를 낳은 것은 우리가 '정상적인 상태'라고 여긴 바로 그 국가, 그 사회 시스템이란 사실이다.

조금 우회해서 설명하자면, 이는 내가 세간의 의혹처럼 이 참사를 어떤 음모나 기획으로 볼 수 없었던 이유이기도 하다. 상식을 초월하는 이 사고에는 당연히 상식을 초월하는 어떤 거대한 '일격'이 있었을 것 같지만, 나는 재판 과정을 통해 참사의 배경에 있는 것은 촘촘하게 결합된 비겁하고 이기적이며 무책임하고 무능한 행동들이란 사실을 알았다. 애초 낡은 배가 도입되도록 이명박 정부가 선령 규제를 완화한 것도 문제이지만, 청해진해운이 무리한 증개축을 하지 않았다면 이 배는 지금처럼 위험한 배가 되지 않았다. 무리한 증개축에 한국선급이 제동을 걸었더라면, 적어도 증개축 이후 한국선급이 승인한 화물 적재 기준에 따라 화물을 실었다면, 위험한 출항을 거부할 수 있도록 선원들에게 발언권이 있었거나 그들에게 용기가 좀 더 있었더라면, 운항 관리자가 규정대로 출항을 규제했더라면,

조타수가 대각도 조타를 했더라도 복원성이 그 정도로 악화된 상태가 아니었다면(평형수가 좀 더 채워지고 화물이 단단히 고박되었다면), 배는 쓰러지지 않았다.

설령 배가 쓰러졌다 해도 선원들이 평소 안전 교육을 제대로 받아 비상사태에 현명히 대처했더라면, 비상시 선내 방송 매뉴얼이 갖춰져 있었다면, 진도VTS가 퇴선 결정의 책임을 세월호에 맡길 게 아니라 과감하게 지시했더라면, 구조 세력들이 유기적으로 소통하며 협력하는 훈련이 되어 있었다면, 출동한 123정 해경이 더 적극적이고 판단력이 뛰어났더라면……. 이 많은 '였다면'이 결합되지 않았으면 사고는 일어나지 않았거나 적어도 참사가 되지는 않았다.

요컨대, 이렇게 무수한 요인의 동시다발적 진행을 '소수의 일탈'로 볼 수 없다. 진실은, 우리 사회가 이런 행동들을 묵인했거나 심하면 대세로 보아 부추겼으며 그 위에서 성장과 발전을 이룩했다는 데 있다. 지붕이 무너진 것은 마지막에 떨어진 눈송이 때문만은 아니다.

같은 이유로, 나는 이 사고를 '신자유주의 규제 완화'의 담론으로 단순화하는 것에도 한계를 느낀다. 국가의 책임 방기는 사고의 중요한 배경이지만, 단지 규제가 없어서 이 모든 일이 일어난 것은 아니다. 있는 규제조차 관행, 부패, 권력 관계, 개개인의 크고 작은 이익 앞에 무력화되었다.

아이리스 영이 통찰했듯이, 평범한 개인들도 자신의 행동으로 구조적 부정의에 기여할 수 있다. '대세에 따라야지 나만 다르게 행동할 수 있겠어?'라고 여기거나 또는 '내 이익이나 신경 쓰고 남의 일에 상관 말자.'는 마음으로 한 행위들은 이런 사회 시스템을 강화하고 지속시키며, 그렇게 강화된 사회 시스템은 다시 각자에게 압력을 가한다. 청해진해운의 간부가 "회사에 이익을 많이 남기는 게 좋은 일인 줄 알았다."고 법정에서 고백한 것이나, 선원들이 "회사에 말해도 소용없으니까 입을 다물었고 틈나면 회사를 옮기려고 했다."고 진술한 것, 또 목포에서 어느 운항 관리실 직원이 출항 전 점검을 엄격히 하자 도리어 승객과 승무원들이 "너희 때문에 배가 지연된다."며 항의하는 해프닝이 벌어진 후 점검이 다시 형식화된 사실은 많은 것을 시사한다. 저러한 기업 간부, 직원, 승객의 모습이 과연 우리와 전혀 다른 모습인가? 이 사고가 아니었다면 그들은 여전히 유능한 간부, 현명한 직원, 실용적인 시민으로 여겨지지 않았을까? 우리는 이미 전부터 세월호에 탄 학생들에게 자기 일이 아닌 일에 "가만히 있으라"고 가르쳐 오지 않았던가?

지금 우리가 할 일은 일탈을 처벌했다는 사실에 안도의 한숨을 쉬는 게 아니라 이 복잡한 진실을 있는 그대로 직시하고 우리 모두가 공유한 책임을 진심으로 성찰하는 일이다. 허위로 점철된 정상 상태로 돌아가는 게 아니라, 가장 약자가 희생될 수밖에 없는 구조적 부정의를 바꾸어야만 한다. 근본적으로 이 사회를 생명과 안전을 최우선의 가치로 두는 사회로 만들어야 한다. 아이리스 영은 말한다. "우리가 속한 제도가 부정의나 범죄를 저지르는 것을 보거나 혹은 그런 범죄가 저질러지고 있다고 믿는다면, 우리는 다른 이들과 연대해 그 제도에 반대해야 할 정치적 책임을 지닌다."

세월호를 기록하다

무력감을 느낀다면 민주주의가 아니다

평화학자 더글러스 러미스는 "무력감을 느끼게 한다면 그것은 민주주의가 아니다."라고 말했다. 세월호 참사를 접하는 순간부터 우리가 느낀 것은 뼈저린 무력감, 바로 그것이었다.

학생들을 포함한 수백 명을 태운 배가 가라앉는 장면을 보면서 아무것도 할 수 없어 발만 동동 굴렀을 때, '전원 구조' 속보와 그것이 오보라는 또 다른 속보에 휘둘렸을 때, 해경과 해군과 특공대와 수십 대인지 수백 대인지 모를 최첨단 배와 비행기가 투입되었다는데도 단 한 명도 구해 내지 못했을 때, 국민이 뽑은 집권자와 국민의 세금으로 봉급을 받는 관료들이 자신들의 책임이 아니라고 발뺌했을 때, 그러면서 사고 현장에서 '인증샷'을 찍으며 희생자 가족과 국민을 조롱했을 때, 350만 명이나 되는 '진실규명 특별법' 청원 서명을 들고 국회로 갔음에도 아무런 반응도 없었을 때, 세월호 참사 이후에도 우리 주변의 안전이 개선되기는커녕 크고 작은 사고가 꼬리를 물고 터지는 것을 볼 때, 차라리 이민을 가고 싶다고 생각할 때……

'민'이 주인이라는 민주주의가 껍데기만 남았음을 알 수 있었다.

따라서 우리가 이 무력감을 극복하는 것이, 더 이상 이런 무력감을 느끼게 만드는 상황을 용납하지 않는 것이 참된 민주주의를 세우는 일이다. 분명한 것은 우리가 세금 내고, 자기 일만 신경 쓰고, 자기와 가족에만 관심을 두는 시민으로 남는다면 이런 무력감은 주기적으로 반복되리란 점이다. 구조적 부정의는 몇몇 악당의 음모만으로 이루어지지 않는다. 관행, 처세, 개인적 실리, 집단의 이익이라는 이유로 거기 동참하는 수많은 사람들에 의해, 그 일이 타인의 희생을 요구할지 모른다는 사실에 애써 눈감거나 아예 따져 보지 않는 다수에 의해 파국으로 향하는 길이 닦인다. 보수주의 철학자 에드먼드 버크는 "악이 승리하기 위해 필요한 건 오로지 선한 자들의 무관심이다."라고 했다.

이 참사에 직간접적으로 연루된 이들의 책임을 묻고 그 경중에 따라 처벌하는 것과 별개로, 다시는 이런 일이 반복되지 않기 위해 '강한 민주주의'를 만들어야 한다. 세월호 참사를 미연에 막을 수 있었던 조치는 수도 없이 많지만, 내가 정말 안타까워하는 것을 든다면 세 가지다.

첫째, 청해진해운에 노동조합이 있었다면. 회사가 과적을 할 때 선원들이 "이렇게 위험한 배를 우리는 몰 수 없다."라고 항의할 힘이 있었다면, 배의 복원성을 위협하는 화물이 들어올 때 막을 수 있는 '작업 중지권'이 선원들에게 있었다면, 안전 교육을 제대로 하라고 회사에 요구할 발언권이 있었다면. 회사가 직원들의 이의 제기를 그렇게 간단히 묵살할 수 없었다면 그래도 세월호가 이처럼 브레이크를 떼고 질주했을까.

둘째, 현행법에 '기업살인법'이나 기업 책임으로 일어난 사고에 대한 '징벌적 손해 배상 제도'가 있었다면.* 삼풍백화점 붕괴, 태안 기름 유출 사고 등 대형 사고가 날 때마다 도입이 논의되었지만 매번 기업들의 반발과 로비로 좌절되었다. 그때 시민들이 똘똘 뭉쳐 통과시켰다면, 그래서 '안전을 소홀히 했다간 기업이 망할 수 있다.'는 생각을 경영자와 임직원들의 뇌리에 각인시켰다면.

세월호를 기록하다

셋째, 청소년들에게 투표권이 있었다면. 청소년들이 유권자 집단으로서 자신들의 안전과 복리에 관련한 정책 수립에 참여하고, 국회와 정부에 압력을 가할 수 있었다면. 지금은 수학여행처럼 큰 이권이 걸린 사업에 정작 청소년들은 아무런 발언권이 없고, 불안한 교통수단과 부실한 프로그램에 끌려다니며 누군가의 호주머니를 채워주는 '머릿수'일 뿐이다. 수백만 청소년이 투표권을 가져도 과연 그럴 수 있을까.

기업의 이익보다 시민의 생명·안전·인권을 중시하는 민주주의, 노동자와 약자의 발언권을 보장하는 민주주의, 고립된 자기 계발보다 동료 시민에 대한 연대를 추구하는 민주주의, 그리하여 국가가 시민을 두려워하는 민주주의로 나아가야 한다. 그것이 강한 민주주의이며 도덕적으로 성숙한 사회이고 이 슬픈 참사가 다시는 일어나지 않도록 하는 길이다.

우리, 두 번 다시 무력해지지 말자.

2015년 2월
세월호 희생자 합동분향소를 다시 다녀와 씀

---

* 기업살인법이란, 영국에서 2008년 4월부터 시행되고 있는 기업의 법적 책임에 관한 법으로, 업무와 관련된 모든 노동자 및 공중의 안전 조치를 하지 않아 사망 사고가 발생할 경우 기업에게 범죄 책임을 부과하는 내용을 골자로 하고 있다. 유사한 내용의 법이 호주에서도 통과되었다. 징벌적 손해 배상 제도는 기업의 과실로 일어난 사회적 손해에 대해, 손해에 상응하는 비용 외에도 처벌의 의미로 추가적인 배상을 강제하는 것이다.

지은이 오준호

416 세월호 참사 시민기록위원회 작가기록단. 서울대학교 국어국문학과를 졸업하고 역사, 민주주의 등 여러 주제에 대해 책을 쓰고 번역했다. 안산에 6년째 살며 두 아이를 키우다 세월호 사고를 만났다. 4월 16일 이후 며칠간 거리에서 평생 가장 무겁고 슬픈 공기를 마셨다. 세월호 참사 작가기록단에 참여, "그날 그 배에서 무슨 일이 일어났는지" 알기 위해 150여 일간의 세월호 관련 재판을 기록하여 세월호 사고에 관한 사실을 다큐멘터리로 재구성했다. 이 책을 쓰기 위해 관련 기사와 자료를 수집하고 희생자 가족들을 만났으며, 5개월 동안 매주 2~3회씩 33차례가 넘는 공판을 방청했다. 재판 기간의 절반은 유가족과 함께 안산에서 광주로 내려갔고 나머지 절반은 안산의 중계법정에서 유가족과 같이했다. 이 책은 작가와 유가족 모두의 노력으로 세상에 나올 수 있었다. 이 작업이 세월호 진실 규명에 관한 출발점이 되기를 바란다. 지은 책으로 「노동자의 변호사들」, 「소크라테스처럼 읽어라」, 「반란의 세계사」 등이 있다. 옮긴 책으로는 「착한 인류」, 「보이지 않는 주인」, 「나는 황제 클라우디우스다」 등이 있다. 블로그 '초원의 바람(http://interojh.blog.me).'

세월호를 기록하다

침몰 · 출항 · 구조 · 선원, 150일간의 세월호 재판 기록

발행일	2019년 4월 20일 (초판 5쇄)
	2015년 3월 20일 (초판 1쇄)
지은이	오준호
펴낸이	이지열
펴낸곳	미지북스
	서울시 마포구 성암로 15길 46(상암동 2-120번지) 201호
	우편번호 121-830
	전화 070-7533-1848 팩스 02-713-1848
	mizibooks@naver.com
	출판 등록 2008년 2월 13일 제313-2008-000029호
책임 편집	권순범
출력	상지출력센터
인쇄	한영문화사
ISBN	978-89-94142-40-1 03330
값	15,000원

• 블로그 http://mizibooks.tistory.com
• 트위터 http://twitter.com/mizibooks
• 페이스북 http://facebook.com/pub.mizibooks